Research on
Urban Communication
from the Perspective of Social Media

社会化媒体视阈下的城市传播研究

李 明 著

知识产权出版社
全国百佳图书出版单位
—北京—

图书在版编目（CIP）数据

社会化媒体视阈下的城市传播研究 / 李明著 . —北京：知识产权出版社，2022.7
ISBN 978-7-5130-8207-5

Ⅰ.①社… Ⅱ.①李… Ⅲ.①城市—传播学—研究—中国 Ⅳ.①G206

中国版本图书馆 CIP 数据核字（2022）第 099745 号

责任编辑：杨　易　　**责任校对：**王　岩
封面设计：杨杨工作室・张冀　　**责任印制：**孙婷婷

社会化媒体视阈下的城市传播研究

李　明　著

出版发行：知识产权出版社有限责任公司　　**网　　址：**http：//www.ipph.cn
社　　址：北京市海淀区气象路 50 号院　　**邮　　编：**100081
责编电话：010-82000860 转 8789　　**责编邮箱：**35589131@qq.com
发行电话：010-82000860 转 8101/8102　　**发行传真：**010-82000893/82005070/82000270
印　　刷：北京虎彩文化传播有限公司　　**经　　销：**新华书店、各大网上书店及相关专业书店
开　　本：720mm × 1000mm　1/16　　**印　　张：**13.75
版　　次：2022 年 7 月第 1 版　　**印　　次：**2022 年 7 月第 1 次印刷
字　　数：240 千字　　**定　　价：**78.00 元

ISBN 978-7-5130-8207-5

序言

处于社会转型期的中国，经济快速发展，城市化进程迅猛。新兴城市和特大城市的不断涌现，促使国民经济持续攀升的同时，也带来了城市发展和城市管理的难题。一方面，城市之间在政治、经济、文化、旅游等方面的角逐日趋激烈，城市该如何通过提升自己的形象来提升城市竞争力以实现可持续发展；另一方面，外来务工者和城市移民的大量涌入，造成了城市社会阶层结构的多元化和复杂化，势必带来不同地域文化、习俗和价值观的碰撞，产生大量的社会矛盾和问题。那么如何实现信息的有效沟通和形成价值认同，培养城市的安全感和归属感，也是城市发展中必须攻克的一个难关。传播具有强大的社会功能，通过信息的传递能够实现环境监测、文化传承和社会协调。从这个意义上来说，城市传播不应该仅仅是一种传播行为，事实上也是一种社会公共管理方式，能够对城市的治理起到极为重要的作用。21世纪以来，媒体技术日新月异，以强大的交互性为标签的微博、微信等社会化媒体的兴起为城市传播提供了更为便捷和有效的媒介手段。那么如何利用社会化媒体助力城市外塑形象、内促沟通，促进城市的和谐发展和城市管理的良性循环，显得尤具现实意义。

基于以上思考，本书确立了“一体两翼”的基本研究框架，“一体”是指城市本体，“两翼”分别是指城市对外传播和对内传播，即由研究城市本体出发，廓清社会化媒体视阈下城市传播的主体和客体，剖析不同传播主体所具有的“人格”特征对城市传播的影响，进而展开城市对内传播和对外传播“两翼”的研究。本书认为，合理有效的城市传播不仅要对外进行城市形象传播，还要对内进行城市公共信息的有效传播，着力实现政府与市民的互动沟通，使之达成对城市的共识并推动城市不断发展。城市传播的“两翼”植根于城市本体，同时“两翼”又是同生同构的关系，二者相互影响、相互促动，共同推动城市的进步和发展。

为了探寻社会化媒体在城市传播中承担的具象化角色，本书选取了近年来五个典型“城市事件”作为研析案例，通过研究发现，社会化媒体在参与“城市事件”过程中，发生了历时性演变，其参与程度逐步加深，且形成了类型化角色。出于对社会现代性和媒介技术性的警惕和反思，本书亦对社会化媒体角色演变过程中的异化风险、表征和机制进行了剖析，对社会化媒体的负面角色予以了问题性思考。在角色探寻的基点上，本书采用文本分析、问卷调查等研究方法分别对社会化媒体如何影响城市形象，以及社会化媒体如何通过公共信息传播影响市民参与政务信息传播的行为进行了定量分析，考证了社会化媒体信息质量、社会化媒体活动是影响城市形象的重要变量，而公民的政治功效意识、社交媒体的政治化使用、公民参与行为则会对城市公共信息的传播产生较大影响。

显然，在媒体技术高速发展的滚滚洪流中，社会化媒体忠实地履行了文化技术的使命，并通过技术革新和产品优化不断地丰富着自身的“传播机制”，城市传播的有效性在一定程度上得到了较为充分的验证，其工具理性得以彰显。但与此同时，社会化媒体在城市传播中被流量、资本和技术所挟裹，城市传播价值理性的沉降与失语日益严重。本书提出，城市传播工具理性的扩张、发展和效用必须受到其价值理性的导引，良性的城市传播活动应当突破城市“就传播论传播”的工具理性局限，扩大社会化媒体和城市传播活动的社会治理功能，借助社会化媒体的特性，平等地连接城市内的各类主体，交流观念，融通价值，共享文化，协商政策，实现城市治理的“善治”与“良政”。

由此，本书最终研究的实践指向了传播—沟通—调节—融合的城市传播路径，即城市传播需要超越信息传播的工具性本身，实现更深层次、更本质的沟通、触及公平性和公正性方面的社会调节以及终极意义上的多元文化的融合，从而实现价值意义上的超越，这也是实现“建立可对话、可沟通的智慧城市”这一传播理念和城市实践的必由之路。

城市的诞生已有数千年历史，相较于对城市的研究，城市传播的研究仍是一个较新的命题，城市体系构成的复杂性既赋予城市传播丰富的内涵和外延，又给它编织了一张错综复杂的关系网络，未来学者对于城市传播的研究还会出现更多的面向和开掘更深的层次。相信本书的研究是一种赓续，也是一束微光，努力去照亮城市传播研究的下一个路口。作者是我的第一个博士，在此领域深耕多年，颇富思考，时有新见，期待会有持续的成果面世。

武汉大学新闻与传播学院教授、博士生导师 冉华

2022 年 5 月 5 日

目录

第一章　绪论

第一节　研究背景

城市化，是21世纪中国社会发展的一个宏大的叙事背景和重要主题。1978年，中国的城镇化率为17.92%，2000年提升至36.22%，2020年再次提升至60%，这就意味着中国城市人口已达约8.4亿。在大规模、迅速的城镇化进程中，中国城市的数量、人口规模、经济总量、城市基础设施建设都经历了一个急速扩张的发展历程。新兴城市和特大城市的不断涌现，促使国民经济持续攀升的同时，也带来了城市发展和城市管理的难题。一方面，城市之间在政治、经济、文化、旅游等方面的角逐日趋激烈，城市该如何通过提升自己的形象来扩大影响力与号召力，促进资金、技术、人才的引进与流动，提升城市竞争力以实现可持续发展；另一方面，城市化、都市化进程并不仅仅意味着人口的集中、经济的转型，更是文化教育、价值观念、生活方式等社会演化过程。因此，外来务工者和城市移民的大量涌入，造成城市社会阶层结构的多元化和复杂化，势必带来不同地域文化、习俗和价值观的碰撞，产生大量的社会矛盾和问题。同时，城市人口的过度集聚容易导致城市突发事件的产生，带来城市的安全隐患，2004年的北京密云彩虹桥踩踏事故和2014年的上海外滩踩踏事件就是沉痛的教训。那么如何实现城市信息的有效传播与沟通，如何让城市市民形成价值认同，培养城市的安全感和归属感，也是城市发展中必须解决的一个难题。

21世纪是城市化的世纪，也是传播的世纪。20多年来，数字技术、信息技术的飞速进步推动着以互联网为代表的新媒体不断涌现，并逐渐向相互融合的方向发展。它们的出现不仅改变了信息传播方式，重塑了新的媒介生态和传播格局，而且渗入社会的政治、经济、文化、科技等各个领域，对社会的发展产生了深刻的影响。传播不仅能帮助人类社会共享世界，表达和传递情感，还能帮助人类确证自我，实现身份认同。同时，作为社会调节的重要力量，传播在监测社会环境、守望社会发展、推动社会决策、保障社会良性运行等方面也发挥着重要作用。传播具有强大的社会功能，通过信息的传递能够实现环境监测、文化传承和社会协调。基于此，城市传播不仅是一种传播行为，也是一种社会公共管理方式，合理地利用城市传播，既可以塑造良好的城市形象，又可以在政府与市民、市民与市民之间架起文化认同和信息流通的桥梁，对城市的治理起到非常重要的作用。

因此，从城市治理的角度来说，城市传播应当是“一体两翼”，一体是指城市本体，“两翼”分别是指城市对外传播和对内传播。合理有效的城市传播不仅要对外进行城市形象传播，还要对内进行城市公共信息的有效传播，着力实现政府与市民之间的互动沟通，使之达成对城市的共识并推动城市不断发展。著名的城市研究学者和技术哲学专家刘易斯·芒福德（Lewis Mumford）曾经指出，对话是城市生活的最高表现形式之一，城市中最有意义的活动是对话。他认为，虽然城市的传播技术在不断地发展和变化，但其是否能扩大人类沟通和交往，并与人、环境和谐共处，是衡量传播技术进步还是退步的重要标准。刘易斯·芒福德的思想提示我们，对话是城市的生命，作为一种新的传播技术，以微博、微信、即时通信等为代表的社会化媒体具有参与性、对话性、互动性、社区化和连通性强的显著特征，它们的出现为扩大城市之间、城市市民之间的沟通与交往提供了技术可能。因此，将城市传播置于社会化媒体的视阈之下，研究如何利用社会化媒体，帮助城市达到外塑形象、内促沟通的目的，促进城市的和谐发展和城市管理的良性循环，显得极具现实意义。

第二节 研究综述

一、国内研究现状

在国内，早在 1988 年就出现了关于城市传播的研究，但发展非常缓慢，在之后很长一段时期内几乎处于沉寂状态。直至 20 世纪末 21 世纪初，随着中国社会转型和城市化进程加快，作为城市发展研究的一个方向，城市传播逐渐引起学界的关注。2008—2013 年，关于城市传播的研究出现小高潮，2012 年以后，在以复旦大学信息传播研究中心孙玮教授为代表的学者的推动下，城市传播研究深度进一步拓展。目前我国学者的研究主要有两种脉络。

（一）学理层面的基础性研究

基础性研究主要从两个方面展开：一是探讨城市传播研究的路径和方法，二是对城市传播理论范式的选取与建构的讨论。

2008年，中国国内第一本关于城市传播学的专著《C时代：城市传播方略》问世。该书作者为王安中、夏一波，书中初步厘清了城市传播的域值轮廓关涉的问题域，并界定、阐释和实践例证了城市传播的路径和方法。它不但完成了城市传播学系统性建构，还兼顾了社会转型期中国现实问题的实践应用。王安中和夏一波在吉布森和马克洛斯两位学者前期城市文本研究的基础上，明确指出“城市文本”的符号学学理基础，认为“城市文本不仅仅是一个物质性的课题，又是一系列意义的集合体。……城市特别是现代大都市或区域中心化城市……已经是‘文本化城市’”。[1]与此同时，他们还提出了“C时代”的原创性命题，指出迈向21世纪的人类社会实质是迈进了“C时代”，即城市（city）的世纪、创意（creativity）的世纪、消费（consumption）的世纪和传播（communication）的世纪。基于此命题，进一步阐释了空间文本化延展消费的重要问题，即城市“无形”空间的符号在场和指涉，对城市文本媒介接触策略的方法论启示很大。《C时代：城市传播方略》结合中国城市化进程中的“旧城改造”个案进行剖析，指出：“从城市传播的角度来看，旧城是‘城市记忆’的空间载体，承载着城市代际传播的功能，沟通城市的历史、现在与未来，彰显着城市‘地脉’与‘文脉’特征并将之传承与延续。”[2]王安中、夏一波对城市传播学的学科性质进行了把脉，认为城市传播学是“一门交叉性、横断性的学科，它既不属于自然科学，也不属于社会科学，而是一门学科横跨性较强的应用性学科”。同时对城市传播研究进行了定义：“城市传播研究的基本命题就是将城市视为一个庞大而又复杂的传播体系。研究以最佳的投入形式、投入规模以及科学的开发手段组织城市传播活动，实现城市传播系统的良性运行，并使相关利益主体的需求获得相对满足。”[3]2009年，刘路、王安中在《城市传播研究学科交叉常态化建设的创新路径》一文中从深化研究城市化进程战略选择的需要、促进城市实践与传播实践的共轭发展、整合城市科学与传播学理论资源开拓新理论这三个维度指出了进行城市传播研究学科交叉常态化建设的必要性，提出了城市传播学科化建设可以在城市空间与传播实

[1] 王安中，夏一波.C时代：城市传播方略[M].北京：新华出版社，2008：51.

[2] 吴迎君.城市传播学的范式建构和实践书写：评《C时代：城市传播方略》[J].全国新书目，2009（1）：71.

[3] 王安中，夏一波.C时代：城市传播方略[M].北京：新华出版社，2008：52.

践、旧城改造与代际传播、城市发展与危机传播的勾连性研究、城市建设与国际传播、城乡统筹与互动传播五大重点领域实现创新和突破。[1]

20世纪后半叶，地理学的研究出现了“空间转向”的新动态，这个研究视角的发掘使人们对于历史和时间、社会关系和结构的关注，转移到空间上来。[2]亨利·列斐伏尔（Henri Lefebvre）的“空间转向”起源于城市化进程的作用力，他认为空间不仅是社会关系发展演变的产物，而且反过来会对社会和人的行为产生影响和作用，空间不是静态的，而是一个动态的实践过程。[3]马歇尔·麦克卢汉（Marshall Mcluhan）的空间观和约书亚·梅罗维茨（Joshua Meyrowitz）的空间观则都指出了媒介对空间的解构和重构作用。由此，空间自身的传播价值开始受到重视，城市传播研究的重点转向了“作为媒介的空间和作为空间的媒介”。

我国的城市传播的空间转向主要有两个研究流派。一个流派是以城市本身作为空间的研究。刘易斯·芒福德在展开对当代城市发展过程及城市价值和意义进行批判性反思时，反复强调了人文主义以及交流对话的重要性，并且明确指出：城市中最有意义的活动即是对话和交流，对话和交流是城市生活的最高表现形式之一。刘易斯·芒福德的城市观在城市传播研究领域影响深远。以孙玮教授为代表的课题组在解读刘易斯·芒福德城市观的基础上，从空间进路入手，主要围绕可沟通城市评价体系，可沟通城市评价体系指标建构（以上海为个案），如何构建现代城市社会传播网络，新媒体环境下城市社区传播网络建设等议题展开研究。他们指出，可沟通城市的基本内涵是通过信息传递、社会交往和意义生成等多种传播实践活动，实现城市的多元融合、时空平衡、虚实互嵌和内外贯通，即在人性充分实现维度上的多重“可沟通性”。[4]该课题组结合对上海可沟通空间的考察和分析，建构了一套可沟通城市评价体系和指标，并提出了可深入探讨的课题，比如城市实体空间中人员流动的安全性问题、实体空间与媒介建构的虚拟空间的复杂关系等。该课题研究的目的在于通过“可沟通”概念，关联城市生活的各个面向，力图以更为包容、综合的方式理解好规范城市，

[1] 刘路，王安中．城市传播研究学科交叉常态化建设的创新路径 [J]．社会科学辑刊，2009（6）：52–56.

[2] 邵培仁，杨丽萍．转向空间：媒介地理学中的空间与景观研究 [J]．山东理工大学学报（社会科学版），2010，26（3）：69–77.

[3] 杨有庆，范建刚．列斐伏尔的空间生产理论及其影响 [J]．甘肃高师学报，2011，16（6）：124–127.

[4] 复旦大学信息与传播研究中心课题组，谢静，潘霁，孙玮．可沟通城市评价体系 [J]．新闻与传播研究，2015，22（7）：25–34，126.

使之更加符合城市的本质。[1]另外，孙玮和王安中曾对城市地方与空间的相互建构作用进行过深入研究，认为城市的实体空间和媒介建构的虚拟空间对地方文化认同体和代际传播形成具有重要作用。这一研究为城市实体空间传播转向开辟了新视野。吴予敏在《从“媒介化都市生存”到“可沟通的城市”——关于城市传播研究及其公共性问题的思考》一文中指出，“社会鸿沟”是中国新型城市化进程中严重突出的问题，应推动社会变革，借助数字化信息网络弥合“社会鸿沟”，形成文化认同共同体，实现从“媒介化都市生存”走向“可沟通的城市”。[2]

另一流派是以新媒体作为延伸空间的研究。列斐伏尔认为：空间是具有生产力的存在，新媒体生产和塑造出的空间新形态给媒介传播模式带来了颠覆性变化。社会化媒体的广泛应用使信息的跨空间传播成为可能。区别于传统媒体，新媒体充分利用碎片化空间营造新的空间关系，弥补了大众媒介空间的不足，为城市信息传播的及时性与可拼贴性提供了可能。所以，新媒体还应与传统媒体相结合，共同打造如智慧城市这样新的传播空间和传播样态。邓庄在《城市化进程中的大众传媒》一书中论述了大众媒体与新媒体的互补互动，并以佛山报纸的转型为例，研究了城市化进程中媒体转型的必要性和重要性。[3]虽然以新媒体作为延伸空间的研究不断增多，但将之与城市传播相结合的专门性研究成果较少，这是一个具有现实意义的研究切入点。

（二）应用性研究

我国城市传播的应用性研究主要围绕两个方面展开：一是城市文化传播研究；二是城市品牌形象传播研究。城市品牌形象传播的研究成果尤为丰富，有学者从宏观的角度探讨大众传媒与城市形象建构的关系，也有学者对新媒体环境下的城市形象传播进行对策性研究，还有学者立足新媒体聚焦不同城市形象传播的个案分析。

1. 城市文化传播研究

关于城市文化传播的研究主要聚焦了三个方面：符号学视角下的城市文化传播策略研究、城市文化传播载体研究、新媒体环境下城市文化传播个案分析。

---

❶ 复旦大学信息与传播研究中心课题组，谢静．可沟通城市：网络社会的新城市主张［J］．新闻与传播研究，2015，22（7）：16-24，126.

❷ 吴予敏．从“媒介化都市生存”到“可沟通的城市”：关于城市传播研究及其公共性问题的思考［J］．新闻与传播研究，2014（3）：6-19.

❸ 邓庄．城市化进程中的大众传媒［M］．北京：光明日报出版社，2012.

有学者指出，从符号学视角看，城市文化是由一连串象征性符号组成的表意系统，需要通过体现城市文化特征的景观、建筑、雕塑、展览、美食、方言、曲艺、演出、吉祥物、宣传片、图片、文字作品等进行表达和展示。[1]在这一表意系统中，符号是城市文化所承载的意义载体，符号的能指与所指、转喻与隐喻、直接意指与含蓄意指等，都对城市文化传播的效果具有重要影响。在传播城市文化的过程中，要综合考虑社会和历史因素，深入挖掘城市文化的独特内涵，找准城市文化的核心价值元素，因地制宜，为城市量身定制整体品牌形象和符号传播策略。[2]莫智勇利用文化符号理论探讨了广州独特文化符号内涵及其对城市形象构建与传播力的提升。同时指出，在智能化媒介与新传播时代，未来的城市传播应开发城市特色文化符号，挖掘城市形象传播支点，并努力实现多元文化有机融合与有效传播，创新城市传播机制与品牌策略。[3]

对城市文化传播载体的研究也是学者们关注的一个重点，《城市文化传播载体研究——以微信公众平台为例》（杨帆，2017）、《城市文化微博、微信传播策略探究》（蔡军，2018）、《基于自媒体平台的城市文化传播研究》（程诚、杨迎春，2019）、《微电影对城市文化的构建与传播》（王颖怡，2016）、《纪录片对城市文化形象传播的影响探析》（曾洁，2017）等文章探讨了不同传播载体对城市文化的构建、城市文化传播的特征及优势和劣势，并提出了相应的传播策略。

2015年以后，对新媒体环境下的城市文化传播研究不约而同地指向了城市个案剖析，成果产出颇多，如《融媒体时代如何传播城市文化——永济市传播城市文化的探索与思考》（裴娟，2019）、《新媒体环境下济南城市文化传播研究——以济南相关微信公众平台传播为例》（朱秀清、李辛未、刘起，2016）、《自媒体网红的城市文化传播路径探析——以大连为例》（阎婷、柴玥，2020）、《“抖音”APP中的城市文化传播——以古城西安为例》（陈新民、雷晨琅，2019）等，这些文献均以具体城市为例，结合地方文化特色讨论了新媒体环境下不同的城市进行文化传播的共同之处及差异，提出了传播路径和策略。

2. 城市品牌形象传播研究

（1）大众传媒与城市形象建构的关系。陈映在《城市形象的媒体建

[1] 宋云．城市文化形象传播策略分析［N］．中国城市报，2018-06-11（19）．

[2] 吴惠凡．表意与叙事：城市文化传播的符号学解读［J］．当代传播，2018（3）：31-34.

[3] 莫智勇．基于城市文化符号的城市形象传播建构探析：以广府文化之广州形象为例［J］．城市观察，2018（2）：150-156.

构——概念分析与理论框架》一文中指出，城市形象包括“实体城市形象”和“虚拟城市形象”，媒体对城市形象进行再现或者重构，这是不同历史力量共同交互作用而构筑的“想象地理”。同时他还分析了因为受到新闻选择性、报道框架等因素的影响，媒体新闻报道所构建的“虚拟形象”可能与“真实形象”并不必然吻合。大众媒体中所指涉的城市空间与城市形象，不可避免地会受到社会、城市、区域、民族等种种既有的价值规范、制度结构、语言、文化及社会共识等因素的影响。陈映还指出，媒体对城市形象的建构是一个长期的涵化过程。媒体进行信息传播的过程中在形塑城市形象的同时逐步建立人们认知的基模。大众传媒中媒体形象的呈现和再现，除了会影响内外部公众对城市的认知、评价和情感，还关乎城市功能的优化以及城市竞争力的提升。❶叶晓滨也对城市形象与媒体再现问题进行了研究，在其博士论文《大众传媒与城市形象传播研究》中指出城市与媒体同声同构，媒体的诞生、成长和发展与城市发展相互交织、息息相关。媒体既是城市的有机组成部分，又通过自己的方式建构城市的外观和人们的生活体验。该文在社会变化的宏观背景之中对新闻媒体怎样影响城市形象的再现与“生产”进行了整体观照，并从宏观（社会结构性因素）与微观（新闻从业者的实践活动）两个角度，对媒体的新闻生产动态过程做出具有明确历史场景和主体活动内涵的阐释。❷文章力图通过研究媒体场域对于城市形象的“生产”影响和作用，探究在中国社会转型时期，经济权力、社会权力与政治权力之间相互博弈的模式，以及这种博弈模式又怎样影响城市形象的构建。叶晓滨的研究尝试在宏观与微观视角间建立一种理论联系，从而为城市的政府、机构或其他社会主体进行形象建构和传播提供可资操作的策略指导。李萃翠在《多维观照：大众传媒与城市形象建构研究》一文中提出探究大众传媒与城市形象之间的关系，应更多地从功能及属性层面出发，考察不同历史阶段和历史背景下大众传媒建构城市形象时关于理想与现实、应然与未然之间的矛盾与无奈，同时关注在特定历史背景下对自身行业的认知以及进行的适应性调整。❸

（2）新媒体环境下城市形象传播对策性研究。韩隽在《城市形象传播：传媒角色与路径》一文中指出传媒的角色既决定了传媒在城市形象传播中的地位和作用，也决定了传媒在自身发展与城市形象传播过程中具体操作

❶ 陈映．城市形象的媒体建构：概念分析与理论框架［J］．新闻界，2009（5）：103–104，118.

❷ 叶晓滨．大众传媒与城市形象传播研究［D］．武汉：武汉大学，2012.

❸ 李萃翠．多维观照：大众传媒与城市形象建构研究［D］．苏州：苏州大学，2014.

和运作路径的差异。[1]大众传媒既是城市系统中的一个子系统，也是一个相对独立的机构，它不完全是城市的“传声筒”，它有自身的价值取向和运作规律，但在遵循其新闻价值观的前提下，大众传媒务必要与城市其他子系统协调运行，保持共同的社会价值观。

韩隽还提出了城市形象传播的路径。他认为，大众传媒虽然不直接参与城市的政治、经济、文化建设的决策和执行过程，却是公众利益的代表，承担着政策、制度、信息甚至决策的上传下达的职责，具有策应和纠偏的功能。大众传媒对城市形象传播包含两条路径：第一条路径是进行城市形象的纵向传播，即明确城市精神内涵是在历史发展过程中经过长期积淀而得，需以纵向传播思维和历史的眼光来看待城市形象的发展和演变，从而发掘城市的昨天、今天和明天，探寻最能深入人心、唤醒共同认知的城市形象。第二条路径是进行城市形象的横向传播。在政治、经济、文化全球化的背景下，大众传媒应该构建一个更加开放、包容的体系，接纳和吸收各种思想、文化，以实现不同思想或文化的交流、碰撞，更新社会现有的政治意识和价值观念。当城市对内或对外进行信息传播活动时，其实质上也是在塑造和传播自我形象。嵌套于城市大系统中的大众传媒能否在开放的视野之下兼收并蓄外来信息，并使之为城市发展服务，提升城市形象，成为一个城市获得显著地位和良好发展的重要条件。著名的传播学者哈罗德·拉斯韦尔（Harold Lasswell）在阐释大众传媒的功能时指出，大众传媒具有决策功能和教育功能。因此，在城市的横向传播中，通过传播世界各地特色城市的信息，大众传媒能够起到为所在城市的决策者提供决策依据，以及帮助市民启迪思想、快速接收多元文明的作用。此外，城市形象是该城市政治文明、经济建设、社会风尚、文化生活等因素的综合，其中既有硬实力的彰显，也有软实力的外化。作为整个社会中的一个系统，城市需要不断同外界进行“能量、信息和物质”的交换，这就涉及城市的信息空间的利用问题。“新的技术经济使信息空间成为不可逆转的经济与组织的空间逻辑。于是这个问题就变成，怎样将城市意义和实际空间连接起来，重构以城市为基础的社会意义，这需要在文化、经济和政治三个层面上进行社会和空间规划的同步整合。”这是信息社会研究专家曼纽尔·卡斯泰尔在总结文化、经济和政治与信息空间的关系时提出的观点。因此，城市形象传播的视角应该是全方位、立体式的，而不是单一化、平面化的。[2]

何国平在《城市形象传播：框架与策略》中提出了城市形象传播的总

[1] 韩隽．城市形象传播：传媒角色与路径 [J]. 人文杂志，2007（2）：193.

[2] 韩隽．城市形象传播：传媒角色与路径 [J]. 人文杂志，2007（2）：192–193.

体范式，即在城市定位与形象元素的二元张力中充分利用自塑与他塑的传播与建构合力，形成优选方案。他认为，城市定位需要激发和体现利益攸关者的诉求与认同并展开城市营销活动，由此延伸出城市形象传播的利益相关者策略和城市营销策略，城市形象元素资源库的有效传播需要运用大众传媒策略和文化策略。城市定位与形象元素的现实选择与资源要素提示，城市形象传播是自我与他者的认同性建构。因此，城市形象传播必须充分认识到他者认同和自我认同的同一性与对抗性、建构性与解构性矛盾，充分利用“自塑”与“他塑”、“塑形”与“矫形”、“自传”与“他传”❶的博弈与共谋所释放的正面、积极的传播效能。基于上述传播机制与传播规律的理解，城市形象传播远非控制性策略变量的平面叠加，而是利益相关者策略、大众传媒策略、城市营销策略和文化策略四者交互作用形成的力的金字塔结构，如图 1–1 所示。❷

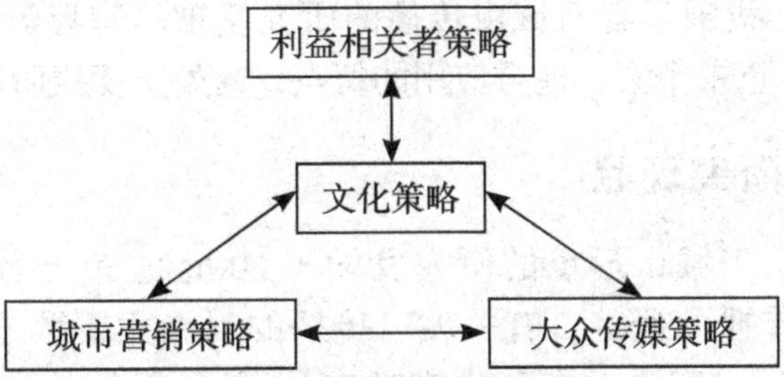

图 1–1 城市形象传播理论框架

何国平认为，在建立的城市形象传播金字塔形框架中，居于金字塔四端的利益相关者策略、城市营销策略、大众传媒策略与文化策略构成一种彼此互动、相互作用的动态场力关系。其意在说明对于城市形象传播的实践与案例需要具体情况具体对待，不应是排他性单一策略，而是经过城市形象传播的现状评估、问题诊断、修复方案与目标愿景等技术环节后组建的结构性、功能性的多元复合的策略组合界面。

（3）新媒体环境下城市形象传播的个案分析。贺艳在《媒介表征与城市形象的建构：以重庆为例》一书中，以何国平提出的城市形象传播金字塔策略框架为理论模型，从文学作品与城市形象建构、传统报刊与重庆形象建构、电视传播与城市形象建构、电影与重庆城市形象建构、网络与重庆城市形象建构这五种媒体视角，探讨了重庆在不同介质的媒体中呈现出

❶ 何辉，梁婧，等 . 中国国家形象塑造：形式和手段 [M]// 周明伟 . 国家形象传播研究论丛 . 北京：外文出版社，2008：70.

❷ 何国平 . 城市形象传播：框架与策略 [J]. 现代传播（中国传媒大学学报），2010（8）：13–17.

的城市形象以及重庆形象的建构是通过怎样的策略得以实现的，从而进一步分析了重庆形象在不同介质媒体上的改善还有哪些空间可以拓展，并给予了对策性建议。[1]

有学者注意到新媒体技术的不断推陈出新，引发了媒介环境的大变革，传播活动与传播研究都不断调适自身以适应媒介环境的剧烈变化。谭宇菲在《北京城市形象传播：新媒体环境下的路径选择研究》一书中指出，从城市传播现状来看，新媒体切实影响着城市形象传播从内容生产、创意表达到议程设置、媒介选择、信息输出、效果评估等所有环节。作为首都，北京在运用整合各类媒体资源塑造城市形象、推动文化发展和增强软实力方面具有独特优势，承担着传播重任。[2]该书结合新媒体的特点以及与传统媒体的互补与互动，重点关注和讨论了如何在日常传播以及重大活动中选择、利用适合北京城市形象传播的媒体，以实现有效的媒体组合。

总的来说，我国学者对城市传播的研究侧重品牌形象的塑造与传播，具有立足宏观、重视个案、注重应用的特点，尚处于探索阶段。

二、国外研究现状

在国外，关于城市形象的研究发端于20世纪50年代，但并未出现专门针对城市传播的研究，有关城市传播的观点主要散落于城市营销和城市品牌化理论研究中。在英文文献中，可以通过City Marketing、Place Marketing、Regional Marketing、Urban Marketing等概念术语检索西方学界对此的研究涉猎。20世纪90年代以后，一个明显的趋势是学者们越来越多地集中使用City Marketing或Place Marketing。威特（Waitt）从城市意识形态与城市营销的关系出发进行研究。戈特姆（Gotham）在威特的基础上提出城市营销品牌化，认为营销城市的目的是强化城市的正面形象。随着城市营销研究的不断深化，城市经营的重点逐渐从城市形象营销转移到城市品牌营销上，品牌营销手段也逐渐被借鉴为城市品牌的主要传播策略，为此，英国学者格雷厄姆·汉金森（Graham Hankinson）专门针对传播方式在城市品牌传播中的重要作用进行了一系列相关性研究。

（一）提出城市形象概念

20世纪60年代，美国城市规划专家凯文·林奇（Kevin Lynch）在《城

[1] 贺艳．媒介表征与城市形象的建构：以重庆为例 [M]．北京：中国传媒大学出版社，2016.

[2] 谭宇菲．北京城市形象传播：新媒体环境下的路径选择研究 [M]．北京：社会科学文献出版社，2019.

市意象》(*The Image of the City*)中首次提出“城市形象”的概念。“城市形象”是大众经过观察，对城市形成的印象和感知，使城市在某种程度上具有了特定的意义，书中还将城市形象概括为区域、道路、边界、节点、标志物等几大要素。但是，该理论主要集中在城市规划、建设、设计的范畴，尚未涉及形象传播和新媒体。刘易斯·芒德福对城市形象理论做了总结：城市形象是在大众传媒和人际传播的过程中，大众结合自身的经历、记忆等，对城市形成的主观认知。他从传播学的角度认识城市形象，肯定了大众传媒和人际传播在城市形象传播中的作用。“现代营销学之父”菲利普·科特勒(Philip Kotler)在《地方营销》(*Marketing Places*)中，将现代营销理论与地方形象结合，将城市看成一种产品，通过对城市形象的设计，同时以公关活动、媒体广告等方式进行城市营销，提高城市的竞争力，进而扩大城市的形象传播，让市民对该城市或地区感到满足，并使大众对该城市形成一种独特的印象。美国社会学家伯吉斯(Burgess)通过对英国地方政府和企业的广告材料的统计分析，发现所有“广告都竭力强调的两点城市形象：一是经济优势；二是生活质量”。

(二)城市品牌化与城市形象关系

美国杜克大学富奎商学院的凯文·莱恩·凯勒(Kevin Lane Keller)在《战略品牌管理》(*Strategic Brand Management*)中对“城市品牌化”进行了定义，指出“城市品牌化就是让人们了解和知晓某一城市，并将某种形象与联想和这座城市联系在一起，让其精神融入城市的每一座建筑之中”。他认为，城市品牌可以等同于产品和人，品牌的主体也可以是某一地理区域。如果一个城市冠以品牌，对于外界来讲，这座城市就已经超出了它的本身意义，并且被赋予的意义融入城市的印象中。Cai(2002)认为，城市品牌的基础是对城市形象的建构，然后通过品牌要素的不同组合来获得与其他城市的区分。[1] Kavaratzis 等(2005)认为，在地区品牌中也运用了商品品牌，认为品牌应该包含产品、服务、企业，以及地区，品牌产生的独特意义能够在人脑中形成独特的情感和认识。[2]Allen(2007)以公司品牌的概念为基础，提出了区域品牌就是地理意义和政治意义上的产品品牌和服务品

---

[1] CAI L A. Cooperative branding for rural destinations[J]. Annals of tourism research, 2002, 29(3): 720-742.

[2] KAVARATZIS M, ASHWORTH G J. City branding: an effective assertion of identity or a transitory marketing trick?[J]. Tijdschrift voor economische en sociale geografie, 2005, 96(5): 506-514.

牌。[1]城市品牌的运用，必须要考虑到城市品牌主体与客体之间的关系，尤其是政府部门和相关利益群体的作用。

（三）城市营销与城市品牌传播

20世纪80年代末和90年代初，科特勒等系统地提出了“城市营销”的理论，在整合营销（integrated marketing）方面，菲利普·科特勒认为它是企业所有部门运用多种工具和方法来服务于顾客的利益。在城市形象传播方面，主要可运用整合营销传播理论（integrated marketing communications），即根据目标需求，制订综合计划并整合各种传播途径和方式（如广告、公共关系、人员促销等），使传播影响力最大化。美国西北大学教授舒尔茨提出：所谓的城市品牌传播就是指整合现有的、可利用的传播沟通媒介，将城市品牌的资源要素和差异化特征作为主要传播内容，以沟通对象及相关利益者作为传播受众，以构建一致的城市品牌形象，传递清晰一致的城市信息为目标，追求城市品牌传播的利益最大化，使沟通对象及利益相关者能够产生较为愉悦和满意的感觉，最终在他们的心中树立起美誉度和知名度，从而做出一些有利于城市的行为。菲利普·科特勒在《地方营销》中，将现代营销理论与地方形象结合，将城市看成一种产品，通过对城市形象的设计，以及公关活动、媒体广告等方式进行城市营销，提高城市的竞争力，进而扩大城市的形象传播，让市民对该城市或地区感到满足，并使大众对该城市形成一种独特的印象。

（四）传播方式在城市品牌传播中的作用

以色列学者亚伯拉罕认为：“媒介在我们日常生活中变得越来越重要时，在大众传播学、地理学和城市研究领域似乎很少对城市的媒介形象进行关注。随着当代城市进入信息化主导的后工业社会，城市与媒介的关系更加紧密。”英国学者格雷厄姆·汉金森针对传播方式在城市品牌传播中的重要作用进行了一系列相关性研究。他针对英国各城市的品牌现状进行了实证研究，考察了不同渠道推介城市品牌的效果。20世纪60年代初期，美国学者梅尔（Meier）的《城市发展中的传播理论》（*A Communications Theory of Urban Growth*）被认为是第一本正式确认传播对于维持都市空间重要性的著作。梅尔认为传播根植于城市经济的整个过程并直接参与了城市化进程。与埃弗雷特·罗杰斯（Everett M. Rogers）的创新扩散理论相似，梅尔认为

[1] ALLEN G. Place branding: new tools for economic development[J]. Design management review, 2007, 18（2）：60–68.

传播有利于创新意识的扩散，有利于城市空间脱离地理束缚。这一乐观的带有技术乌托邦色彩的思路与20世纪初至60年代初美国城市化社会的全面起步、繁荣及媒介化社会的形成有关，也是工业化升级过程中蒸蒸日上的社会环境背景下研究者对媒介积极功能的信任的体现。

城市营销是国外学者对于城市传播研究的着眼点，但仍然侧重的是城市品牌的塑造和对外的形象传播，与我国学者目前的研究有极为相似之处，共同为城市传播的研究奠定了基础。

综上所述，目前国内外的学者虽然对城市传播的研究日趋重视，并且已产出不少非常有价值的研究成果，但仍存在四个主要研究缺失。

（1）城市传播研究范畴仍然模糊，由于城市传播属于交叉学科，少数学者从文化和城市媒介的角度观照城市传播，大部分学者理所当然地将城市传播等同于城市品牌形象传播，城市传播的研究范畴仍然比较模糊，而且有很大的局限性。

（2）城市传播研究单向度倾向明显，从传播学的角度来说，社会协调和管理功能是传播的主要社会功能之一，那么城市传播应当具备城市治理的功能，而大部分学者都着力于城市品牌形象的研究，而对城市治理这一重要功能重视度不够。

（3）研究方法相对单一，思辨性的定性研究是学者采用的主要研究方法，访谈和观察法的应用少之又少。2002年之后采用问卷调查、模型分析的定量研究逐渐增多，但挖掘的深度和广度仍然不够，尤其是缺乏从定量研究的角度对城市传播的变量进行系统分析，无法凸显城市传播在城市化进程中的重要作用。

（4）社交媒体视阈下多角度的城市传播研究仍然不足，博客、微博、微信、即时通信等社会化媒体无疑是新媒体的生力军，也是当前城市人群使用最频繁的社交工具。虽然很多学者注意到了新媒体的出现对城市传播的影响，但鲜有学者明确指向社会化媒体对于城市传播的重大意义及其二者的关系。

第三节　研究基本思路、目标、框架、方法

一、研究基本思路

本书首先从廓清城市传播研究范畴和对象的相关问题入手，阐释城市

传播的实质，指出城市传播的“一体两翼”并论证“一体”与“两翼”的关系。在此基础上，厘清在社会化媒体中城市传播的主体，清晰地界定城市传播的客体，借助相关理论分析不同主体的“人格”特征及其对城市传播的影响。然后立足社会化媒体的社会功能，通过内容分析、社会调查，结合典型案例分别展开对城市传播“两翼”的研究，考察社会化媒体对城市形象的形塑路径，探讨社会化媒体下城市公共信息的传播与反馈问题。最后，基于“可沟通的城市”的理念，提出合理利用社会化媒体，有效地进行城市传播的策略，以达到城市治理与促进城市和谐发展的双重目的。

二、研究目标

（1）在学理层面上，基于已有的研究成果，借鉴传播学、社会心理学、公共管理学、情报学等多学科的理论范式，进一步拓宽城市传播的研究视野，廓清城市传播的研究范畴。

（2）阐释城市传播的实质问题，论证在城市传播中，城市本体与城市对外的形象传播、城市对内的公共信息传播及舆情控制“两翼”之间的关系，为提升城市传播的有效性提供实践指导。

（3）在获取实验、社会调查、文本分析第一手资料的基础上，提出利用社会化媒体进行城市传播、实现城市治理和推动城市和谐发展的有效策略和合理建议。

三、研究基本框架

本书以社会化媒体视阈下的城市传播策略为主要研究对象，按照认识和廓清问题——分析问题——解决问题的逻辑组织研究内容，总体框架如下。

（1）城市传播的“一体两翼”及其共生关系。针对城市传播研究对象模糊问题，从公共管理学的角度提出城市传播的实质问题是城市治理问题，而城市治理要依靠城市传播的“一体两翼”。“一体”是指城市本体，“两翼”分别指城市对外的形象传播和城市对内的公共信息传播。城市传播的“两翼”植根于城市本体，同时“两翼”又是同生同构的关系，二者相互影响、相互促进，共同推动城市的进步和发展。

（2）社会化媒体下的城市传播主客体研究。通过文献回顾和现实实践的追踪，重新廓清社会化媒体下城市传播的政府组织、非政府组织、企业、市民和传媒五大主体及其差异化特征，理清实体符号（城市建筑、城市交通和生态环境）、软性符号（组织行为、市民行为和文化符号）和公共信息

（政务信息、城市预警信息与城市舆情、公益信息）等客体及其子类型。

（3）社会化媒体在城市传播中的角色和功能研究。该研究由社会化媒体的介质特征入手，结合典型的“城市事件”（如厦门PX项目事件、温州动车事件、仙桃垃圾焚烧发电项目事件、武汉世界军人运动会、重大公共卫生事件等）传播案例，分析社会化媒体在城市传播中的角色、作用及其角色演变，重点探讨社会化媒体下城市传播所凸显的城市治理功能。

（4）社会化媒体对城市形象的形塑路径研究。以特定的城市为例，利用问卷调查的方法对社会化媒体中城市形象传播进行社会调查，探讨社会化媒体对城市形象进行形塑的影响及其路径。

（5）社会化媒体下城市公共信息的传播与反馈。城市传播的空间载体与城市公共信息发生空间互文互动，成为城市化进程中引导城市信息传播、推动城市发展、树立城市形象的重要组成部分。本书利用问卷调查的方法围绕社会化媒体的政治性使用形态对市民参与行为的影响进行量化分析，探讨社会化媒体对城市公共信息传播的影响。

（6）基于对社会化媒体工具理性和价值理性反思的城市传播路径的思考。工具理性和价值理性的重新整合是人类理性与人类社会健康发展的内在需要，也是解决人们现实生活中所面对的各种危机的内在需要。基于此，本书对如何让社会化媒体在城市传播中实现工具理性与价值理性的统一和平衡进行了理性思考，并提出了“可对话、可沟通的城市”理念下的城市传播路径。

四、研究方法

（1）案例研究法：选取典型城市和代表性的城市事件，比如温州动车事件、厦门PX项目事件、武汉军运会事件、武汉抗击新冠肺炎疫情事件等进行个案研究和深入分析，并进行跨案例比较分析。

（2）问卷调查：通过问卷调查考察社会化媒体的受众接收、评论、分享城市信息的情况及其行为动机，探究社会化媒体对城市传播的影响及其机制。

（3）访谈文本分析：通过新冠肺炎疫情的访谈文本内容，观测社会化媒体的政治性使用对市民参与行为的影响，检验社会化媒体下城市公共信息的传播效果。

第二章　理论基础：基本概念和基础理论

第一节　基本概念

一、社会化媒体

作为一类新兴媒体形态，社会化媒体（social media）在人们的人际交流、社会交往以及各种日常实践活动中的地位越来越显著。可以说，层出不穷的社会化媒体网站、工具、应用与服务渗透了社会的各个层次。从微观层面来看，社会化媒体对人类的行为认知施加潜移默化的影响，而这种影响将是持续性的；从宏观层面来看，它不仅改变了人与人联系交流的方式、信息与数据组织和传递的方式，而且使整体的媒体和文化格局以及社会生态发生了巨大变化。

“社会化媒体”一词最早由美国学者安东尼·梅菲尔德（Antony Mayfield）在《什么是社会化媒体》（*What is Social Media*）中进行了总揽性的阐释。他认为社会化媒体具有参与、公开、交流、对话、社区化、连通性六大特征，包括SNS、微博、博客、论坛、网络内容社区等应用类型。虽然当时梅菲尔德的解释并未给出明晰的定义，但向我们提示了社会化媒体的核心特质是“赋予用户参与、传播和创造内容的能力”。事实上，早期的研究将社会化媒体视为一系列互联网应用，甚至有学者将社会化媒体等同于社交媒体服务（Social Network Sites/ Social Network Services，SNS），两者的联系和区别并不清晰。社交媒体服务被界定为“让用户能够在其中建立、维持、展示个人社交网络的网络服务”，强调的是社交媒体对于个体社交关系的效用，而网络技术的发展及网络应用的迭代，使研究者意识到除社交关系外，这些信息媒体在社会生活的其他更多方面也具有深层次的影响。随着认知的加深，“社会化媒体”的概念与“社交媒体”逐渐剥离，概念逐渐明晰，内涵得到延展。有学者给出了相对科学和明晰的定义，认为“社会化媒体是指互联网上基于用户社会关系的内容生产与交换平台”。[1]

社会化媒体之所以是“社会化”的，其根本原因是对于“用户生产内容”（User Generated Content，UGC）的激励。从这个意义上来说，社会化媒体平台的功能不是单纯的社交和人际联系，其功能进一步延展到信息的生产、流动和组织上。社会化媒体由社会化媒体技术、社会化媒体应用及其产品、社会化媒体的整体环境平台三个层次构成。社会化媒体技术层是底层，是由技术原理和支持技术构成的基础层；社会化媒体产品和特定的应用软件构成中间层；社会化媒体平台为最高层，这个平台是指由某个产品及其所有用户和运营者构成的整体环境。社会化媒体的特征最主要有两点：第一，它是内容生产与社交的结合，在社会化媒体平台上生产内容是为了满足维持社会关系的需求，而被生产出来的平台内容反过来又成为人们关系联结的纽带；第二，平台主角是用户，而不是网站运营者。虽然很多门户网站有通向社会化媒体的通道或入口，或内嵌了部分社会化媒体的产品，但其本身的组织架构，不能称为“社会化媒体”。

社会化媒体是信息技术的产物，信息技术是社会化媒体持续发展的动力。Web2.0 技术使越来越多的用户，在社交互动中完成信息获取，互动手段多元化也为他们参与内容生产传播提供了更多可能。现在，中国手机上网比例超过传统计算机上网比例。这意味着在互联网时代，用户接触和使用网络的时间更为碎片化。与 PC 时代的互联网传播相比，移动时代最大的区别在于新媒体技术重视的是场景的服务，场景的意义更大。简单地说，移动互联网时代是对场景的争夺。大数据使社会化媒体的数据资源开发深化。各种技术不断变革，无论技术的外壳如何变化，与社会化媒体相关的技术发展，总有一些不变的内核。“社会化”意味着技术应为人与人连接、沟通提供服务，能带来连接、优化连接的应用。

信息社会的到来，是社会化媒体兴起的深层背景。著名的世界未来大师阿尔文·托夫勒（Alvin Toffler）在著作《第三次浪潮》（*The Third Wave*）中提到，信息技术的发展使信息生产资源与生产工具草根化、普及化，是最容易实现的。社会化媒体使信息的产、消、合变得更为日常化。社会化媒体对于信息传播的分权意义，也会进一步演变为对社会结构的冲击。而美国作家、互联网预言家克莱·舍基（Clay Shirky）也在著作《认知盈余：自由时间的力量》（*Cognitive Surplus: Creativity and Generosity in a Connected Age*）中强调，21 世纪媒体环境和模式均发生巨变，人们已不再是信息的被

[1] 彭兰. 社会化媒体：理解与实践解析 [M]. 北京：中国人民大学出版社，2015：2-3.

动接受者，主动接收信息成为主流。他还强调，媒体社交化和移动化是当下媒体的一个重要特征，人们应该更多地去关注人与人的连接，而不是技术和设备的发展。

社会化媒体有四大核心要素，即人、关系、内容、分享。“人”是社会化媒体的基本构成要素。社会化媒体平台的开发者和使用者都应理解人们的社交本质，在此基础上再去理解社交带来的效应。“关系”是社会化媒体连接的纽带。线下和线上关系、社交互动关系与信息互动关系等种种关系，是每个用户在社交平台上形成的个人关系网络。内容是社会化媒体的核心产物。其中，社会化媒体生产的内容具有海量性、多源化、碎片化的特点。而与内容有关的“分享”即信息互动，成为社会化媒体传播中的主要动力。

尽管所有社会化媒体应用都有一些共同特点，但不同的应用，还是会有不同的偏向。社会化媒体的应用大多数以人为节点，首先建立关系网站，在此基础上实现内容的生产和流动，如通信、博客、SNS、微博、微信等。也有一些社会化媒体以内容为节点，人们的社会关系是借助内容链接起来的，如大众点评网、豆瓣、维基、社会化书签、电子商务网站等。需要注意的是，社会化媒体有差序平台和平权平台之分。在差序平台中，如博客、微博，拥有比普通人更强大的话语权，意见领袖是这些平台的权力中心，这在很大程度上其实就是现实空间话语权落差的一种反映。在平权平台中，人们的话语权相对平等，如通信、维基百科等。一种社会化媒体是差序的平台还是平权的平台，取决于平台的技术与人为规则。社会化媒体的结构又有“封闭结构”和“开放结构”之分。比如，论坛也是社会化媒体，但它总是以特定的话题为中心，将人们圈在一个个边界清晰的封闭空间进行讨论交流，这种交流模式不利于人的社会关系的拓展，因而从用户的交流结果来说，它是相对封闭的。博客也是如此。相对而言，微博和微信是以个体为中心的社会网络的集合，每一个个体可以根据自己的需求来构建属于自己的社会网络。这种开放结构赋予了社会个体更多的选择权和自主权，为个体拓展更广的社会关系提供了极大可能。不过，从社会化媒体发展趋势来看，即使还有封闭结构存在，也会通过开放平台的关联，使自己获得更大的延展空间。

作为信息技术的产物，社会化媒体反过来又推动了互联网的变革。互联网的连接通道与连接结构进一步多样化。网络的一个核心是连接人与人，社会化媒体更是如此。社会化媒体的发展过程，也是连接通道与连接结构的日益多样化的过程。社会化媒体中的“社会化”的实质在于关系的连接与扩张。费里吉斯的猜想即六度分割理论（又称小世界理论）指出“你和任何一个陌生人之间所间隔的人不会超过六个，也就是说，最多通过六个人，你就能够认识任何一个陌生人”。这种连接同时带来了聚变与裂变效应。聚变效应是指群体力量能带来丰富的信息与知识、多元的认识视角以及多种观点的碰撞。裂变效应是指信息的传播以一传十、十传百的方式进行着渠道的“裂变”。社区与经营的相互嵌入，成为今天新型的商业模式，在某种意义上也代表了未来的主流。即使那些传统的服务行业，例如餐饮业，也在向O2O（线上到线下服务）转型，而网络社区平台往往是O2O中的一端。今天业界还提出了“社群”这一概念，人们用“社群”这个词强调了社区中人的连接、聚合关系。[1]

总体而言，从“社交化”到“社会化”，由一种“应用”和“服务”再到一种新的“信息的生产和传播方式”和“网络社会组织形态”，社会化媒体的概念界定经历了一个由模糊到明晰再到扩张的过程。从“社交媒体”到“社会化媒体”，反映了一个不可忽略的事实，微博、微信、脸书（Facebook）、油管（YouTube）等社会化媒体平台不再仅仅是媒介，而已经从一种技术力量进阶为一种社会力量，对社会产生着不可忽视的影响。基于这个事实，我们对社会化媒体关注的重心应该发生转移，从对其“人际的”“社交的”介质的关注转向对“信息的”“文化的”“政治的”等广泛的、社会性的议题的重视，即从对其技术性、工具性的重视更多地转向人文性、社会性的深入探究。

二、城市传播

（一）城市传播内涵与意义

虽然城市的诞生已有数百年历史，对城市的研究一直没有停止过脚步，但城市传播仍是一个较新的命题。城市体系构成的复杂性既赋予了城市传播丰富的内涵和外延，又给城市传播编织了一张错综复杂的关系网络。

什么是城市？城市既是不同建筑的集合体，也是一个巨大的经济体，有着独特的权力与治理结构，以及不同于乡村社会的新型社会关系，它是一个集聚了各种功能且彼此密切关联、相互影响的结合体——它不单是权力的集中，还是文化的归极。[2] 作为地方，城市是一个地理概念，蕴含着

[1] 彭兰.社会化媒体：理解与实践解析［M］.北京：中国人民大学出版社，2015：9-10.

[2] 崔波.城市传播：空间化的进路［M］.北京：中国传媒大学出版社，2014：13.

三层含义：第一，它是地球表面的某个地点，即地方所在的地理空间关系；第二，作为地方意识，它是包括个体和群体在内的对地方的一种主观感受，地方在个人和团体中的作用也包含其间；第三，作为场所，它是由社会环境和文脉构成的人们日常生活和交往的背景及场所。[1]法国哲学家米歇尔·福柯（Michel Foucault）认为，20世纪预示着一个空间时代的到来。20世纪90年代后期，以列斐伏尔、纽曼尔、戴维·哈维、沙朗·佐京、詹姆逊等为代表的学者在空间方面的研究促成了两百年来学术界对空间研究的第一次重大转向。按照西方学者的观点，作为空间，城市的存在是结构化的，它既是物质空间，也是行动空间和社会空间。在这个空间中，人类能够实现行为而且保持其行为的连续性，除此之外，城市空间还为人们提供了维持、强化或重构现有的社会结构和社会关系的实践区域。[2]城市也是一个消费中心，是消费的高度集中地。消费几乎是每一位城市居民的标签，是工业化时代剩余产品增多、供总是大于求的产物。中国当代社会就有一个重要转变，“从解决温饱问题的消费到表现个性的消费，从生物性驱动的消费到更加富于社会性的、象征性的和心理的现代消费”，这是一场消费革命。作为符号，城市是历史、文化、气息和风情的聚合物，构成了城市市民对城市感知和记忆的基础。美国著名城市学家凯文·林奇曾经指出：“人们对城市的理解不会是固定不变的，往往与其他一些事物混合在一起形成部分的、片面的印象，在城市中每一个感官都会产生反应，印象其实就是这些反应的综合。”每个城市都有自己独有的符号，在当今社会，它已经成为城市软实力的重要组成部分。

那么，何谓城市传播？基于对城市含义的解读，城市传播的内涵至少包含三个方面。

（1）城市实体空间的自传播。换句话说，就是城市本身作为媒介的传播。在城市生活中，广场、街道、建筑物等实体空间都是非常重要的具有构筑意义、传递信息的媒介。比如，上海标志性景观外滩，是上海的文化符号，作为一个城市空间，既呈现了上海的历史与文化，又传播了上海的繁荣与开放，从某种意义上讲，它是建构与传播上海现代性的媒介。再比如，20世纪上半叶的成都茶馆，是一个城市实体空间，它的日常存在不仅

[1] 霍洛韦，赖斯，瓦伦丁．当代地理学要义：概念、思维与方法［M］．北京：商务印书馆，2008：133.

[2] 潘泽泉．空间化：一种新的叙事和理论转向［J］．国外社会科学，2007（4）：42–47.

是物理空间，还是建构各种私人和公共关系的场所。成都茶馆既是一个休闲娱乐、观看公共表演的场所，也是一个城市居民谈天说地、交流信息、表达意见的公共空间。成都茶馆不仅折射了成都城市生活的悠闲自在，还承担了德国哲学家尤尔根·哈贝马斯（Jürgen Habermas）所提出的“物质”的“公共领域”功能，兼具社会空间的意义。[1]作为地方的城市实体空间，道路是公共交通，是联系人们的主干道，是联通整个城市的脉络，而公园、广场等城市娱乐休闲公共场所，其实无论是否将其本身的政治意义剥离出来，都在一定程度上体现了都市公德和文明程度。从这个意义上说，城市实体空间其实早就是联系城市主体、传承城市文化和传播城市文明的重要媒介形式。

（2）城市内的媒介传播。媒介传播要分两方面看。一方面，大众传媒作为一种“中介”对城市进行传播，大众传媒的发展与城市发展相辅相成。学者邓庄在《城市传播：媒介与城市互动的视角》一书中就指出，城市与大众传媒的发展是相互作用、相互促进的关系。大众传媒的发展需要城市为其提供物质基础，因而城市的发展水平也反映了大众传媒的发展程度，反过来，大众传媒的发展又会助推城市的进一步发展。并且，大众传媒通过传播和分享信息资源及建立社会舆论监督体系，保障了社会正常运行。随着社会的发展和城市化进程的加速，传统的大众传媒又与不断成长的新媒体合作，协调、平衡因社会分化带来的种种问题，发挥了社会整合和社会动员的作用。[2]另一方面，媒介作为“第三空间”对城市虚拟形象进行传播。第一空间是指城市的实体空间，它是一种绝对的、客观存在的空间。在第一空间中，媒介是一种物质存在，它既构成物质空间的一部分，又使实体空间以自己的形式进行呈现。“第二空间”是指观念的、虚拟的、意识的空间，在这一空间中，媒介不仅在民族国家、城市社区“想象共同体”中扮演着沟通角色，还承担着在“公共领域”中催生议论，参与公共事务的民主政治功能。媒介本身是第三空间，它既是生活的空间也是想象的空间，是主观见之于客观的空间。换言之，基于对实体空间（第一空间）的认知，人们会形成观念空间（第二空间），而媒介搭建的“第三空间”是促成这种认知的达成中介。[3]大众传媒通过诸如城市微电影、城市形象宣传片、电视节目等各种城市影像的植入，为城市内部公众和外部公众构建了虚拟的城市形象。而这种虚拟的城市形象并不是城市实体形态的“镜子似”

---

[1] 孙玮．作为媒介的城市：传播意义再阐释［J］．新闻大学，2012（2）：41–47.

[2] 邓庄．城市传播：媒介与城市互动的视角［M］．北京：中国书籍出版社，2017.

[3] 崔波．城市传播：空间化的进路［M］．北京：中国传媒大学出版社，2014：29.

的反映，而是经过了信息取舍后的影像。尼尔·波兹曼（Nell Postman）曾说过“媒介即隐喻”，这种虚拟影像其实就是一种隐喻的真实。

（3）社会关系的建构与传播。传播是建构人类共在的关系。城市是一个独特的权力与治理结构，传播的存在能帮助城市理顺权力关系和治理顺序。有别于乡村社会，城市是一种新型社会关系，一个好的城市也就是一个社会矛盾较少、社会关系和谐的传播。因此，通过传播理顺权力关系与治理顺序，为社会建立和谐共生的关系是城市传播题中应有之义。

（二）城市传播的“一体两翼”

合理有效的城市传播不仅要对外进行城市形象传播，还要对内进行城市公共信息的有效传播，着力实现政府与市民之间的互动沟通，使之达成对城市的共识，并推动城市不断发展。城市的对外传播侧重于城市的形象传播，主要是将从城市本体的政治、经济、文化和社会中提炼出来的“性格”借助各种媒介传达给外部公众，使其对城市形成一个良好的总体印象和综合评价，借此提升城市的知名度和美誉度，达到招商引资、吸引人才的目的。良好的城市形象传播会实现城市经济效益和社会效益的双增长。城市本身是一个复杂的大型组织，有着错综复杂的社会关系，城市的社会治理成为城市管理中的关键一环。治理城市社会问题既要调整和改善城市的分配关系，又要通过城市各种信息的顺利流通，在各个利益群体间架设沟通的桥梁，帮助政府、市场和社会进行互动，从而规范和协调社会秩序。而传播正是实现城市互动的基本手段。由此可知，城市对内传播在城市管理中承担着信息沟通和社会互动的重要角色。传播对于城市而言，主要是指城市所从事的各种信息活动，即通过信息的有效传播共同实现城市的治理。良好的城市对外传播能改善城市内部各组织机构、各成员间的相互关系；而科学合理的对内传播，能进行公共信息的有效传达，控制和引导城市舆情，构筑良好的城市秩序，向外界展现城市市民的精神风貌，给外部公众留下深刻的、良好的印象，这也是城市的形象传播。因此，城市是“体”，而城市的对内传播和对外传播是其张开的“两翼”，二者共生于一体，相辅相成，共同促进城市的和谐、进步和发展。

三、城市治理

（一）城市治理概念及内涵

古拉丁语和古希腊语中的“操舵”是“治理”（governance）词义的源

头，本义为指导、操纵、控制，与英文中的“政府”（government）含义有交叉。自1989年世界银行首次使用“危机治理”一词以来，在随后的政治发展的研究中“治理”便被广泛应用。从众说纷纭的概念中，我们基本可以将“治理”含义整理归一为：在现代社会中，政府并不需要垄断所有合法权力，社会上的非政府部门包括组织机构、单位、社团等均可以负责维持秩序、参与经济与社会的调节。这是治理概念得以存在和不断发展的基础。

城市治理是指城市政府与非政府部门进行合作，共同促进城市发展的过程。在此过程中，城市政府必须协调好政府组织内部，政府与市场、企业、市民社会及其他社会组织，政府与政府之间的关系，以合力来促进城市的发展和城市竞争力的提高。由此可见，城市治理是一种涉及多元治理的治理方式，通过多元协同维护城市的公共秩序，满足社会公众的需求，引导公众合理有序地进行各项活动，保证社会公众的利益行为。

事实上，城市治理理念经历了从统治到管理、从管理到治理的变化发展过程。城市统治意味着对城市的控制、引导和操纵，强调权力运行的方向总是自上而下的，是政府通过发号施令，制定政策和实施政策，对社会公共事务进行单向度的管理。而城市管理则是一种较先进的手段，它处于城市统治向城市治理的过渡阶段，是在城市管理中强调政府对城市公共行政和公共事务的权威性管理，但相较于城市统治更具有民主性，出现了政府与其他主体之间的初级互动。城市治理作为一个较新的概念，它的主体发生了由政府向政府和非政府部门的转向，其权力运行方向也从单向运行转变为上下互动，最关键的是城市治理的权威下移，不再是政府的“一言堂”，而主要建立在公民的认同和共识的基础上。

城市治理的目标在于实现城市善治。善治即良好的治理。20世纪90年代以来，在政治文献中“善治”的概念使用率直线上升，在众多语境中大行其道，可以预见“善治”理念对未来的城市治理将产生深远的影响。理论上，善治是使公共利益最大化的社会管理过程，其本质特性是政府与公民对于公共事务的合作管理，是一种建立在城市经济运行的治理、城市社会治理和城市环境治理三者协同治理基础之上的城市治理机制。其突出特点表现为：其一，在传统城市管理进程中，公共权力中心被默认为政府，并且遵循不可更迭的原则，善治理念则强调公共权力的多元化。其二，善治理念模糊了公共领域和私人领域的明确界限，侧重对国家与社会之间的合作关系的关注，凸显了国家与社会的相互依赖关系。其三，善治强调管理对象的参与性，它描述的是一个上下互动、上下合谋的管理过程。

（二）城市治理的主体

产业革命的号角吹响以后，世界范围内的大规模城镇化带来了城市的不断扩张，城市功能不断扩展，而城市结构日益复杂和深化。仅仅凭借政府的力量对城市进行管理是远远不够的，在当前社会中，城市政府正逐步分摊或下移责任，赋权给非政府组织和市民。公私部门界限模糊化，介于政府和私人部门之间的第三部门也开始出现。因此，现代治理理论认为，城市治理的主体日趋多元化，城市的治理应该由政府部门、私营部门、第三部门（公益组织）、市民共同参与。

城市政府在城市治理中仍然起到主体作用，它的核心地位并不会因为其他主体的参与而动摇，只是不再是唯一的主角。市民是城市的主人，参与城市的建设，创造城市的财富，并在不断推动城市的发展。与此同时，他们也是城市发展、繁荣和城市生活环境改善的最大受益者。因此，市民参与城市治理，成为城市治理体系中重要的一部分是现代城市治理题中应有之义。他们不仅可以向城市政府反馈意见、表达意愿，还可以通过参与政府公开业务直接影响城市的决策。私营部门（企业）是城市经济发展的带动者，它通过对各种生产要素的优化配置及税收贡献影响着城市的发展，是城市发展的一个关键要素。企业的介入可以提高城市治理的效率与效益，克服传统的政府治理效率低下的弊端。作为第三部门出现的公益组织，是独立于政府和私人部门之外，以实现公共利益为目标的民间组织，它的非营利性、志愿性和自治性使其能够立足于服务社会公众，承担着促进社会稳定发展的功能。第三部门的出现和存在也构成了城市治理体系中的重要部分。处于社会转型期的中国，既需要多元主体积极参与城市治理，也需要各个治理主体协调互动，以实现城市共同利益为前提，为城市的高效率运行和发展贡献力量。

（三）城市治理内容

城市治理主要包括三个方面的内容。

（1）城市经济运行治理。城市经济系统包含城市产业、城市市场和城市财政三个中观层面。城市政府对城市经济运行的重点在于调整和优化城市产业结构，整顿和维护城市市场秩序，以及强化和规范城市财政，平衡经济结构，解决和协调城市经济发展中的矛盾和利益冲突，保证城市经济系统稳定运行，促使城市经济持续、快速和健康发展。

（2）城市社会治理。近年来，中国经济转型、社会变迁使城市社会中各种力量产生分化，相互关系趋于紧张，城市社会中的各种社会问题凸显。治理城市社会问题主要从三个方面入手：第一，通过调节和改善城市资源、利益分配关系削弱社会问题产生的基础；第二，通过不断地整顿和加强社会治安消除城市社会中的安全隐患；第三，重构社会基层组织，推动社会基层组织创新，维护和巩固良好的社会秩序，防止社会问题产生和矛盾激化。

（3）城市环境治理。对城市环境进行治理，是推动城市经济、社会、生态系统和谐、可持续发展的必然要求。城市的大规模发展必然带来人口、空间、产业的聚集，势必会产生生产生活污染、交通堵塞等城市特有的问题，对这些问题进行整顿管理、调整控制、改良改善，既是城市治理的重要内容，也是城市可持续、良性发展的必需。

第二节 理论基础

一、传播学理论

（一）框架理论

框架的概念起源于心理学和社会学，其理论最早出现于20世纪50年代。1955年，英裔美国心理学家格雷戈里·贝特森（Gregory Bateson）首次提出“框架”这一概念，其相关观点在《一个关于玩耍和幻想的理论》（*A Theory of Play and Fantasy*）一文中有所表述。20世纪70—80年代，心理学家丹尼尔·卡尼曼（Daniel Kahneman）和阿莫斯·特沃斯基（Amos Tversky）在进行决策研究时，设计了一个实验，对叙述“框架”效应的存在进行了考证。卡尼曼和特沃斯基在1979年的一项心理学实验中发现，即便文本信息所表述的实质内容是相同的，当叙述存在差异时，也会导致人们对决策方案的认知有差异，从而使人们做出不同的选择。1984年，两位学者又进行了“疾病问题”的实验。在实验中，他们针对同一事件设计了“积极”与“消极”两种截然相反的叙述框架，期望借此判断框架本身（而非事实本身）是否会影响人们的决策。在积极框架中，以“将会获得什么”的方式来描述事件；在消极框架中，以“将会损失什么”的方式来描述事件。框架理论模型如表 2-1 所示。

创设情境：美国正在应对一种亚洲流行病，该疾病可能会导致 600 人感染并死亡。

实验过程：将被试验者分为两组，一组采用积极的叙事框架，另一组采用消极的叙事框架，同时提供给被试验者两种决策方案。

表 2-1　框架理论模型

积极的框架（152 名被实验者）	消极的框架（155 名被实验者）
➢ 采用 A 方案，可以拯救 200 人（72%） ➢ 采用 B 方案，有 1/3 的可能是 600 人全部获救，2/3 的可能是无人可以获救（28%）	➢ 采用 A 方案，400 人将会死亡（22%） ➢ 采用 B 方案，有 1/3 的可能是无人死亡，2/3 的可能是 600 人死亡（78%）

实验结果：面对积极的框架，多数参与者选择了比较有把握的方案 A；面对消极的框架，多数参与者倾向于比较有风险的方案 B。[1]

心理学的实验结果表明，决策行为受到方案文本叙述框架的影响，框架可以影响人们对事件和情况的认知、判断和决策，这就是框架效应。1974 年，另一位学者社会学家欧文·戈夫曼（Erving Goffman）出版了《框架分析：经验组织论》（*Frame Analysis: An Essay on the Organization of Experience*），他在书中首次将框架概念引入社会学。框架概念一经提出，就被迅速应用到新闻传播学领域。因而，戈夫曼的研究被认为是新闻传播学领域框架理论范式的源头。戈夫曼认为，对一个人来说，真实的东西是他对情境的定义，当客观社会事物转化为个人主观印象时，都经过了一个“再现”过程；再现的事物实质上是人们对真实世界进行的主观心智建构，并未完全复制真实世界。在人们的认知过程中，其个人框架的建构会受到“其他社会人”的影响，而这种框架最终会成为社会框架的反映。[2]

显然，从心理学起源的框架研究聚焦受众框架的形成过程，以及新闻架构如何影响信息处理及决策过程；而社会学起源的框架研究重点关注建构新闻报道及其过程的“措辞、形象、语法和呈现形式”。在后来多年的研究中，框架理论得到了进一步发展，但研究取向也出现了不同，最突出的是，

[1] 乔新玉 . 传播学视阈下的框架理论综述 [J]. 商丘师范学院学报，2011（10）：127.

[2] 郭冬阳 . 框架理论在我国新闻传播领域的应用研究 [D]. 南宁：广西师范学院，2017.

框架理论受到了归因理论和前景理论的影响。归因理论认为，人们在试图探寻某件事情的原因时，为了获得答案，他们往往会使用框架，以组织起自己的经历并获得对这一事件的认知。前景理论认为，在展现完全相同的选择时，含蓄地使用不同的参照系，会深刻影响人们的决策。

对于框架这个概念的界定，学界也是众说纷纭，尽管如此，综合学者们的理解和探讨，我们可以找到共同之处：①框架是通过取舍和组合，可以影响人们如何解释外在世界的一种存在。②框架作为一种习惯、范式普遍存在于传播者的传播行为和受众的接受行为、决策行为中。③框架效应可以用正面框架和负面框架的方式来表示，它们对人们的决策产生不同的影响。这三个层面既是框架的核心内涵，也是框架理论得以不断丰富和发展的根基。

（二）议程设置理论

“虚拟环境”和“真实环境”的概念是美国著名的政论家沃尔特·李普曼（Walter Lippmann）在1922年提出的。他在著作《公众舆论》（*Public Opinion*）中对这两个概念进行了较为详细的阐释。李普曼认为“在社会生活的层面上，人对环境的调适是通过‘虚拟’这一媒介进行的”。媒介通过自己的方式将外部世界呈现在每个人面前，人们对外部世界的看法、观念和评价会受到媒介如何选择和报道事件的影响。虽然李普曼并未明确提出议程设置的概念，但事实上，从他的思想中我们看到了议程设置理论的雏形。

1972年，美国传播学者马克斯韦尔·麦库姆斯（Maxwell McCombs）和唐纳德·肖（Donald Lewis Shaw）进行了一项调查研究，这项调查研究是围绕1968年总统竞选期间的选举报道对选民产生的影响展开的。他们通过研究发现，公众议程与受众议程之间存在显著性关系，就此提出了大众媒介具有“议程设置功能”的观点，即大众媒介对某些问题的报道数量、是否突出报道某些问题，能够影响公众对这些问题重要性的认知，进而影响判断和选择。该理论对传播效果领域的研究产生了极大的影响，乃至随后近五十年的时间里，议程设置理论研究的热度一直居高不下。结合当今社会传播环境的变化，尤其是新媒体的出现和迅猛发展，议程设置理论研究发生转向，主要焦点集中到四个方面：一是新媒体议程设置效果分析；二是新媒体环境下议程设置的新变化研究；三是议题融合研究；四是议程设置与公众舆论关系研究。就目前文献来看，不少学者对议程设置理论在四个方面达成了共识：第一，新媒体环境下议程设置的模式、主体和受众都发生了新的变化；第二，新媒体的议程设置具有影响力，且新老媒体间的议程具有互动性；第三，新媒体通过议程设置对公众舆论引导具有强大的作用。

（三）议程设置理论与框架理论的关系

框架理论与议程设置理论渊源较近，引发了学者对二者关系的争论：它们是截然不同的理论范式，还是没有本质区别，只是语义上有简单差异的同一范式。对于框架为何物，学界大致有三种观点。持不同观点的学者，在判别框架理论和议程设置关系时，因其对议程设置研究范围的判断不同而不同。持第一种观点的学者认为，框架就是传播者从纷繁复杂的世界中有意识地选择某些事件成为受众所关注的新闻 / 情况，并通过强调和重复，影响人们的决策。这种观点认为框架理论就是或者属于议程设置理论。持第二种观点的学者认为，框架的取舍对象为某一事件的特定因素。这种观点基于一种判断：每一个事件 / 情况都是由无数因素组成的，传播者只是挑选了某些因素并加以组合后，使之以貌似原本事件的完整形象出现在受众面前。持此观点的人认为，媒介事实与客观世界事实并不相同，所有媒介事实都经过对某一特定事件的因素的取舍，不同的取舍标准和结构方式将影响受众对此事件的认知和决策。受众本身亦有框架，受众依靠框架习惯性地处理信息，信息传递的过程也就是传播框架（或者叫媒介框架）与受众框架沟通和交流的过程。持第三种观点的学者认为，框架既包括取舍事件，也包括取舍事件因素。根据对框架影响的范围和议程设置理论研究范围的不同，学者们对于二者的关系形成了多种判断。

议程设置理论的代表人物有李普曼和科恩（G. A. Cohen），两位学者都是从事政治学研究的；框架理论的代表人物有贝特森和卡尼曼、戈夫曼，他们从事的研究领域分别为心理学和社会学。为了清楚地厘清议程设置理论和框架理论的关系，我们可以从研究方法、理论焦点两个主要方面对二者进行简要比较。从研究方法上看，议程设置理论主要采用了定量研究，这是一种排除研究者和被研究者互动的客观研究方法，是在人工控制的研究环境下进行的非体验式调查和实验，研究策略以假设演绎为主，如麦库姆斯和肖对库恩假设的验证；议程设置理论采用了定性研究，这是一种接受研究者与被研究者互动的，从当事人视角出发的研究方法，它是在自然环境下进行的体验式观察，研究策略以归纳分析为主。从理论焦点上看，议程设置理论注重效果研究，即舆论是怎样在社会公众中形成的，新闻媒体如何对形成公众意见的焦点施加影响。框架理论则聚焦了意义的建构，即新闻是如何建构的，新闻建构会影响哪些关系，以及它们之间的互动关系的研究。

通过以上梳理可以发现，议程设置理论虽然引用了框架方法，但总体是在其基础理论上发展起来的，议程设置理论立足的世界观是经验主义，并不能因为它引用了其他研究方法，就认为它与另一种世界观融合在一起了。从研究方法上看，议程设置理论是定量研究，框架理论是定性研究，在操作层面上也有着本质区别。另外，学界所流传的合流的观点，也不是特别的准确，在传播学理论发展过程中，很多理论都有相互之间方法的借鉴和引用，但不能就此判断它们就一定在理论层面合流了。议程设置理论和框架理论亦是如此。只能说二者在相互碰撞中，取长补短，丰富和发展了各自的理论体系。因此，笔者认为，议程设置理论和框架理论虽然有千丝万缕的联系，但应该是两个相对独立的理论体系。本书将会利用议程设置和框架理论对城市形象传播和公共信息传播进行实证研究。

二、社会学理论：风险社会

20世纪80年代，德国社会学家乌尔里希·贝克（Ulrich Beck）在其成名作《风险社会》（*Risikogesellschaft*）中提出了风险社会和风险社会理论。贝克认为，风险的含义是一个演进的过程，在人类社会早期，风险即是冒险的意思，风险主要来源于自然。进入工业社会后，风险是“工业化的一种大规模产品”❶，“因为风险不再是由于人们的无知和鲁莽而引发的，相反却是由于知识才引致的”❷。随着工业社会的不断发展，风险的概念也在随之变化。工业社会发展初期，风险主要来源于外部，工业文明进一步发展后，人类认识和改造世界的能力增强，人造风险大量出现。人造风险是指在社会发展过程中，人们认识世界和改造世界的实践活动产生了社会发展和安全的风险，这些认识和实践活动包括知识的增加、决策的制定、制度的形成、科技的进步等。因而，贝克的风险社会理论认为“人造”是风险的突出特性。

风险社会理论的核心概念是风险社会，它描述的是工业社会发展后期的社会形态。这一社会形态是由工业现代化发展成功所引致的后果成为社会主要特征的“现代性阶段”。❸与后现代理论有区别的是，贝克在分析现

❶ 郭冬阳．框架理论在我国新闻传播领域的应用研究［D］．南宁：广西师范学院，2017.

❷ 薛晓源，刘国良．全球风险世界：现在与未来：德国著名社会学家、风险社会理论创始人乌尔里希·贝克教授访谈录［J］．马克思主义与现实，2005（1）：44-55.

❸ 杨雪冬，等．风险社会与秩序重建［M］．北京：社会科学文献出版社，2006：30.

代性时将其分为两个阶段。第一个阶段是传统工业社会，在这个阶段中，否认风险的存在不仅给社会埋下了隐患，还导致了工业社会本身的失败，使现代性的发展出现断裂而进入到现代性的另一阶段，即风险社会。风险社会中，个人、社会的反思性普遍提高，因而是以“反思现代性”为表征的，它是一个全新的社会形态。[1]这一社会形态有一个核心悖论，即风险是由现代化过程引发的，而现代化过程却力图去控制它们。[2]

综上所述，风险社会是对现代性阶段的一个描述概念，也是对未来社会发展的预测性判断，用来指称由传统工业社会发展中所累积下来的威胁的种子，在现代化和全球化的进程中逐渐暴露出来，使得风险成为社会发展的驱动力并且反思现代性成为社会主要特征的社会状态。[3]目前，随着科技的发展、各种制度的形成、全球化时代的到来，社会风险日益复杂，包括决策和行为在内的各种人造风险所引发的全球性社会风险，其危险性、破坏性是无法预测和估量的，人类社会生存与发展都面临很大威胁。

贝克风险社会理论研究的起点是西方发达资本主义国家在现代化进程中所遇到的问题和所产生的风险。同处于现代性语境之下，中国所面临的社会风险与西方国家虽有共性，但作为一个发展中国家，也因社会制度、价值观、治理逻辑不一样，遭遇的社会风险具有独特性的一面。尤其是当前中国社会正处于社会转型的特殊历史时期，具有前所未有和不可复制性等特质。在走向现代化的进程中以及全球化的影响下，中国改革开放四十多年来取得了巨大成就，在经济、政治、文化、民生等方面都有了长足的进步。而对于中国社会而言，所经受的风险也是多重性的。第一，洪水、地震、海啸等自然灾害，以及艾滋病、严重急性呼吸综合征（SARS）、新型冠状病毒肺炎等传染病带来了外部性社会风险；第二，全球化带来了跨国恐怖主义、经济危机、生态危机以及科技危机等风险；第三，因社会改革和转型带来的经济发展不平衡、权力寻租与贪污腐败、突发事件等内部风险。基于中国社会种种表现症状，有学者认为，中国正进入或已经进入高风险社会，如果风险是现代化与科技发展所带来的本体性存在与感受，那么高风险总是与特殊的国情紧密相关。本书就是期望在风险社会语境下，

---

❶ 贝克．风险社会［M］．何博闻，译．南京：译林出版社，2004：2.

❷ 贝克，刘宁宁，沈天霄．风险社会政治学［J］．马克思主义与现实，2005（3）：42–46.

❸ 刘秀梅．中国视角下对风险社会理论的反思与展望［D］．上海：华东政法大学，2018.

结合中国具体国情，研究社会化媒体的功能和角色，助力社会治理主体实现对高风险社会的科学有效管理，从而实现建设可沟通城市的愿景。

三、管理学理论：公共治理

起源于希腊语（kybernan）与拉丁语（gubernare）的“治理”一词，本义有领航、掌舵或指导的意思。社会的发展丰富了治理的概念，而治理可以被大致分为旧治理（传统治理）和新治理两个阶段。旧治理基本与“统治”同义，强调的是自上而下的统领。随着全球化进程的加快，社会公共事务的复杂性、动态性和不确定性大大增加，亟须产生新的治理体制。1989年，世界银行发布了一份名为《撒哈拉以南非洲：从危机到可持续增长》的报告，该报告主要是针对撒哈拉以南非洲发展问题发布的。世界银行在报告中指出，非洲当时的社会状况是一种“治理危机”。世界银行的这份报告被视作新旧治理的分水岭，旧治理一般是指“政府以及它的行为”，新治理强调“政府与社会之间的伙伴关系”，二者的核心理念发生了本质变化。“治理”概念的“含义模糊，足以包容多种用法”。[1]因而，其诞生伊始便受到了众多学科的青睐，政治学、公共行政学、管理学等学科争相引入这个概念并加以探讨，出现了百家争鸣的局面，相继产生了各种理论与实践方面的观点，出现了多个“治理”理论学派。虽然不同学派的研究丰富了治理的内涵，但也出现了“治理”无所不容、无所不指的泛滥局面。为了规范治理的研究途径，进一步厘清其概念和理论，将其归纳总结后划分为四大类。[2]这四大类分别为善治、没有政府的治理、网络治理和市场治理理论。其中以善治理论最为复杂，讨论的也最多，归纳分析其已有的几种理论主张，不难发现它们有共通之处：第一，治理主体多元化，包括政府、法人、公共组织；第二，强调治理的目标就是使利益最大化；第三，私人治理手段同样适用于政府部门、公共组织。善治理论诞生后，也经历了三个发展阶段。

第一个阶段是政府治理。“政府治理”强调善治是政府良政的结果，政府是公共管理的主体。政府治理的目标是打造一个良好的政府，从而实现对社会的有效管理。政府治理的特征包括三个方面：①强调政府与多主体共同参与治理，动员社会各方力量参与合作治理。在此过程中，政府应该适度放权，为其他参与治理的主体赋权，并给予治理空间和机会，与其他

---

[1] 戈丹，陈思．现代的治理，昨天和今天：借重法国政府政策得以明确的几点认识［J］. 国际社会科学杂志，1999（1）：49–58.

[2] 余军华，袁文艺．公共治理：概念与内涵［J］. 中国行政管理，2013（12）：52–55，115.

治理主体形成良好的合作关系，架构社会有序参与机制。②注重“法治”，认为“法”是各方进行协商对话，进而达成共识的强有力的支撑，以“法”为后盾才能形成兼顾各方利益的公共政策。在法治的过程中，要始终遵守法治的治理精神，达到法治政府、法治中国的目标。③政府要遵循治理过程公开透明的原则，这是保障人民群众的知情权、参与权和监督权的前提，只有让人民群众正确及时行使自己的权利，政府才可能了解公众对政府治理的回应，才能增强公众信任，树立政府形象。

第二个阶段是社会治理。“社会治理”强调善治是社会自治，即社会自我管理，公民、社会组织是公共治理的主体。社会治理的特征有：①指出治理主体应该更加多元化，不同的阶层和群体构成了整个社会，他们的社会地位、利益和政治诉求是不一致的，社会治理应当重视兼顾主体的多元化，让政府、企业、社会组织和公众共同参与，协商决定社会事务。②强调政府与公众之间的沟通和互动很重要，政府部门要及时对公众的诉求予以回应，与公众形成良性互动，这一主张打破了在以前的治理中政府单方面进行决策的局面。③法治是保障多元治理主体参与社会治理的合法性、社会治理模式的运行的条件，法治也是限定政府行使权力的方式和程序，确保政府权力能够得以规范和有序行使的有效手段。

第三个阶段是公共治理。公共治理强调善治是国家和社会的协同治理。核心理念是建立集体决策制度，对公共事务共管共治，实现责任共担、利益共享、权力协同。公共治理的特征包括：①政府只是众多治理主体中的一元，多元主体在公共治理过程中包括公共服务的提供、公共事务的管理等方面所发挥的作用越来越重要。各种社会组织、公民个人都可以成为公共治理的主体。②公共治理的实现有赖于信任合作机制。多元主体参与公共治理，他们之间通过相互协商达成共识，通过良性互动与沟通实现对公共事务的有效管理。因此，公共治理的实现机制建立在多元主体的信任与合作的基础之上。③公共治理手段多样化。公共治理强调，在处理公共事务时，应当运用多样化的手段，这些手段既包括传统的强制性手段，也包括市场经济中的经济性手段，还包括新兴媒体手段。

总而言之，所谓“善治”就是使公共利益最大化的社会管理过程，其本质特征在于它是政府与公民对公共生活的合作管理，是政治国家与公民社会的一种新颖关系，是两者的最佳状态。善治的过程就是一个还政于民的过程，就是一个实现政府与社会良性互动与合作的过程。[1]

---

[1] 桑培培．善治理论的梳理和治理困境研究［J］．知识经济，2015（19）：11-12.

第三章　社会化媒体下城市传播的主体与客体

明晰传播的主客体及其之间的关系是城市传播研究的前提，本章将通过文献回顾和现实实践追踪，重新廓清社会化媒体下城市传播的主体与客体，客观呈现主体与客体的特质。

第一节　社会化媒体下的城市传播的五大主体及特征

在拉斯韦尔5W传播模式中，“谁”就是传播者，担负着在传播过程中收集、加工和传递信息的任务。传播者既可以是独立的个人，也可以是集体、组织或专门的机构。传播者常常是传播活动中发出信息的一方，是传播活动的首要因素，因而传播者也被称为传播主体。在城市传播中，传播主体的构成非常复杂，新媒体出现以前，城市传播的主体主要有四个，即政府组织、非政府组织、企业和传统媒体。在新媒体出现后，城市传播主体构成发生了一定变化，以微博、微信、即时通信为代表的社会化媒体的出现使得市民个人的传播主体地位日益凸显，成为城市传播不可忽略的重要角色。市民的加入使城市传播更为立体和生动，但同时也提高了复杂性。当然，除了刚刚提到的五大主要主体，在城市传播活动中实际上还包括其他行为主体。由于不同类别的传播主体各有特点，在传播活动中往往起到区别化的作用。在当前的城市传播活动中，城市政府组织、非政府组织、企业、大众传媒和市民这五大主要传播主体分别扮演着不同的角色，发挥着各自的作用。

一、政府组织

在我国的国家机构设置中，政府行政组织包括中央人民政府和地方各级人民政府。城市政府属于地方政府，是拥有议决权、执行权、行政权的地方权力机关，它代表并维护城市中的公共利益，为企业、市民等其他社会组织机构提供服务，肩负着城市治理的职责。城市政府在城市传播活动中一直处于首要地位，在城市传播中主要起到协调作用，即协调各行为主体的利益以及行动、建立基本规则和维护基本秩序，从而构建良好的城市传播生态，提高传播效率，提升核心竞争力，为城市的良性运行塑造良好的传播环境。简而言之，政府组织在城市传播中的基本作用包括两个方面：一是确保城市公共信息产品和公共信息传播服务的充足供应；二是确保信息公开，维护城市传播公平和公民知情权，制定出兼顾公众利益和集团利益的传播活动法律规则，致力于城市传播的规范化和秩序化建设。作为一个管理部门和权力机关，它的城市传播主体角色有以下主要特征。

（一）组织性

政府作为一种组织，使得以其为主体的信息传播活动被囿于组织传播的框架内，是典型的组织传播。政府传播分为组织内传播和组织外传播，由于政府具有严密的行政组织架构，因而其信息传播主要依托组织结构的层级递推，这种传播模式严谨、规范，层级分明、责权清晰，为组织传播规范有序展开提供了很好的基础。组织传播有着多样化的传播方式和手段，不论是人际传播、群体传播还是大众传播里特定的方式，都可被其用于传播内容。因此，政府传播可以通过诸如书面文件、会议、电话、传统媒体、新兴媒体、调查统计、公益广告等任何组织传播的方式进行信息传播。

政府作为政治组织，其内在的政治属性使得信息传播既有组织传播的一般特性，又具有特殊性。它并非完全意义上的组织传播，而是组织传播的一种特殊表现形式。政府组织、企业、各种社会组织、媒体都是社会的集合体，不同之处在于，企业、社会组织与媒体之间的关系是平行的，而企业没有主导和管理媒体的权力，媒体也没有对企业和社会组织进行义务报道的职责。而媒体是国家和人民的喉舌，是党和人民密切联系的纽带和桥梁，因此，政府与媒体是管理与被管理的关系，城市政府拥有管理媒体的权力。在日常工作中，政府往往通过适当的方式体现这种权力，例如通过行政或法律的手段对媒体进行一定的引导。

（二）权威性

城市政府代表国家履行社会管理职能，保证城市正常运转，城市政府的信息传播体现的是国家的声音，具有可靠性、可信性。首先，城市的政府传播作为具体行政行为，既有管理属性，又包含了信息传播。这其中，通过各种行政法令的制定，政府传播的管理属性得以具象化；而通过政令、政策的发布与解释，其传播行为得以具体化。出于对社会整体管理的需要，对于政府传播的某些信息，公众并没有“说不”的权利，具有强制执行的意味，这是由于主体的权威性直接决定了受众必须无条件接受。其次，这种权威性也决定了传播内容的权威性。作为城市的管理机构，城市政府掌控着公共信息，除此之外，城市政府还可以利用各种信息渠道获得全面准确的各种相关事件的信息，这是企业、社团、市民个人和大众媒体等其他任何传播主体不可比拟的优势。因此，城市政府的传播具有权威性。

（三）公共性

基于政府为社会提供公共服务的职能，其传播活动也具有鲜明的公共性。“公共性是现代政府的第一属性”，在此属性的基础上，政府建立起了自身的合法性。作为国家权力机关的执行机关和公众利益的代表，政府的公共性为政府传播的公共性提供了基本条件，为了更好地行使政府职能，维护公共利益，政府行为与政府传播的目的达成一致。政府的公共性还体现在其掌握着公共信息资源，“以政府为主体的一切负有公共事务管理职能的组织在行政过程中所产生的所有信息，称为公共信息”。公共信息是政府传播的内容，公共信息也是信息社会的重要资源，具有公共物品的属性。其内容范围包含政府机构信息、法规政策信息、政务动态信息、服务公众的信息以及交流、反馈的信息等。[1]

（四）回应性

表达是公民的基本权利，回应是现代政府的时代特征。回应指“在一定的社会环境条件下，回应主体（是多元的，包括政府组织、非政府组织等）和回应客体（公民等）的互动关系。一方面回应客体可以通过利益诉求渠道表达自身的要求、期望，另一方面回应主体必须及时有效地给予反应和回复”[2]。可以说，回应性是政府传播的题中应有之意。首先，“政府传

[1] 袁丽霞．论网络公共事件中政府传播的现状与策略优化 [D]．湘潭：湘潭大学，2015.

[2] 黄乔松．解读回应性行政与和谐执政理念的内在契合 [J]．江苏省社会主义学院学报，2007（2）：38–41.

播是一种有意识、有目的的互动性活动”[1]，现代民主政府是民意政府，即服务型政府，而不是一个对社会进行全面控制的政府。它具有合法性、透明性、责任性、法治性、回应性、有效性等多种特征。在公共管理中，现代民主政府应该对公众的需求及呼声积极回应并妥善处理，并且应该让这种回应性成为政府施政的理念和共识。其次，一项法律是否公正，一项政策是否公平地体现了相关各方的利益，通过政府传播传递解释公共决策的理由，公民对政府决策做出反应，政府再根据信息反馈做出一定调整。“公共行政部门正是一个起沟通作用的组织，是一个包括咨询、决策、指挥、执行、协调、监督和再咨询、再决策的连续不断的、往复循环的信息传播过程，行政信息就在这个封闭的通道里一刻不停地循环奔跑，不断做功，从而保证行政管理系统应有的沟通作用的充分发挥。”[2] 如果政府传播系统被切断，则民意无法表达，政府无法感知社会公共服务需求，难以运转，从而无法提供公共服务和进行社会管理。在多元化社会背景下，网络越来越成为舆论的主战场，成为民意表达和信息沟通的重要场所。随着信息化在社会生活和公共政治运行中的纵深发展，网络民意表达的规模逐渐扩大，网络公共事件的发生频率越来越高。这就要求政府必须通过其传播行为及时、准确、有效地回应公众诉求，公布相关信息，以增加公众对公共事件的了解，消除社会恐慌，维护社会秩序的稳定。

二、非政府组织

非政府组织（Non-Governmental Organization，NGO）是指不以营利为目的、非政府的、非党派性质的、自主管理的，主要开展各种志愿性的公益或互益活动的社会组织。事实上，迄今为止，人们对于非政府组织并没有形成统一的称谓，在不同的适用场合因其所表达的内容侧重点不同，NGO还有很多种类似的称谓。比如“非营利性组织”主要强调其非营利性的经济功能和属性；“第三部门”主要强调其作为独立于政府和企业之外的一种组织存在样态；“公民社会”着重强调其与政府之间的互动关系；“志愿者组织”则主要突出其构成人员是由志愿者组成的，组织运行性主要依赖志愿者的志愿活动。NGO 在 20 世纪 70 年代兴起，80 年代后在世界范围内得到迅速发展和普及。随着社会的发展，NGO 成为推动社会发展进步，参与

[1] 王勇，李怀苍．我国政府传播研究述评 [J]. 昆明理工大学学报（社会科学版），2014，14（5）：100–108.

[2] 刘佩锋．政治传播：行政管理的运作过程 [J]. 党政干部论坛，2001（5）：40–42.

社会治理的一支不可小觑的力量。我国的非政府组织主要包括社会团体和民办非企业单位。这其中，社会团体是由中国公民自愿组成，为实现组成成员的共同意愿，按照约定章程开展各项相关活动的非营利性民间社会组织。譬如各种协会、研究会、联合会、基金会、研究会、联谊会等都属于这一类组织。民办非企业单位则是由企业事业单位、社会团体、公民个人及其他社会力量利用非国有资产组建的，从事非营利性的社会服务活动的民间社会组织。例如福利院、养老院、社区服务中心等社会组织。[1]总体而言，非政府组织的非营利性、中间性的特性决定了它是政府、企业、个人之间沟通的中介和桥梁，非政府组织在城市传播活动的主体性角色具有如下特点。

（一）信息集成库

大多数非政府组织都是由某个专门行业或特别领域的志愿者个人或组织组成的，因此具有集体组织性和专业确定性等特点。这就使得非政府组织在集中收集所属行业或领域的信息以及建设专门化信息库的工作中能够发挥重要作用。我们常看到许多非政府组织按年度发布行业或领域发展报告、行业参考数据等信息资料，这就是其发挥信息库作用的重要体现。这种由非政府组织建立的信息库，往往是城市传播中重要的信息储备，能够为城市信息的精确度和连续性提供重要保障，同时使其自身在参与信息交换时占据独特优势。这种信息交换功能主要表现为促进政府和所属成员机构之间的信息交换，为所属成员机构搭建信息交换平台以及向社会公众发布行业信息等。在城市传播活动中，非政府组织信息交换功能的发挥有助于实现城市传播主体之间的信息流通和反馈。

（二）中介性

非政府组织的非营利性、中立性特征决定了它是政府组织和经营性组织之间的中介和桥梁，能够对二者进行有效连接。在城市传播活动中，非政府组织作为城市信息传播的中转站和继发点，在政府组织和经营性组织之间发挥着双向沟通的作用。非政府组织这种中介作用的发挥，既有别于政府组织文件和指令性的信息发布模式，又不同于企业这种经营性组织的信息传播模式所具有的明显经济性终极目标指向，因而，非政府组织功能的有效发挥，既可以弥补市场调节失灵的缺陷，又可以弥补政府调节失灵

[1] 王安中，夏一波 .C 时代：城市传播方略［M］. 北京：新华出版社，2008：21.

的缺陷。当今社会是一个高度多元化的社会，企业、社会公众的需求多样化，且因为社会改革的不断推进，社会风险大大增加，无论政府的治理效率有多高，它都是一个“有限政府”，不可能面面俱到、高质高效地管理一切社会事务。而将政府管不到、管不好甚至不该管的许多社会事务转交给非政府组织来协调管理是很多西方发达国家的普遍做法。国际社会发展经验表明，非政府组织能够在促进社会体系完善、提供公共服务、寻求公共服务合作方面发挥强大的积极作用。在城市传播活动中，作为中介和社会服务的主体，非政府组织是除政府组织之外，生产并传播城市公共信息和公益信息的重要参与者。

（三）公益性

非政府组织所从事的传播活动具有公益性，属于公益传播。公益传播是指，以谋求社会公共利益为出发点，具有公益性质的，关注、理解、支持、参与和推动公益行动、公益事业，推动文化事业发展和社会进步的非营利性传播活动。传播形式包括公益网站、公益新闻、公益广告、公益活动、公益捐赠、公益项目等。[1]非政府组织是非营利性的社会团体，主要开展各种志愿性的公益或互益活动，因此，作为传播主体，非政府组织所从事的城市传播活动必定具有一定公益性质，它是公益传播的重要组成部分。对于非政府组织的公益传播的主体性，也有学者基于公益传播四维主体框架提出了不同看法，认为公益传播主要有四维，即政府公益传播、媒体公益传播、企业公益营销、民众公益参与。而我国的非政府组织从某种程度上说，大部分属于政府管理的准事业机构，其成员包括企业、媒体等多方力量，因此，非政府组织并不专门列入公益传播活动的传播主体之一，而是将其作为组织和协调传播主体，进行公益传播的中介协调机构，处于公益传播四维框架的中心位置。[2]充分发挥其中介、桥梁作用，对公益传播资源进行整合和促进协调。无论非政府组织是作为主体，独立进行城市公益传播活动，还是作为中介，协调公益传播四大主体的关系和传播活动，其传播活动本身都具有一定公益性。

三、企业

城市的发展史就是一部工商业的发展史，城市因工业而起，因商业而

[1] 张晓黎．公益组织传播方式与传播效果研究［D］．上海：上海外国语大学，2014.

[2] 王炎龙，李京丽，刘晶．公益传播四维框架的构建和阐释［J］．新闻界，2009（4）：18–20.

兴。城市是工商企业的云集地，是生产、经营、消费的重要场所，因而也集聚了交通、资金、物流、人才、信息等城市发展的关键要素。城市为企业的发展提供空间和各种资源，企业的发展会促进城市整个经济社会的前行，是城市可持续发展的最重要的推动力。企业与城市关系密切，它们相互依赖、不可分割，双方需和谐、良性互动才能推动彼此的长远发展达到双赢局面。信息的沟通是二者良性互动的必要条件，企业需通过自身的传播活动，与政府、消费者进行联系和互动：一方面回应政府的相关政策和法律法规，表达自己的诉求；另一方面建立良好的社会信用机制，树立企业品牌形象，增强企业行业竞争力。经济体制改革的推行，让企业成为城市传播中最为活跃的社会组织和行为主体，其传播形式有企业网站、企业形象传播、企业品牌传播、企业文化传播、产品广告传播、企业危机管理传播等，表现出以下特征。

（一）经济性

推动经济体制改革，建立有中国特色的社会主义市场经济，是我国现代经济社会发展的重要命题。各类经营性社会组织在社会主义市场经济的建设过程中得到长足进步，同时也拉大了社会对经济信息的需求。企业是城市经营性组织，承担着商品的生产、交换、流通和其他服务活动，是城市最为活跃的经济组织和重要因素，同时也是城市传播特别是城市经济信息传播的重要信源。企业在经济信息的生产、加工、传递、接收、转化等各个环节都占有重要地位。根据经济学原理，生产是经济活动的起点，消费是经济活动的归宿，二者是互构关系。企业生产的产品是否符合消费者需求是能否拉动消费的重要因素，消费者对企业经济活动的满意程度决定了企业的再生产和可持续发展。因此生产和消费的地位同等重要，但由于生产者和消费者是经济活动中处于不同层次的行为主体，是否能保障二者之间有效、顺畅地沟通关系着生产和消费是否能够良性循环，关系着经济活动乃至整个经济系统能否正常运转。企业良性的传播行为能够缓解生产者和消费者之间因空间、时间、价格、所有权而产生的各种矛盾，在生产者和消费者之间充当桥梁和纽带。无论是从企业传播的信源角色还是从生产者和消费者之间的纽带和桥梁角色来看，都不可避免地带有经济性。

（二）营销性

企业的传播活动主要分为两大类。第一类是企业产品信息传播，即有关产品的消息、情报、数据、知识的传播，产品信息一般借助各种广告载体进行广告宣传，实质上是企业的一种重要营销手段，其目的就是及时、明确地将产品的质量、性能、特点、型号等传达给目标群体，激发目标受众的购买欲望，使产品能迅速地占领相应的市场，最终扩大销售，达到营销的预定目标，增加企业的营收。商场如战场，产品的信息也纷繁复杂，能否及时、有效地将产品信息传达给消费者，而且引发消费者的购买行为是企业立足市场获得可持续发展的关键。显然，企业产品信息传播具有显著的营销性质。第二类是企业围绕企业形象塑造展开的企业品牌传播、企业文化传播以及企业危机传播。事实上，企业文化与品牌传播是彼此独立但又相辅相成的，二者在共同致力于企业发展的同时各有侧重，一个侧重于企业内部的管理，另一个则侧重于企业良好外在形象的塑造。企业品牌具有唯一性，是消费者识别企业的重要标志，其核心价值不但是企业文化外在形象的展示，更在产品服务和质量上得以体现。企业会通过品牌向社会传递其包括核心价值、经营理念等在内的企业文化，让社会大众知晓、了解企业，认可企业品牌，从而产生消费意愿。企业文化对企业品牌的传播影响是最本质和最深刻的，越优秀的企业文化就越能促使企业品牌在更广的范围传播，传播力也越持久，从而获得更多消费者的认可。企业文化和品牌的传播从本质上讲就是在培养消费者对产品、品牌，乃至于整个企业的忠诚度。市场环境复杂多变，企业内部和外部的人为和非人为的诸多因素都可能使企业陷入危机，会给企业品牌乃至企业整体形象带来危害，企业危机传播则是通过公关传播等手段对企业品牌美誉度进行维护，对企业整体形象进行管理。总体来说，企业品牌传播、企业文化传播和企业危机传播都是围绕企业形象的塑造和维护展开的，其传播活动就是营销活动。

（三）利益倾向性

企业是以营利为目的社会经济组织，因此，在城市传播活动中，企业特别注重自身利益的满足。在城市传播活动中，企业由于短期利益观倾向特别明显，很容易忽视城市对长期传播效果的坚持和维护，造成城市传播短期行为难以形成整合力量，城市传播的中长期规划难以实现，这可能会带来城市传播规划的失衡失序，最终影响城市传播的整体效果。

四、传媒

这里的媒体是指专门从事信息传播的机构和组织，既包括广播、电视、报纸、杂志四大传统媒体，又包括依托互联网、微信、微博、即时通信等平台建立起来的专门的媒介机构。传媒的出现和传媒技术日新月异的发展，不断地突破人类信息传播的时空限制，极大地促进了城市内部、城市与城市之间、阶层之间和代际之间的交流与互动。传媒在城市传播中有四大特性。

（一）专业性

传媒组织的专业性体现在两个方面，一是传媒组织的从业人员需进行专门学习，掌握专门的传媒知识和传播技能，不同类别和不同岗位的从业人员还需具备不同的专业技能。比如，播音员需具备深厚的文学功底、良好的口头表达能力、标准的普通话等，记者需要具备写作功底和采访能力，而编辑则更注重后期的文字、图像处理能力。二是根据各个领域或行业的需要和媒介特质的不同，传媒又组成了一个一个相对独立的传媒机构。比如，广播、电视、报纸、杂志、网站、微博、微信等从介质上看，都是独立的机构组织，有着自身特有的传播模式和规律。从行业领域来看，以杂志这种传媒组织为例，有美妆杂志、时尚杂志、建筑杂志、教育杂志等，它们在各自的行业领域内从事专门的传播活动，其传播的信息具有专业性。

（二）及时告知性

“及时告知”是指传播者向受众迅速、及时地提供各种信息。“告知”行为是人类监测环境、了解环境、适应环境和改造环境的重要手段之一。在信息社会，“告知”也是人们更新自己的知识体系、经验习惯和认知模式的重要活动。由于传媒组织具有专业性，因而在信息传播、实施告知行为中具有独特影响力。当今社会对信息的传播和接收越来越依赖传媒，正如传播学奠基者威尔伯·施拉姆（Wilbur Schramm）所言，在当代社会，环境的监视（告知）任务在很大程度上被新闻媒介所接替。充分合理利用传媒强大的告知功能，有利于提高城市传播的执行力、覆盖率、到达率和渗透率。传媒组织通过其对信息的采集、选择、加工和传播对城市发展产生重要影响。

（三）社会表达性

社会化表达是指人们通过媒介和符号表述，交流自己的思想、观点和情感，并且产生社会影响。传媒组织不仅传递客观存在的各种信息，而且向社会公众表达自己或者他人对事物或者所发生的事件的观点及态度，甚至还传递着城市中普通民众的喜怒哀乐。另外，传媒组织还会通过一定的形式将民众愿望、生活状态、合理诉求向社会表达出来，通过其影响力引起有关部门的重视，推动问题得以持续关注并得到解决。比如武汉电视台的“电视问政”节目就是一档关注城市安全、表达民生的典型的社会表达节目，有力地促进了城市问题的被关注和被解决，成为武汉城市传播中不可或缺的力量。

（四）教化与整合

在现代社会的有机体中，社会分工呈现高度组织化和发展倾向。而现代社会的整个运行体系又要求不同的社会群体彼此依存和协调发展。传媒通过人类信息的生产和传播，使社会民众能够享用人类社会信息，吸收文化知识，增强人们明辨是非的能力。另外，传媒通过连续性的信息传播，使自身成为很多社会知识信息的记录者，媒介也相应地成为人类知识信息的“言说”载体。正因为传媒组织具有如此强大的社会教化功能，现代传媒才被认为是一种“文化工具”“教化工具”。更为重要的是，现代传媒能够呈现社会系统间相互作用的复杂情况，反映社会关系要素的调整与变化，为社会整合提供必要的沟通渠道和传播平台。

五、市民

市民作为城市传播主体之一，其角色的出现、地位的凸显与社会发展和新媒体技术的进步不无关系。在传统媒体时代，城市传播主体主要是四个：政府组织、非政府组织、企业、传统媒体。政府组织主导城市传播；非政府组织沟通、协调城市传播；企业在城市品牌塑造中贡献经济力量；传统媒体一方面作为政府组织和企业的代言人，另一方面适时发表自己的观点和见解。而市民作为受众，处于被动接收信息和执行“指令”及有限反馈信息的地位，市民所发出的声音甚至在有限的反馈渠道中被消除了。20世纪末，互联网的普及开始逐渐打破这一格局，而社会化媒体的出现更是颠覆了传统的传播模式，改变了传播生态，市民不再是“中弹即倒”的受众，而是被社会化媒体赋权的多元存在的复杂个体。社会化媒体除前文所述六大特征外，还具有“赋予用户参与、传播和创造内容的能力”的核心特质。与传统媒体相比，二者的区别主要体现在四个方面：第一，在内容生产上，社会化媒体同时兼具多重属性，可通过参与公共信息的生产和流通，重构媒介空间的信息格局，在一定程度上消解权威机构的信息“控制”；第二，在传播模式上，传统媒体的“中心化”和“点到面”的传播模式被打破，“点到点”的对等“互播”以及“圈子化”的扩散性传播成为主流，这样的传播方式更加直接，更具有针对性；第三，在传播主体上，平民化、私人化、普泛化、自主化，使社会化媒体成为普通大众张扬个性、表现自我的最佳场所；[1]第四，在传播影响力上，社会化媒体通过数字化、碎片化、热点化、精准化传播将信息渗透人际关系网络，很有可能形成巨大的信息洪流，高速蔓延至整个互联网世界，从而影响现实世界。

社会化媒体及时性、交流对话性及内容创作的便利性等属性为市民进行工具赋能，不仅让市民成为人人手里都有麦克风的城市传播主体，而且其传播主体地位日益凸显，角色功能也随之被进一步放大。总体而言，市民在城市传播活动中呈现出以下特征。

（一）自主性

著名社会学家、人类学家亚伯拉罕·哈罗德·马斯洛（Abraham Harold Maslow）的“人类需要五层次论”告诉人们，当人的生理性需求得以满足后，就会逐级上升至对安全、社交（归属与爱）、尊重、自我实现的需求。安全需求是指人对社会秩序、体质、法律、和平、医疗、教育等各方面的安全和社会保障的需要，简而言之，就是人们对安全感的寻求。社交需求描述的是个人渴望得到家庭、团体、朋友、同事的关怀爱护理解，融入组织和团体，与大家建立起良好的社交关系，从而获得亲情、友情和爱情。如果说对生理性需求的满足是人类最底层和最基本的需求，那么安全需求和社交需求则是过渡到更高层级需求最重要的两个中间层级。无论是安全需求还是社交需求的满足，都需要个人与外界通过信息的获取和交流建立强联系，这就自然促进了个人对信息追逐的本能。生活在城市里的市民，因为生存的城市空间和环境更为复杂，为了消除或减少不确定性，往往会主动去猎取各种信息，也会出于某种目的，向外界发出自己的声音，其传播行为的自主性非常突出。这种自主性主要体现在三个方面：其一，自主选择传播内容，市民既可以讨论国内外时政大事，又可以关注日常生活中的点滴小事，还可以发表对城市发展的微建议；其二，传播方式的自主性，以新媒体技术为支撑的包括社会化媒体在内的各种媒介手段日趋多样化，

[1] 冯明兵 . 基于自媒体平台的企业品牌传播策略研究 [J]. 美与时代（城市版），2016（11）：112-113.

市民可以根据自己的喜好、意愿选择媒介方式参与城市传播活动；其三，传播时间的自主性，市民能自主地控制传播时间，自由选择传播动机和个人在传播活动中的投入程度。市民在城市传播中自主性不断加强，促使城市传播的信息速度不断加快，信息反馈和信息再生产及传播得以加强，城市传播的互动频率增加。

（二）隐匿性

市民身份的隐匿性源于网络的虚拟性，早在1993年，美国漫画家斯特纳就以漫画的形式描述了“在因特网上，没有人知道你是一只狗”的现实，这是对受众隐匿性的最为经典的诠释。不过随着媒体技术的发展，这个隐匿性的特征要分不同的媒体平台来看。微信、微博、即时通信等社会化媒体平台，传播主体身份对于关注他和进入他的朋友圈里的人来说是公开透明的，甚至是非常熟悉的。但对于一般网络平台来说，互联网的虚拟性使网民在一般情况下无须显示真实的姓名、年龄等身份信息，犹如戴上了“面具”一般，在一定程度上降低了参与信息交互可能产生的风险。因此，网民更愿意在互联网上自由地发表意见、看法和主张，敢于争论、指责和批判。这种隐匿性带来的利好面是使互联网用户能以平等的身份参与到与城市相关的各种网络讨论中，但弊端也非常突出，即这种隐匿性和开放性弱化了“把关人”的权力，无法对网络中的信息进行有效过滤，使虚假信息、不良信息充斥在网络中。这就需要有关管理部门进一步做好互联网信息监督工作，对网络上的言论和信息进行合理管理，为城市传播创造良好的媒介环境。

（三）复杂多元性

很多大城市都是在城市化的进程中诞生的，城市的市民不仅数量众多，而且构成成分很复杂，既有城市原住民，也有城市移民。不同的来源地、年龄、受教育程度、职业、经济收入状况和居住环境导致他们所持有的政治态度、价值观念、宗教信仰和审美情趣都会存在很大的差异。社会化媒体时代的到来，使每一个城市市民都成为手持麦克风的传播者，他们无时无刻不在进行着信息的交流，但其自身的复杂性也会带来传播控制与管理的难度。对信息的传播监管不到位就会产生信息的异化。比如，在城市重大公共事件中容易滋生谣言，给城市形象和城市传播带来较大的负面影响。谣言就是信息异化的典型表现。

（四）监督性

在我国公民的各项政治权利中，“民主监督”是重要的组成部分。城市市民参与到城市传播活动中，是一种最典型的社会性人际传播和群体传播活动，是人与人的社会关系最直接的体现方式，同时还是组织传播和大众传播的基础。市民以自身作为主体的“自我”参与和传播实践，可以将政府、非政府组织、企业、传媒等各行为主体置于备受监督的环境之下，从而优化城市传播效果。另外，在城市传播中市民主体意识的提高还对避免或减少政府在决策中可能出现的“政府失灵”起到弥补作用。

第二节　社会化媒体下的城市传播的客体

一、实体符号

（一）硬性符号

“城市有两个侧面，一个是通过可感知的物理元素呈现的实体城市，由街道、建筑、环境等构成；而另一个是由文字、声音、影像构成的再现、想象的城市。”[1]由此可见，城市由实体城市和想象的城市构成。人们进入一个城市，最先感知到的是城市中的具体物质形象，如道路、建筑、雕塑等，大众通过这些物质形象接收城市所传播的信息，形成对城市的印象。凯文·林奇在《城市意象》一书中早已概括城市意象的元素，即道路、标志物、边界、节点和区域。[2]佐藤卓己则指出，“城市中的道路、公园、咖啡馆或商场等都是为交流而创建的空间，这些空间是由于经验而产生关联的场所”。[3]孙玮也提到，“在人类的城市生活中，实体空间，诸如广场、街道、建筑物等，都是非常重要的构筑意义、传递信息的媒介”。[4]城市建筑、城市交通和城市生态环境，都是城市中可以直接看到、感知的物质实体，

---

❶ 孙玮．从再现到体验：移动网络时代的传播与城市文脉保护［J］．探索与争鸣，2017（9）：38–41.

❷ 林奇．城市意象［M］．方益萍，何晓军，译．北京：华夏出版社，2001：26.

❸ 佐藤卓己．现代传媒史［M］．诸葛蔚东，译．北京：北京大学出版社，2004：18.

❹ 孙玮．作为媒介的城市：传播意义再阐释［J］．新闻大学，2012（2）：41–47.

这些都属于城市的实体符号，它们带给人们最为直接的感知，也是本节所要研究的实体符号中的硬性符号。

1. 城市建筑

建筑最原始的功用是作为人类的庇护所，为人类的生产生活提供空间，并阻挡外在的危险，但这显然不是它唯一的功能，建筑在时代的发展中逐渐被赋予更丰富的意义。在当今的建筑学界，甚至有“建筑即媒介”的说法，人们在参观建筑时能够感受和接收其所传递的信息，而作为城市中最显眼的实体媒介之一，建筑对城市传播具有重要意义。[1]

在现代社会中，城市几乎由各种各样的建筑空间组成，建筑是城市最为重要的标志之一，因此，一座城市的建筑风格或许是城市印象最为重要和最为直接的实体符号之一。由于社会文化背景的不同，城市的建筑风格也存在明显的地域差异，比如中国北方的四合院和南方的园林就呈现出完全不同的风格特色。不同的宗教背景也使建筑呈现出明显的差异，比如哥特式建筑的尖顶和十字架、佛教建筑的寺庙和佛塔、伊斯兰教建筑的穹顶。而在历史文化进程中，因当时所使用的建筑材料和所处的文化生活状况不同，建筑风格也呈现出鲜明的时代特色，比如维多利亚时代（1837—1901 年），由于英国工业革命的发生，而留下的许多红砖建筑，尤为典型的是被称为“红砖大学”（Red Brick University）的几所著名高等学府。当人们看到这些建筑实体的同时，这些不同特色的建筑也将它们所在城市自身所蕴含的社会、历史、文化、宗教等方面的信息传递给人们。

需要说明的是，建筑作为一种不可移动的实体媒介，其传播的方式分为实体空间的传播和虚拟空间的传播。实体空间的传播即建筑实体的外观形态、内部装潢和陈列，以及人们身处建筑周围空间和进入建筑内部所接收的信息。“实体空间的特定场景，不仅提供了人们进行公共交往的平台，而且构筑了城市居民的集体记忆和地方感，这种嵌入日常生活场景的实体媒介，对于城市生活有着不可替代的重要意义。”[2] 虚拟空间的传播主要指的是媒介，包括从报纸到互联网，对建筑实体及其内涵进行的“再现”所构筑的虚拟建筑空间，它使人们不必到达建筑所在之处并进入建筑内部，就能够接收到实体建筑所传播的信息。在文化传播和商业宣传的双重需求下，不少实体建筑设立了自己的官方网站，甚至运营起微博、微信公众号，使大众能够在社会化媒介上接收这些建筑的信息，并进行互动。由于社会化

---

❶ 裘艳芳 . 浅析建筑在城市传播中的作用 [J]. 新闻研究导刊，2019，10（1）：237.

❷ 孙玮 . 作为媒介的城市：传播意义再阐释 [J]. 新闻大学，2012（2）：41-47.

媒介所建构的虚拟空间的广阔性，以及其不受实体建筑有限的参观时间的限制，可以随时随地浏览信息，因此，虚拟空间在某种程度上可以涵盖更有深度、细致、多方面的信息，也能够将建筑实体的信息传播得更远，但其所带来的感官体验应该是远不如身处实体空间的真实感受。

建筑作为城市传播的实体符号，在城市的文化历史传播上起着非常重要的作用，而地标性建筑在某种程度上常常成为一座城市的代表，它是这座城市的象征，是人们提到这座城市时第一个想到的东西，是见证城市历史进程的标志物。就像说起巴黎，人们会想到埃菲尔铁塔、巴黎圣母院；谈到伦敦，人们会想到大本钟、伦敦眼；而提起东京，可能想到的是东京铁塔。“世界上任何一座生命力持久的建筑，并非因为实体本身的质量与形态，而是源自凝结于建筑主体中的文化内核与精神信仰。”[1]由此可见，地标性建筑之所以具有如此重要的作用和影响，并不仅仅因为其建筑本身，而是其所代表和传播的历史文化信息。加拿大著名学者哈罗德·伊尼斯（Harold A. Innis）的“媒介偏倚论”将媒介分为偏倚时间（time bias）的媒介和偏倚空间（space bias）的媒介，而地标性建筑被归为“偏倚时间的媒介”。[2]一方面，地标性建筑通常存在时间比较长，包含了不同时代的与这个建筑空间有关的内容，以及这座城市的重要历史进程，蕴含着这座城市的历史文化等方面的信息，有着历史的厚重感，在某种程度上成为记载城市发展的历史符号。另一方面，它将所承载的历史文化信息转化成抽象的符号，通过建筑的实体空间和社会化媒介构建的虚拟空间传递给大众，大众再根据自身经验进行解码，将其再次转化为信息。[3]

然而，在多元文化的现代社会，一些日渐兴起的诸如实体书店、咖啡馆这样的公共空间在城市文化传播上也扮演着越来越重要的作用。有学者对城市的独立书店进行了研究，肯定了独立书店作为城市文化空间的“媒介性”意义。[4]国内的一些大城市目前都有一些独具特色的独立书店，比如南京的先锋书店、上海的钟书阁、武汉的物外书店。“网红”书店的出现使这些城市有了吸引年轻群体的新兴“地标建筑”，甚至成为不少年轻人来到这座城市的必“打卡”之地。独立书店除了为人们提供阅读、休闲和办

---

❶ 慕玲 . 建筑媒介与城市传播 [J]. 城市管理与科技，2017，19（2）：41.

❷ 伊尼斯 . 传播的偏向 [M]. 何道宽，译 . 北京：中国人民大学出版社，2003：46.

❸ 慕玲 . 建筑媒介与城市传播 [J]. 城市管理与科技，2017，19（2）：41–43.

❹ 陆朦朦 . 城市传播视角下独立书店的形象建构与功能定位 [J]. 科技与出版，2019（8）：36–43.

公空间，还举办读书会等活动，将一些有着共同爱好的人群聚集到一起，是人与人交流、人与物交流的媒介。更为重要的是，这些书店往往代表着新的消费观念、文化理念和生活态度，而走入这个空间的人则被赋予了一种身份，代表对这种文化和态度的认同。除此之外，咖啡馆似乎也扮演着类似的角色。苏格兰首府爱丁堡的大象咖啡馆是《哈利·波特》的诞生地，当年其作者 J. K. 罗琳（J. K. Rowling）就是在这间咖啡馆里写出了《哈利·波特与魔法石》，它门口的玻璃上清晰地写着“哈利·波特诞生地”。很显然，这间咖啡馆具有除了喝咖啡和聊天之外的其他功用，它不仅是一间普通的咖啡馆，而且是一种文化的代表，也因此吸引了不少哈利·波特迷前来消费和合影，成为爱丁堡这座城市的独有景观。近年来，这些新兴的文化空间已经逐渐成为一些城市的新地标，它们在历史悠久的传统地标性建筑仍然代表着一座城市的文化底蕴的同时，开辟出一个个有着鲜明特色，代表着某一类人群和某一种文化理念及生活态度的新空间，这也体现了城市文化的包容性和多元性。

值得一提的是，在体验经济背景的当下，为了满足消费者的需求，文化艺术的传播不断出现新的形式，从而诞生了一些独具特色的城市公共空间。上海的麦金侬酒店（The McKinnon Hotel）是专门为《不眠之夜》（*Sleep No More*）这部沉浸式戏剧所打造的表演空间，它由伦敦到纽约，又自 2017 年时引入上海。这个 9000 多平方米的建筑空间成为一些戏剧爱好者和喜欢体验新事物的人群专程来到上海观演的理由，而它似乎也成为这座繁华都市的一个新地标，传递着这座城市的艺术文化气息和前卫又包容的态度。在武汉，“知音号”是为这部同名沉浸式戏剧而建造的表演空间，这艘长江游轮还设有室内博物馆，它的沉浸式戏剧更是以故事的形式向游客、观众传播着武汉这座城市的文化。

作为城市传播的重要实体符号，建筑的实体空间和虚拟空间如何更好地呈现一座城市的文化，讲好建筑和城市的故事，对城市传播的研究有着重要的意义。

2. 城市交通

雷蒙·威廉斯（Raymond Williams）曾表示，在道路、运河和铁路蓬勃发展的时期，传播是一个普遍的抽象名词，代表这些通信和传输设施。[1]之后，大众媒介的“传播”与之剥离开来，但实际上，城市交通作为构建城

[1] WILLIAMS. R. Keywords: a vocabulary of culture and society[M]. New York: Oxford University Press, 1976.

市的重要力量，也是城市传播主要的实体符号之一，其作为媒介的传播作用也越来越受到重视。

在现代社会中，地铁是城市交通的重要组成部分，由于庞大的客流量，使其有着不可忽视的城市传播功能，不同阶层的人群被纳入这个共同的媒介空间之中，使其成为文化传播的重要场所。“在地铁空间中，实体空间和虚拟空间、固定空间和移动空间、私人空间和公共空间是共生关联的关系，通过地铁这种传播符号，虚实空间之间发生了勾连，成为一个你中有我、我中有你的有机空间，并在更大层面上构建着城市格局和文化。”❶

地铁的实体空间主要由外部建筑空间、站内固定空间和车厢移动空间三大空间构成。对于地铁建立时间比较早的城市，地铁站的外观建筑通常有着鲜明的特色，分辨度比较高，其本身可能也兼具地标功能。例如，伦敦的不少地铁站的建筑外观都独具特色，且有着非常悠久的历史，其本身就传达着伦敦这座城市的独有文化特色。对于地铁建造时间比较晚的城市，通常地铁站外观的区分度并不是太高，主要通过站点内部空间的设计来增强识别度，通过墙面壁画、艺术造型、布置陈列，为城市创造出新的文化空间。例如，东京地铁的一些站点内部设计充满动漫文化的氛围；成都地铁 7 号线打造了一个“金沙博物馆”；武汉地铁也有不少的特色站，并设立了一些阅读空间。另外，在车厢的移动空间里，交通工具在移动，而人相对处于静止状态，相比在站内的移动状态而言，车厢内的乘客有着更多的“阅读”时间来接收车厢所传递的信息。地铁的主题车厢也常常成为一座城市的特色景观。例如，东京地铁独有的女性专用车厢，体现了这座城市对弱势群体的关爱；武汉地铁也设计过某个主题的车厢，但大多以商业广告为主。由此可见，地铁实体空间包含商业广告、艺术文化、社会交往、交通功能多重范畴的信息。

地铁的社交媒体公众号和交通广播等所构成的虚拟空间“在传播城市交通信息的过程中，也在不断塑造建设城市形象。以交通广播为代表的交通景观是构成城市形象的骨架，也是城市的窗口”❷。

3. 生态环境

城市化进程和生态环境平衡之间存在矛盾，随着城市化进程的加快，

---

❶ 薛超 . 空间转向：地铁作为城市传播符号的建构与分析 [D]. 昆明：云南大学，2018.

❷ 陈广宁 . 交通广播与城市形象传播：评《传媒与城市形象传播》[J]. 新闻与写作，2020（5）：115.

两者之间的矛盾也逐渐加剧，自1971年联合国发起《人与生物圈计划》并提出“生态城市”概念，生态环境便成为世界各国具有引领性的城市发展指标，城市建设与生态环境之间的对立关系也逐渐走向融合，生态环境成为城市建设的重要一环。实际上，一座城市的生态环境状况与其环境保护、资源节约、可持续发展的意识，以及其价值标准密不可分，是城市发展文明程度和文化底蕴的体现，也能够反映城市规划和城市治理的能力。另外，城市的生态环境及其生态意象“向人们‘传递’完整的生态伦理精神和环境空间哲学”。[1]而环境行为学更是认为环境对人们的思想意识、精神面貌和社会交往行动有着极其重要的影响。[2]所以，生态环境是城市传播的重要元素。

伦敦在工业革命时期因空气环境极度糟糕而被称作“雾都”，更有狄更斯的著作《雾都孤儿》，并被改编为同名电影和音乐剧。北京的雾霾天气在情况最为恶劣的时候近乎掩盖了这座城市的其他特色，成为当时大众谈起北京的第一反应。可见，生态环境的状况对于一座城市带给大众的印象至关重要，尤其是在人们愈发意识到生态环境是人类幸福感来源的当下。近年来，绿道、湿地和海岸等“绿色”项目的建设在城市规划中扮演着越来越重要的角色，并打造出新型的城市公共空间，向大众传递城市的环保观念、生活态度、文化理念、价值标准等多方面的信息，成为大众对城市形成认识和产生印象的重要元素，可以说是定位城市的符号。

（二）软性符号

城市是多层次、立体化的复合系统，因此城市内能被感知到的符号不仅有物理性实体，也有抽象的、无形的感受性因素，实体符号和软性符号两者共同构成了城市传播所传达的信息集合。相较于实体符号的物态展现，软性符号传播的柔韧性更加突出，潜移默化地展现着城市的面貌和运作。

1. 组织行为

首先需要说明的是，此处提出的“组织行为”是城市中多样性的集体或团体的行动和活动的总和，着眼于做出行为的主体，以及该行为主体因何原因具有哪些特别的倾向、会带来什么影响等问题，因而更加泛化且多样。而非组织行为学所指的“组织行为”更多着眼于个体和群体在组织内

---

[1] 李異平．生态城市意象的建构与传播［J］．中国环境管理干部学院学报，2019，29（1）：21–24，54.

[2] 拉普卜特．建成环境的意义：非言语表达方法［M］．黄兰谷，等译．北京：中国建筑工业出版社，2003：68.

部的行为及其对组织绩效的影响，更关注缺勤、离职、沟通等工作性质的行为，相对更加窄化和单一。

德国社会学家马克斯·韦伯（Max Weber）认为，“动机”是主观意义的复合体，意指行动者本身，或是从观察者来说，为行为提供的有妥当意义的“理由”。所谓行为过程的关联乃是“主观上妥当的”或“意义上妥当的”，意指在关系中的各要素，根据人们感情和思考的习常模式，可被认为构成了“典型的”通常人们称其为“正确的”意义关联。[1]也就是说，不同于心理学上“环境刺激引发”行为的理解，社会化媒体下的行为更关注行为主体的主观能动性及其可被解释的意义，并认为行为被目的理性、价值理性、感情、传统等因素所决定。因此，组织行为也反映着处于特定城市环境的各类型组织的内在精神和组织文化，进而体现着这一城市的城市文化、城市形象，间接展现着特定城市的区域特质。这种组织行为产生的视觉传达效果和他者的评价会不断产生，并不断向外界传播，频繁发生的组织行为也就成为城市传播中重要的传播客体。

按照不同组织在城市传播中的作用，可以将组织行为划分为政府组织行为、非政府组织行为、营利组织行为三类。首先，政府组织行为是组织行为乃至城市传播中的权威性类型，通过政策发布与实施、技术性管理、公共服务等职能履行性行为，来引导其他组织的行为，并在较大范围内深远地影响城市传播的信息发布。因此，政府组织行为也受到了科学性、导向性、发展性等方面的规定和要求。同时，政府组织行为很大程度上也受到公务人员行为的影响，公务员的行为也是政府组织行为重要的微观部分，更加受到公众的关注。其次，目前在我国，非政府组织行为是组织行为中的重要补充类型，主要进行自愿集结的志愿行为、沟通政府组织和营利组织的中介行为，以及专注于慈善事业的公益行为等。非政府组织行为是城市传播的重要客体类型，只是目前我国社会团体的发展较为迟滞，其行为较少受到公众关注，影响力有限。而且，由于部分非政府组织内部管理不完善，缺乏社会公信力，以致一旦发生负面行为，公众反应非常敏感。因此，非政府组织行为不仅没有充分发挥应有的作用，反而有着一定的信誉风险。最后，营利组织是组织行为中最密集、最具有活力的部分，营利组织的生产活动、营销活动、公共关系活动、公益活动等在城市的每一个角落不断发生着，而且其经济行为的特殊性更与每一个民众相关联，受到社

[1] 韦伯. 社会学的基本概念 [M]. 胡景北，译. 桂林：广西师范大学出版社，2005：126.

会公众的关注。

2. 市民行为

市民是城市的主人，也是城市传播的核心主体和基本单位，广大社会成员的行为同时也是城市传播最广泛的客体。行为具有强烈的实践色彩，但同时也具有复杂的精神性机制。城市市民的衣食住行、言谈举止等行为既内植于个体的价值观念、道德水平和思想修养，受到自我展示和获取归属感的动机所驱动[1]，也反映着城市的文化传统、民族特色、地域风情、公民素养、法律意识、事件风险等方面，是被多种变量所影响的系统，是自我塑造和他者塑造的统一结果。由于市民行为的外显性、泛在性和稳定性，往往成为他者界定、评价城市形象的重要参照，如上海人的“精”、北京人的“侃”、广东人的“灵”，同样被社会共识。[2]

市民行为可依据行为主体的数量划分为个体市民行为和群体市民行为。城市作为创造、承载社会关系的有机体，促成了个体市民的全面依赖关系的形成，个体市民常常有着多样的群体行为表现，共同整合成为一种非制度性的、自发的群体市民行为。群体市民行为通常有共同的关注点、价值观和行动，传达着特定的信念。市民行为也可依据行为主体的位置划分为发生在线下日常生活环境中的现实市民行为和发生在线上虚拟空间环境的虚拟市民行为。线上的虚拟现实是“计算机产生的第一人称视角的三维交互式环境”，因而具有三个本质特征，即交互性、运用三维图像和第一人称视角。[3]在这种环境下的市民行为也就技术化为了数字性行为，进一步具有了密集互动性、高度代入性、广泛影响力和跨时空关联性等特质，同时由于空间的虚拟性和身份的匿名性，市民行为更有可能面临道德风险和异化风险。

3. 文化符号

传播关系涉及的是分享信息符号。[4]符号既是传播的内容，也是传播的外在形式。一切文化，比如语言、神话、艺术、宗教等，都是人利用符号创造出来的，人与其说是政治的动物，不如说是符号的动物。[5]符号具有认

---

[1] 姚琦，马华维，阎欢，等. 心理学视角下社交网络用户个体行为分析 [J]. 心理科学进展，2014，22（10）：1647-1659.

[2] 肖保英. 城市形象的行为系统识别研究 [D]. 长沙：中南大学，2007.

[3] BREY P. The ethics of representation and action in virtual reality[J]. Ethics and information technology，1999（1）：5-14.

[4] 施拉姆，波特. 传播学概论 [M]. 何道宽，译. 2 版. 北京：中国人民大学出版社，2010：95.

[5] 卡西尔. 人论 [M]. 甘阳，译. 上海：上海译文出版社，1985：86.

知和传播的双重功能，是人类认识世界、表达自我、改造世界的工具。文化与符号也不可分割，美国著名人类学家莱斯利·怀特曾提出一个影响深远的文化概念：文化是人类创造的具有象征意义的符号总和。[1]也就是说，符号是文化的子类别之一，是文化的最泛在化的组成部分，同时符号的生成和创新也在不断丰富着文化的内涵。而文化符号就是特定区域文化资源的代表性标志。任何一个城市文化又都有自己特有的象征符号或符号体系，它们构成了该城市的文化、历史、内涵、精神、价值、品格等内在理念的外在表征[2]，凝结着城市文化，展示着城市形象。例如，重庆的麻辣牛油火锅象征着重庆耿直、豪爽的“江湖文化”特色和蓬勃、刚烈的巴渝文化渊源，以及具有火红喜庆含义的城市名称来源，内涵丰富且生动形象，不仅为广大市民所认同，也较好地激发着外地游客的旅游动机。

文化符号是类型多样且相互交织的，具体的体系划分也差异较大，本书侧重文化符号的精神性类别，主要包括风俗、方言、饮食、服饰、节庆、历史事件、历史人物、艺术、技艺、教育、价值观、形象标识、色彩搭配、特色产业等。文化符号不仅是一种外显的供人凝视、怀念的表象，还有解读城市的文化功能，也是一种被城市居民所认同和践行的共同理念。“把追求事物的外表作为首要目的或主要的内容，除了制造麻烦，别的什么也做不成”[3]，应当将文化符号形象上的视觉表达和内容、功能等因素结合起来进行编码，立体地传达、构建文化符号的物态表征和观念理解。例如，“扬州八怪”不仅带给人审美上的体验，其人物的艺术才能和性格特征也提供了故事性、话题性、典型性突出的素材，即内容，还表达着扬州人文气息浓郁的城市气质，折射了居民恬淡闲适的生活状态。

二、公共信息

城市是社会成员进行生产活动、度过日常生活、参与公共事务的载体。在信息时代，人们进行活动时需要获取大量公共信息以避免在当今复杂的城市社会中迷失，并满足心理需要、指引具体行动，从而提高办事效率。公共信息在城市传播中的重要性不言而喻。一方面，公共信息具有公共性，是属于公众的信息，为全体城市居民所共有，为公众信赖的政府所直接拥

---

❶ 蒙象飞．中国国家形象建构中文化符号的运用与传播［D］．上海：上海外国语大学，2014.

❷ 任世忠．城市文化符号体系建设研究［J］．东岳论丛，2015，36（11）：173–178.

❸ 雅各布斯．美国大城市的死与生［M］．金衡山，译．南京：译林出版社，2006：136.

有，并在法律允许的范围内为公众所分享，直接服务于城市居民，具有非排他性和非竞争性的特点；另一方面，社会化媒体下的信息的生成、传播又容易被控制，因此，信息并不是一种纯粹的公共物品，而更像是一件准公共物品，或者说是一种特殊的公共物品。[1]这种双重特性就对公共信息的传播提出了更高的要求，以保障公共信息的真实性和准确性。

公共信息在城市传播中的重要性不仅在于满足公民当下的事务性需要，还具有彰显城市事件公共性的象征意义，公共信息的有效传播可以满足公民的政治诉求，保护公共利益，促进科学决策，推动城市公共治理活动的开展。从公共管理、公共服务、社会公益三个角度，可以将公共信息划分为政务信息、城市预警信息与城市舆情、公益信息。

（一）政务信息

《中华人民共和国政府信息公开条例》规定，政府信息是指行政机关在履行行政管理职能过程中制作或者获取的，以一定形式记录、保存的信息。政务信息资源是一切产生于政府内部或虽然产生于政府外部但对政府活动有影响的信息资源的统称。政府部门是政务信息资源的最大拥有者，建成了人口、法人、空间地理和宏观经济四大基础数据库，履行向社会公众提供政务信息的职责。[2]

政务信息的内容十分丰富，涉及各类文件、行政过程信息、机关信息、规划及相关政策、统计信息，涉及政府行政事务、宏观调控、市场监督、公共服务、环境保护、公益事业、医疗教育、治安管理、社会救助、公共事件等多方面。在社会化媒体快速发展的背景下，政务信息的发布平台从政府机关官方网站和传统媒体拓展到了微博、微信、微视频等全媒体平台。人民网舆情数据中心发布的《2019 年政务指数·微博影响力报告》显示，截至 2019 年 12 月 26 日，经过微博平台认证的政务微博已达到 179932 个，其中政务机构官方微博 138854 个，公务人员微博 41078 个。[3]

社会化媒体在促进政务信息的广泛传播、信息服务、政社互动、民众

---

❶ 马费成，龙鹫 . 信息经济学（五）第五讲 信息商品和服务的公共物品理论 [J]. 情报理论与实践，2002（5）：398–400.

❷ 罗贤春，庞进京 . 基于自媒体的政务信息传播“小世界”模式 [J]. 情报理论与实践，2016，39（6）：82–87.

❸ 人民网舆情数据中心 .2019 年政务指数·微博影响力报告 [EB/OL].（2020–01–04）[2020–02–21].http: //yuqing.people.com.cn/n1/2020/0117/c209043–31553643.html.

认同等方面发挥了巨大作用。社会化媒体下的政务信息提供了用户自创的空间、政民互动的节点，促进了大众情感的交流，以及政务信息的传播和解读。更重要的是社会化媒体还反向改造了政府的政务信息公开行为，有助于政府对信息公开效果进行评估和改进，推动政务信息的充分公开，倒逼敏感和突发性信息的及时公开，还借助社会化媒体的富媒体特质，加强了政务信息形象化的传播和“接地气”的解读，树立了良好的政府形象。但是，政务信息的传播在环境调适的方面还有很大缺陷，由于政府公信力缺陷、群体异化风险、商业化媒体的逐利倾向以及新闻管制等问题，政府、公众、传统媒体、社会化媒体之间的信息传播面临一定困难，同样的政务信息在不同的传播环境可能会被断章取义甚至歪曲解释。

（二）城市预警信息与城市舆情

21 世纪以来，我国面临了多次重特大自然灾害、生产安全事故和公共卫生事件的考验，部分地区空气环境污染严重，雾霾治理任重道远，而且在社会转型期的背景下，我国城市在急速发展的同时也积累了大量社会问题，引发了公众的“冲突性运动”和“共意性运动”，这些公共危机性事件均在不同程度上冲击了城市的正常运作和市民的生产生活。不论事件是自然因素还是人为因素导致，这些事件都可以受到人为干预而向好的一面发展，然而回顾以往发生的事件，其爆发、恶化在很大程度上与预警信息以及城市舆情信息的生成迟滞有关。

城市预警信息是根据相关预警指标，向处于风险中的人们提供的及时准确的风险识别、风险评估、风险警示与风险预控等相关信息。根据事件发生的阶段，可划分出早期预警信息、临灾预警信息以及过程中预警信息三类。由于现代灾害事故的复杂性、多元性、衍生性和跨界性等新特点[1]，社会化媒体下的城市预警信息不仅要求有事件类型、情况进展和波及区域等基础信息，还要借助社会化媒体的海量信息、大数据技术，进行“复杂相关预警”“互联网 + 预警”“整合式预警”[2]，提高范围的精确性，进行更大密度的快速播送，完善信息的精准度。需要说明的是，城市预警信息的传播不应仅遵循城市公共部门向城市居民传播这种“自上而下”的路径，还

---

[1] 张海波 . 面向风险社会的知识生产：多学科研究共同体的缘起、形成与发展 [J]. 风险灾害危机研究，2016（1）：1–5.

[2] 周利敏，龙智光 . 大数据时代的灾害预警创新：以阳江市突发事件预警信息发布中心为案例 [J]. 武汉大学学报（哲学社会科学版），2017，70（3）：121–132.

要强调城市居民基于个人感受、群体诉求、日常体验发现的公共危机“苗头”，相互传播，彼此提醒，并向城市政府机关发出预警、提出诉求等“自下而上”的路径，也就是说城市预警信息既是作为传播客体及时上下双向互动的，也是在市民交往网络中平行传播的。

结合舆情的定义，本书界定城市舆情为：在特定城市这一社会空间内，由个人以及社会群体构成的公众对自己关心或与自身利益密切相关的各种公共事务所持有的多种情绪、意愿、态度和意见交错的总和。城市舆情在互联网平台的社会化媒体中呈现时，有着自由性与可控性、互动性与即时性、丰富性与多样性、隐匿性与外显性、情绪化与非理性、个体化与群体极化性等基本特征。[1]社会化媒体和互联网下的城市舆情是对“现实中的社情民意的复制、重构与超越”，“涉及的是民生、民意与民主问题”。[2]因此，社会化媒体下的城市舆情更有充分的条件反映民众的意愿，不论是地方政府还是城市居民，都应重视城市舆情的存在意义，地方政府应提供宽松的舆论空间供城市居民交流观点、抒发情感，而城市居民在主动分享的同时也应客观发声，理性表达。尤其是地方政府要及时回应舆情的质疑，避免删帖子、删评论、撤销话题等压制性方式，或敷衍、拖延回复等官腔式回应，这种打压方式的舆情关切反而会导致城市舆情的激化，为城市治理带来障碍。虽然城市舆情主要集中在某一城市内部，为特定城市居民所关注，但很多时候城市舆情背后的价值观具有一定的普适性，加上社会化媒体的超时空特性，其舆论会从原发城市扩展到全国范围，甚至为世界所“围观”，其反映的市民表达能力、政府应对能力直接影响到城市形象的构建。因此，加强对城市舆情的预警监测、动态分析、及时回应和有效引导，对促进事务的“就地解决”、对城市形象的构建和传播均极为重要。

（三）公益信息

公益信息是指出于谋求社会公众利益的愿景，与公益需要、公益行动、公益平台、公益组织和公益事业等相关的非营利性信息。一方面，改革开放以来，我国社会经济水平飞速提高，公民社会逐渐形成，许多公民有了参加公益活动的主观意愿和经济基础，原本的“政府型公益向平民公益过渡”[3]，民间的公益慈善事业也愈发受到国家和社会的关注；另一方面，我

❶ 刘毅．网络舆情研究概论［M］．天津：天津人民出版社，2007：112.

❷ 徐世甫．网络舆情：城市公共安全危机的新症候［J］．南京社会科学，2012（4）：64–69.

❸ 彭晓慧．新媒体语境下微公益传播路径及动力机制研究［D］．广州：暨南大学，2014.

国社会福利制度与发达国家相比还有一定差距，加上贫富差距、教育水平不均衡、医疗体系不完善等社会问题愈发凸显，我国社会的公益需求也不断加大，公益信息的生成和传播的重要性越发被人们所认可，也越来越成为一个城市人本性的体现，潜在地塑造着城市和谐社会的形象。社会化媒体的开放性、即时性和社交性为公益信息的传播提供了微型化、互动化的平台，为社会弱势群体提供了话语平台，来自官方和民间的公益信息得以畅通传播、精准传播、有效监督，还在无形中激发了公民的公益意识，弘扬了救危助难的中华传统美德，并有助于缓解社会矛盾。2010 年，微博刚出现不久，免费午餐、青海地震募捐、微博打拐、为爱让行、爱心香蕉、为电梯宝宝祈福、送老兵回家、铅笔换校舍等民间公益信息和公益活动就自发地兴起了。大规模的公益信息传播还成为了国家公益事业发展的重要推动力，如邓飞的“免费午餐”计划就得到了政府的肯定和支持，半年之后，受公益活动的启发，国家启动实施了“农村义务教育学生营养改善计划”。

然而，社会化媒体的低门槛属性，一方面为弱势群体发布公益信息提供了难得的平台，另一方面也导致公益信息的过载、泛滥甚至虚假传播。2010 年，一条内容为“冬天来，他们还在挨冻”的微博在短时间内受到用户关注，大家纷纷按照微博所留下的地址寄送衣物，然而几天后，该微博所指的学校校长出来辟谣表示，求助微博属于子虚乌有。[1]2020 年，新冠肺炎疫情期间，一些虚假的公益信息误导了公众，进而加剧了公众对疫情发展的误解。因此，我国公益信息的把关筛选和专业化处理还有待借助社会化媒体的实名认证、政府参与等机制进行提升。

第三节　社会化媒体下城市传播主客体的双重性与角色重叠性

一、城市传播主客体的双重性

在传统的传播生态环境中，城市传播主要依赖传统大众媒体，更多的是一种线性传播模式，因此政府作为大众媒体资源的把控人和管理者，主

[1] 杨萍．自媒体时代微博公益传播研究［D］. 重庆：西南大学，2012.

导和决定着城市传播的绝大部分内容，即客体。而企业、非政府组织、大众媒介作为传播主体对城市传播进补充和辅助。政府通过对城市建筑、交通、城市生态环境等城市硬性符号有选择性的传播，勾勒出城市的基本形象，通过对组织行为、市民行为和文化符号等软性符号正负面的传播，起到规约企业、社会团体等组织的组织行为和市民行为的作用，达到增强城市居民对城市的认同感和归属感，规范城市秩序和管理城市的目的。比如，政府借助城市形象宣传片的电视传播建构可感知的城市形象。1999 年，中央电视台播放了山东滨海城市威海的宣传片，这是我国首部城市形象宣传片，威海市原本只想宣传旅游景点，没想到这一无心插柳的举措不仅使威海一夜成名，而且大力促进了威海旅游业的发展。自此，全国掀起了城市形象宣传片的热潮。随后，张艺谋导演拍摄的一系列城市宣传片将城市形象电视宣传片的创作推向了高潮，全国大中小城市的宣传片井喷式发展。2001 年，张艺谋执导的《新北京，新奥运》助力北京成功申奥，向世界展示了一个具有运动精神、充满生命活力的北京形象。2002 年，张艺谋为上海打造了申办世博会的宣传片《茉莉花开》，淋漓尽致地呈现了一个现代、包容、国际化的上海形象。2003 年，张艺谋又以感性叙事的方式为成都拍摄了《成都，一座你来了就不想走的城市》。城市形象电视宣传片大致可以分为四类：第一类是以宣传旅游景点为主，介绍城市自然风光、人文景观、民风民俗等城市风貌的城市旅游形象宣传片；第二类是侧重展示城市经济环境、产业布局、交通设施等图景的招商引资形象宣传片；第三类是配合城市大型活动的城市形象宣传片，譬如北京的申奥宣传片、上海的申博宣传片等；第四类是城市综合形象片，全方位、立体地展现城市自然人文风貌、历史与文化、经济发展、市民生活等状况，旨在提高城市知名度、塑造城市形象、传播城市精神等。很显然，在城市形象宣传片中，传播的主导主体是政府，而城市实体空间元素、社会组织（包括经济组织、社会机构等）、市民、文化符号均是被传播的对象即客体，主客体的界线相对分明。

传统媒体时代的传播都是传播者单向控制占主导地位，因而其传播的主体和客体相对分明。新媒体时代的到来，尤其是社会化媒体的出现实现了双向互动、对等的传播，城市传播的主客体不再泾渭分明，而是互为传播对象，互为主客体。在社会化媒体中，受传者能针对传播者发布的内容进行评论、分享、转发，传播者的内涵也发生了变化。在传统的大众媒介中，传播者都是受过系统教育、手握话语权的媒体从业者或知识分子。而在新媒体时代，传播者的内涵极为广阔，只要使用媒介进行写帖转帖、撰写博客、微博等的任何人、任何组织或者团体都可称为相关事件的传播者，传播者角色的确认与其受教育程度、在现实生活中的社会地位等没有必然关联，传播者的普遍化和草根化对城市传播具有尤为重要的意义。他们作为城市生活的主体和感知者，所传播出的城市生活、城市精神、城市空间、城市活动等是最接地气、最鲜活的城市形象，针对人、事、物、社会各类组织所发表的观点、评论甚至吐槽是对城市管理最直接、最真实的反馈。因此，相对传统媒体时代政府和媒体组织居高临下的传播模式，新媒体时代的城市传播因传播主客体互为传播对象，其角色具有双重性，反而使其在传播上更具亲切力、感染力，更易拉近传播主客体之间的距离，互相监督、互相约束、相互促进。简而言之，新媒体时代传播者的内涵和外延的扩展，使城市传播能够以微观叙事的角度、个体立场的视野来进行，相较传统媒体城市传播的宏大叙事（譬如电视台的当地新闻报道），社会化媒体进行城市传播的内容和角度更为丰富，更具多样性。

二、城市传播主客体角色的重叠性

“地位”在社会学里是在社会体系中占有特定位置的结构单位，而把该结构单位要履行的权利和义务的总体称为角色。“从结构上说，社会体系是各种地位的体系，从功能上说，社会体系是各种角色的体系。角色是连接个体与群体、社会的至关重要的概念，是他人或群体所期望的行为方式。”❶社会心理学认为，角色是指处在一定社会地位的个体，依据社会对个体行为的期望系统，而获得和形成的外在行为模式。社会身份是社会赋予个体的，比如年龄、性别、国籍、职业、财富等。❷每一个社会个体都处于复杂的社会关系中，且都拥有多个身份，扮演多个角色，这被称为“角色丛”，即“那些由于处在某一特定社会地位的人们中间所形成的各种角色关系的整体”。在不同的生活场景中，人们必须通过不断变换自己的角色达到适应这些场景的目的。譬如一位女教师，在她的家庭中，她是父母的女儿、丈夫的妻子、孩子的母亲；在学校，她是学校的员工，学生们的老师、领导的下属；在工作中，她是知识的传播者、教育者。

整体来看，城市传播体系是由大众传播、组织传播、群体传播和人际传播组成，城市政府组织、企业和非政府组织（NGO）主要在城市传播中

❶ 青井和夫．社会学原理［M］．刘振英，译．北京：华夏出版社，2002：129.

❷ 刘世敏．网络受众的特点及传播功效［J］．新闻世界，2009（4）：115-116.

承担组织传播的角色，传媒属于大众传播者，而市民则是群体传播和人际传播的中坚力量。在城市传播行为中，这五大传播主体的角色实质上是没有绝对界限的，在很多情况下，他们的角色是重叠的、交融的。比如，与政府、企业和非政府组织的工作人员因工作的需要管理和控制大众传媒的信息传播时，他们充当的是大众传播者的角色；当政府、企业和非政府组织的工作人员与家人、朋友或者其他市民个体进行信息交流和沟通时，他们充当的是人际传播的角色。虽然大众传媒的主要角色是大众传播者，但其自身也是一种组织化的机构，当它进行内部的协调管理，以及沟通各种工作事务时，它的传播活动就是一种组织传播。

政府组织、非政府组织、企业、传媒、市民五大传播主体共同构成一个群落化的生存体系，它们是一个角色相互重叠、相互影响、相互渗透、相互作用的有机整体。从这个意义上来说，这个整体中任何一方功能的发挥都需要其他各方的互动与支持；而其中一方功能的过度释放则会导致对其他几方功能、空间的侵占和挤压，引起冲突。信息的质量、流量、流向的失衡，功能分配不合理，搭配不科学，又会伤害到社会需要的多样性，引起个体或群体的不满。[1]因此，城市传播的五大主体既相对独立，又彼此紧密关联，多种功能交织、融合在一起，共同维系城市传播系统的正常运转。

城市传播的五大主体角色虽然并没有绝对的界线，而且交融、重叠在一起，但事实上他们的地位并不是完全对等的。在大多数情况下，城市政府是城市传播活动中的“掌舵者”“主心骨”，负责制定城市传播总体目标、战略规划、实施策略，建立和完善城市传播体制和相应的法律法规制度，构建和谐的城市传播生态，以促进城市的全面发展。非政府组织、企业、大众传媒和市民则是“划桨者”，是城市传播的主要动力、来源和执行系统，通过各自承担的角色在具体事务中发挥自己的作用。

城市传播中的五大主体都有自己的特点和功能，也有各自的利益取向或倾向性，都不是万能的传播者。要构建良好的城市传播生态，就需要传播主体最大限度地发挥自己的正功能，克服或尽量减少负功能，加强其角色系统化和资源的社会整合。好的城市传播生态一定是建立在政府、非政府组织、企业、传媒和市民之间平等合作、协商、对话、交流的关系之上的，只有让五大传播主体各司其职，合理发挥各自功能，城市传播的正功能才能最大化。

---

[1] 王华.图书馆单向信息传播模式中的要素研究［D］.太原：山西大学，2003.

第四章　社会化媒体在城市传播中的角色和功能

在前文重新廓清了社会化媒体下城市传播的政府组织、非政府组织、企业、市民和传媒五大主体及其差异化特征，理清了实体符号（城市建筑、城市交通和生态环境）、软性符号（组织行为、市民行为和文化符号）和公共信息（政务信息、城市预警信息与城市舆情、公益信息）等客体及其子类型的基础之上，本章将梳理城市传播的范畴和社会化媒体的内涵等相关问题，着力通过选取的五个典型“城市事件”案例分析讨论社会化媒体在城市传播中的实际作用和影响机制，窥探社会化媒体的角色形成及实践表现，同时对社会化媒体的角色风险进行预判。

第一节　城市传播中社会化媒体角色内涵

一、城市事件内涵

“城市事件”这一词语的意义理解和范畴界定目前还没有统一的标准，在具体表述中也常被“大事件”“重大事件”“重大节事”等词汇代替。这一概念较多地用于规划设计领域，作为规划工具或规划契机，讨论城市空间结构、景观改造等议题；或作为一种视角关注公共安全管理、城市形象影响等议题[1]；或基于触媒理论探讨城市事件对城市发展阶段与城市功能的影响[2]。随着大数据技术的发展和应用，识别、了解城市事件从而加强对城

[1] GELDERS D, VAN ZUILEN B. City events: short and serial reproduction effects on the city’s image? [J]. Corporate comunications，2013，18（1）：110-118.

[2] 荣玥芳，徐振明，郭思维 . 城市事件触媒理论解读 [J]. 华中建筑，2009，27(9)：79-81，95.

市事件发生、发展的认知变得越来越可行。[1]当前对“城市事件”的解释多是一种“附带”的关注，为更立体、深入地理解城市事件，本书以城市传播作为立足点，从概念辨析、多样类型、典型特征、多元效应几个角度重新对“城市事件”的内涵予以廓清。

（一）概念辨析

从字意上理解，城市事件是指城市内特定区域或城市间发生的不平常的大事件，联系事件的特殊性，本书定义广义上的城市事件为：在城市范围内发生并产生系列活动的、在特定领域有一定影响力和关注度的重要事情。由于城市事件的综合性和模糊性，从不同角度出发对城市事件的理解也会有差异，例如：强调经济收益和文化认同的功能论[2]；强调应涉及国家、国际范围的级别论[3]；强调应由政府主办或政府授权主办的政府行为论[4]；强调举办的场地要求和限制的场地论[5]；强调事件促进城市发展的发展论[6]；强调短期内发生系列活动的活动总和论[7]等。但这些理解多为狭义上的城市事件，有明确的事务指向，如重大会议、体育赛事、国际性会展等，或带有一定的价值取向，往往关注主动发起的良性的事件。本书更侧重广义上的城市事件概念，因为城市传播并非完全可控的，各类型主体基于各自的利益诉求也会发布或正面或负面的信息，如果预设价值判断且仅关注主动发起的良性事件，如重大节事等，就会窄化城市传播的信源，容易忽视城市传播的多元化、包容性等多重面向；忽略社区参与、地方性知识等复杂的社会基础和持续的城市变迁。因而本书更加强调城市事件的多样性和广泛

❶ FURLETTI B, TRASARTI R, CINTIA P, et al.Discovering and understanding city events with big data: the case of rome[J].Information，2017，8（3）：74.

❷ RITCHIE J R B.Assessing the impact of hallmark events: Conceptual and research issues[J]. Journal of travel research，1984，23（1）：2-11.

❸ 张胤．现代城市事件中临时性景观的探索与研究 [D]. 北京：北京林业大学，2008.

❹ 崔宁．重大城市事件对城市空间结构的影响 [D]. 上海：同济大学，2007.

❺ 李鹏影．以城市事件为契机的城市后工业景观改造研究 [D]. 咸阳：西北农林科技大学，2015.

❻ 李晓宇，王东明，由宗兴，等．论重大城市事件导向下的城市规划变革与反思 [J].《规划师》论丛，2009（1）：7-10.

❼ 郑曦，孙晓春．解析“城市事件”作为城市发展与环境景观建设的助推力：以德国城市慕尼黑为例 [J]. 国际城市规划，2007（5），91-96.

性特点，将城市事件中物质主义的事物和象征主义的符号以及二者结合形成的活动都纳入研究视野。在这一前提下，研究城市事件传播也就进而有了窥探城市传播机理的合理性。

（二）多样类型

城市事件从不同角度可被分为不同类型。按主观意愿和客观效果可分为主动组织性城市事件和被动接受性城市事件；按事件性质可分为政治性、经济性、文化性、体育性、公共卫生性、环境性、事故性、自然灾害性等类型；按规模大小和影响力大小可分为地方性城市事件、国家性城市事件和国际性城市事件；按行为人关系可分为冲突性事件、合作性事件和竞争性事件；按发生位置可分为线上城市事件和线下城市事件；按时间跨度可分为中长期城市事件、短期性城市事件、突发性城市事件、间歇性城市事件和周期性城市事件；按结果可分为积极性城市事件、中性城市事件和消极性城市事件。在多种情况下，由于城市本身是带有政治、经济、文化等复杂功能的综合体，且城市事件往往具有全局的影响力，各个类型是相互交织的，如2020年在武汉市发生的新冠病毒肺炎疫情，既是公共卫生性的事件，也引发了人们对相应政治、经济、文化等方面的关注，导致线上线下和国内外的集中关注和密集讨论。对城市事件的理解应当是全局性的，关涉多种类型和内部复杂的作用机制以及相应的传播网络。

（三）典型特征

一是领域的公共性。不论何种城市事件，都属于公共事务，其发生的具体领域通常涉及公众的直接利益、现实感受和精神意志，是公民公共生活的一部分。而且事件发展的过程通常对所有公民开放，参与公共生活也是公民的基本权利，公民受到事件的吸引，聚合并形成公众，进行公开讨论、理性评判和社会交往。因此，城市事件本质上就是一种特殊的社会公共空间，是关于内容、观点，也就是意见的交往网络[1]，融合着社会想象和共同体身份。二是演变的故事性。城市事件往往在多方角色的推动下经历起始、发展和结束等情节，并可能因微妙的因素而反转再反转，成为当下的热门话题和未来的文学题材，受到进一步的故事化演绎。事件的发生闯入了城市居民的现时生活并渗透进未来的日常体验中，或改变城市环

---

[1] 哈贝马斯．在事实与规范之间：关于法律和民主法治国的商谈理论［M］．童世骏，译．北京：生活·读书·新知三联书店，2014：118.

境，或影响人的认知，或强化人的情感，生动且连贯地成为居民的共同记忆。城市事件的故事性特征不仅强化公民的当下感受，还使事件被反复阐释，成为长久的社会记忆。三是效果的长期性。城市事件往往给政治、经济、文化等领域带来直接的影响，例如法律制度的变革、经济的发展或衰退、理念的转变等。同时城市事件必须依托一定的空间和时间而存在，当人们身处或想起特定场所或日期，就会唤起集体记忆，引发纪念活动，跨时段地产生影响效果。四是言说的片面性。尽管“在公共性中，所有人的经验目的都应当在知性上达到统一”[1]，但在城市事件的发生中，受牵涉的多方利益主体的意见始终参差不齐，而且城市事件的解读也会进入不同群体的单方面叙事中并显现出巨大差异。理性批判的预设始终是一种理想状态，在城市事件的发生和传播中，人们最有可能看到的是多方意见的碰撞、集合和真理化过程，而非全面的理性评述和客观批判。

（四）多元效应

单一事件的发生通常由无数随机因素积累和引爆，也带来多层次多方面的城市发展波动。宏观上，从正向的角度看，有战略机遇效应、对外宣传和推介效应、功能和环境完善效应、资源优化和集中效应、城市协调和同步效应、公共投资拉动效应[2]、制度优化效应、文化变革效应等；从负向的角度看，也有塔西佗陷阱效应、经济停滞效应、文化失语效应等。城市事件通常涉及范围较广，事件体量较大，本身就具有强大的效应，此外，城市事件也与城市当下的紧迫问题、发展机遇和政策的出台相结合，产生联动作用，放大某一方面的效应。从规范性的立场出发，城市传播在坚持客观性和真实性原则的基础上应当力求扩大城市事件的综合驱动效应，促进城市事件正面效应的有序扩散，并抑制负面效应的散播。

二、城市传播与城市事件的关系

城市传播与城市事件有着“主客相融，共生互促”的关系。

城市传播既是信息传递的行为，也是建构意义的过程，还是一种社会公共管理方式，对城市形象塑造、环境监测、文化传承和社会协调等方面起着重要的作用。因此，一方面，城市传播作为一种嵌入历史背景中带有

---

[1] 哈贝马斯．公共领域的结构转型［M］．曹卫东，王晓珏，刘北城，等译．上海：学林出版社，2002：165.

[2] 崔宁．重大城市事件对城市空间结构的影响［D］．上海：同济大学，2007.

价值判断的系统化社会行动，既担任城市事件的整体叙事者，主动地构筑对内、对外的传播网络，言说自有评价或进行反思批判，同时也作为城市事件的深度参与者，一开始就被动地卷入城市事件当中，成为城市事件的有机构成部分。而城市事件可以被视作城市内部代表性活动的集中表征和演绎，是典型的城市传播所“拟仿”（simulation）[1]的对象，是核心的消息来源地。同时，城市事件由于本身巨大的影响力，天然具有“聚媒”的特性[2]，又将城市传播这一行为纳入自身的复杂体系中，主动谋求城市传播的消息发布。可以说，城市传播与城市事件共同构成了“主客体的中介化实践”[3]，一方是另一方的主体，同时又是另一方的客体，具有主客相融的关系特征。这提醒我们不能把任何一方割裂开来，不能将一方单纯地看作另一方的工具性对象。

另一方面，城市传播与城市事件共同发生于城市这一特定场景（包含实体空间和虚拟空间），以城市发展为主要背景。城市传播可以帮助政府了解社会舆情，发布重大政策信息，激发自媒体的UGC效能，在发挥自下而上的公众舆论功能的同时也担当了自上而下的主流宣传身份，也就是说，城市传播不仅传播城市事件的相关信息，还参与社会权力关系的运作，成为治理城市事件的重要方式。可以说，城市传播是城市事件的信息渠道、催化剂和监督员，有效的城市传播可以推进城市事件的发展和治理行动。与之相对，城市事件提供城市传播的实际对象和内容要素，营造共同分享的游戏性或情感性的象征意义空间和规则化程序，展示着无意识的客观生活景象以及有意识的“表演”和“作秀”，是了解城市传播的重要窗口，是城市传播的公共平台、重要内容、关键仪式和集成景观。两者共同起源于城市发展，又相互促进、共同演进，因而具有“共生互促”的关系。

三、社会化媒体角色内涵

（一）概念辨析

威尔伯·施拉姆认为，媒介的影响在于使用者，即一定社会环境下不同的人使用媒介就会有不同的影响，并非单纯的“媒介的影响”，而在于媒

---

[1] 仰海峰．超真实、拟真与内爆：后期鲍德里亚思想中的三个重要概念 [J]．江苏社会科学，2011（4）：14–21.

[2] 郭泽德．媒介化、仪式化、景观化：试论城市事件的三个传播特征 [J]．新闻知识，2013（2）：10–12.

[3] 复旦大学信息与传播研究中心课题组，孙玮．城市传播：重建传播与人的关系 [J]．新闻与传播研究，2015，22（7）：5–15，126.

介背后的使用者，这个使用者可以是某一群体、某一资本、某一城市等。同理，就社会化媒体本身而言，并无褒贬的价值判断，呈现一种中性的、客观的状态，在不结合具体语境时不能对社会化媒体进行“好”“坏”的价值判别，其价值取决于谁在使用、为何使用、怎样使用。当前中国社会化媒体环境呈现出多种性质混合交织的状态，在这样的环境中，人们既能获得言论自由，“零门槛”表达自身见解，又受到现有媒介叙事框架的约束；既能做一个默默无闻的围观者，又能成为话题的核心人物；既能看见真实，又能看见作秀；既能讨论严肃的政治，又能掺杂娱乐性质的玩笑。一方面，各种信息层出不穷，以指数增长；另一方面，真相愈发难求。各种社会力量进入社会化媒体营造的舆论场和社交场，彼此博弈，试图以权力结构决定社会化媒体的现实影响和话语走向。而本书所指的社会化媒体角色内涵是对社会化媒体在社会发展进程中所扮演的角色、发挥的作用进行客观陈述和基本定位，对其中涉及的权力博弈、技术逻辑、文化内核、社会结构等问题亦只做基本陈述，不进行价值判断，故将社会化媒体角色定位为“可见性赋予者”“公私领域破界者”“空间定义者”“社会关系重构者”。

（二）角色类型

1. 可见性赋予者

以微博、推特（Twitter）等为代表的社会化媒体已在社会生活的方方面面发挥重要影响，不仅重新定义了人们社交的模式，更通过对思维方式的转变、交往范式的改写、政治环境的重塑和经济发展模式的变革构造了一个全新的社会图景。尤其是通过其独特的“可见性”拓展了公共领域的内涵和意义。社会化媒体已不单是提供信息、生产现实、达成共识的媒体，而是“赋予事件、个人、群体、辩论、争端、描述等可见性”[1]的媒体。

丹尼尔·戴扬（Daniel Dayan）于 2013 年通过研究社会化媒体出现后传播环境发生的显著变化，提出了“可见性”（visibility）的概念，发展了米歇尔·福柯提出的“全景敞视监狱”（panoption）概念和约翰·B. 汤普森（John B. Thompson）的倒置版“全景敞视监狱”权力模型，将传播环境中“看”和“被看到”等行为与权力相联系，作为权力“监视”和“控制”的工具，从更深层次去解释媒介的影响。一般可见性是指能否吸引他人注意

[1] DAYAN D. Conquering visibility, conferring visibility: visibility seekers and media performance[J]. International journal of communication，2013，7（1）：137-153.

力、能否被他人看见，但在社会化媒体时代，传播速度、模式和环境发生了巨大变革，更强调注意力获得的规模，即只有获得的注意力达到一定规模才算真正产生了可见性。

传统的传播模式下，媒体拥有指引和限定公众注意力的特权，可以决定在传播场域中什么是可见的，什么是隐藏的。随着社会化媒体的出现和普及，传播环境、媒介和受众关系都发生了革命性的变化，去中心的传播模式，使每一个人、每一个群体、在场或不在场参与的事件、辩论，甚至争端，不同利益代表的描述、陈述和发声都有被看到的权力。社会化媒体不仅可以赋予普通大众可见性，普通大众既可以用自己定义的方式进行“展现”，同时还可以定义他人的可见性。由此可知，丹尼尔·戴扬说的可见性包括三种权利：被看见的权利、以自己定义的方式被看见的权利、赋予他人可见性的权利。[1]那么社会化媒体如何赋予公众可见性，在丹尼尔·戴扬看来，社会化媒体通过“展现”（monstration）赋予他人可见性，通过“展现”获得他人的注意力，“展现”的对象可以是信息，也可以是某一群体、事件、争端等，内容不受传统传播内容为“信息”的限定。

社会化媒体的可见性通过创造公共领域中的个体性主体和促进公共议题，从“遮蔽”“祛蔽”两条路径，最终实现多重叙事的拼贴与并置。[2]在媒体成为社会话语“掌控者”的时代，“可见”是以“遮蔽”为前提的，公众看到的新闻、事件和热议的话题都是经过筛选和设置的，受权力结构的限制较大，但社会化媒体将“可见性”赋予到多样的主体身上，多样的社会议题超越媒体的选择性框架呈现在公共领域中，将选择权交到受众手上，从而实现“祛蔽”，为多元主体的多重叙事提供获得关注、实现表达、多样生产、拼贴组合的平台。

2. 公私领域破界者

传统舆论观认为公共事务与个人事务之间存在明确界限，但在社会化媒体时代这一界限正在逐渐模糊和消失。公私领域的破界，一方面使更多的人获得进入公共领域的权利，从而实现对人的社会性和聚合性的生产[3]；另一方面导致“隐私边界”愈发模糊，使社会化媒体用户与用户之间、用

[1] 孙玮，李梦颖．“可见性”：社会化媒体与公共领域：以占海特“异地高考”事件为例 [J]. 西北师大学报（社会科学版），2014，51（2）：38.

[2] 孙玮，李梦颖．“可见性”：社会化媒体与公共领域：以占海特“异地高考”事件为例 [J]. 西北师大学报（社会科学版），2014，51（2）：37-44.

[3] HARVEY D. Space as a keyword [M].Oxford: Blackwell Publishing Ltd，2006：123-124.

户与技术之间形成“窥视”与“被窥视”的拉锯战。

从“puclic”的词义上来看，“公共性”特指独立的公共领域，与私人领域相对，二者之间有绝对的界限。但随着媒介技术的革命和发展，信息传播实现了前所未有的革命性时空突破，导致公私领域界限被逐渐打破，个人事件可经由社会化媒体传播转化为公共事件，反过来，公共事件也可以在私人领域得以实践。[1]

尤其是进入社会化媒体时代以后，公共领域成为公众“可见性”的公共呈现空间，公私边界更加模糊，更加动态，更加充满弹性。“公共的”意味着可以被任何人注意到、观察到、影响到，整体是开放可见的，主要在“前台”上演；而“私人的”则是私下的、亲密圈层可见的，是对陌生人隐蔽的，主要为对内的反馈和交流。因可见性的提高，很多私人事件在被注意到的那一瞬间都可扩展为人人皆知的公共事件。私人化展现、关系化传播、圈子化讨论、无边界可见成为社会化媒体时代传播的基本框架。对于公共事件的讨论成为一种伴随性的状态，人们可以随时开启或中断某个话题，可以参与各式各样的讨论，甚至“一切意见的再现，都需要随时准备为自己的真实性和正当性进行辩护”[2]。多元共在的话语协商变得愈发普遍，公众在社会化媒体的帮助下，持续性参与公共事件和公共议题，可以培养公众对公共事务参与的积极性和主动性。

“隐私边界”（privacy boundary）这一概念由桑德拉·佩特罗尼奥（Sandra Petronio）提出，用于区隔公领域和私领域的信息，他认为可以通过控制边界链接（boundary linkages）、掌握边界渗透（boundary permeability）和明晰边界所有权（boundary ownership）[3]三条规则实现隐私管理，协调隐私边界。“边界链接”指管理隐私需要考虑的披露对象，“边界渗透”指隐私管理主体有权决定隐私边界的开放程度，“边界所有权”指隐私数据的使用权限，即“向谁说”“说什么”和“如何控制”。社会化媒体时代，边界链接变得更加被动，人们在虚拟世界为建立连接关系，需要将自己的性格、职业、爱好等通过“贴标签”的形式来吸引他人的注意，“展现”各种有关

[1] 陶东风. 大众传播与新公共性的建构 [J]. 文艺争鸣，1999（2）：28-32.

[2] 尹连根. 结构、再现、互动：微博的公共领域表征 [J]. 新闻大学，2013（2）：60-68.

[3] 李唯嘉，杭敏. 社交媒体中的隐私困境：隐私边界与大数据隐忧 [J]. 编辑之友，2019（1）：55-60.

人物设定的图片、文字、视频，希望与他人从“弱关系”连接变为“强关系”连接。“晒”生活已经成为一种习惯，社会化媒体用户更倾向将隐私内容公开化，从而不断促进隐私边界的渗透，并不断拓宽着隐私边界的所有权，自己发布的信息不仅自己“拥有”，还被他人“拥有”和“控制”。同时，用户与技术之间也在数据监视背景下存在抗争。一方面，在大数据技术的支持下，人们在社会化媒体上留下的交流路径和浏览痕迹，都对信息安全产生了一定威胁，即使是删除行为，也会被记录在案，“社交网络记住了人们想要忘记的东西”[1]。另一方面，数据管理方法和手段的提升，使公众公开的数据成为经济发展和政治建设最大的数字资本，不仅个人拥有对私人数据的使用权和控制权，而且“注意”到“可见性”的个人、群体、公司、国家等，都是潜在的使用者。例如2018年，“剑桥分析”公司未经授权访问了5000万份脸书（Facebook）用户数据，并进行民意推测，以此作为特朗普竞选美国总统的数据支撑。总之，社会化媒体作为公私领域破界者，让用户与用户之间、用户与技术之间在宏观的数据“监视”背景下进行着窥视与被窥视的隐私博弈。

3. 空间定义者

社会化媒体重新定义了人与人之间交往的空间概念，呈现出“空间压缩”和“超空间”两种现象。

其一，美国理论家戴维·哈维（David Harvey）的“空间压缩”理论，基于政治经济学的角度揭示了资本主义全球化扩张带来的空间感受方式的变化，即“空间压缩”的体验和文化表征。在资本主义“只有创造空间才能征服空间”的论调下，阻碍经济发展的空间障碍被逐渐排除，即空间对人的限制越来越少，空间障碍已不成“障碍”，新的空间被创造，人们通过对空间的布局和管理实现对当代生活的引导和控制。

借助社会化媒体的力量，人们可以轻易跨时空取得联系和实现交往，空间对人的限制被降到有史以来的最低程度，空间障碍愈发不重要，甚至在某些场景下空间障碍已不复存在，从而产生哈维所说的“空间压缩”状态，营造一种感性的、游戏性的、戏剧性的“压缩”体验。尤其是当空间概念被整合进社会化媒体构建的强大网络关系中，空间之间因距离、物理、通信等带来的障碍会随之消解。各大社会化媒体应用服务都设置了发现、

[1] 舍恩伯格．删除：大数据取舍之道［M］．袁杰，译．杭州：浙江人民出版社，2013：150.

构建和激活社会关系的功能，如微信“附近的人”和“摇一摇”功能、微博的“周边的人”、Soul 的“恋爱铃”等，为处于不同空间的陌生人提供建立某种联系的可能。一个空间如果被另一个空间所发现、感知和影响，就会从原始孤立存在的状态中抽离出来，进入社会关系领域，人与人之间的空间则被“压缩”，甚至消失。如许多社会化媒体应用都内置了“基于位置的服务”，通过定位可以呈现个体所处的地理位置的空间信息，更新一个朋友圈状态、发布一个微博时，系统会根据用户附上的位置信息（多数人都会进行位置定位，以记录当时的心情和状态），在图像化的地图中清晰标识出人与人之间的相对位置和空间联系。社会化媒体激活了空间的“可见性”，每个人从不可见的状态中走了出来，每个人都处于被他人“观看”甚至“监视”的状态。

其二，社会化媒体从根本上重构了空间实践的观念和外延，出现“超空间”的概念。法国哲学家让·鲍德里亚（Jean Baudrillard）研究消费社会时提出“虚拟的超现实”，弗雷德里克·詹姆逊（Fredric Jameson）在此基础上提出“超空间”的概念，将超空间作为空间的模拟，是被再生和重复的空间。[1]在社会化媒体提供的超空间中，存在虚拟的社会仿像，交流、对话和互动时不需要过多考虑现实世界的自己，让人容易忘却现实生活中的局促和孤独，弥补现实生活中交流的匮乏。在此意义上，“超空间”是现实的“替代性场所”，人被标签化、符号化，与现实中受身份地位影响过多不同，虚拟世界塑造的人设可以是任意的，可以是自己的投影，也可以是想象中的自己，为现实世界孤独的个体提供展示自我的场所。如亨利·列斐伏尔所说，“它是一个‘孤独的人群’，在拥挤的人群中却深感孤独，在交流符号铺天盖地的情况下却缺乏交流。一个新的和反常的事实是‘交流总是在别处，总是在替代的场所进行’”。[2]社会化媒体将不同地域空间与整个社会网络联系起来，通过提供“替代的场所”，使人忘却现实时间和空间，沉浸在仪式化的虚拟空间中，并在虚拟的空间获得持续不断的想象性交流，进而感受并认同，甚至“痴迷”于这样的新的空间概念。

---

[1] 刘涛. 社会化媒体与空间的社会化生产：戴维·哈维“空间压缩思想”的当代阐释 [J]. 西北师大学报（社会科学版），2014，51（2）：45-51.

[2] 刘怀玉. 现代性的平庸与神奇：列斐伏尔日常生活批判哲学的文本学解读 [M]. 北京：中央编译出版社，2006.

4. 社会关系重构者

社会化媒体实际上是一个具备人脉关系再造与社会动员能力的信息互动平台[1]，与其他媒体的本质区别在于，它具有破除公私领域界限和重新定义空间的强大功能，能够重构整个社会关系网络，对纵向阶级和横向圈层进行解构和重组。社会化媒体已经深刻地介入、影响、融合进人们的日常生活，早已不单是传播的工具，而是改变人们日常行为习惯、生活风俗、审美取向、生产模式、政治现实的重构者。诸多社会经验和文献研究指出，社会化媒体不仅构建了广大公众的价值观念、行为方式、思维模式、情感需求、逻辑认知，也构建了社会深层结构的政治环境、经济发展模式、精神价值和历史变迁，形成了由微小个体到宏观社会的双向构建和反馈，社会化媒体已改写了当代的社会形态，“媒介化社会”逐渐成为一种新的社会形态。迪拉伊·默西（Dhiraj Murthy）认为，社会化媒体的发展为社会学研究带来了结构性转向，通过创设“可见性”“展示”“空间压缩”“超时空”等新的媒体话语体系，阐释了新的社会语境。[2]

同时，社会化媒体开启了媒介与公共领域之间的新联系，对人存在的公共性进行了深刻揭示。社会化媒体强调了人存在方式具有公共性的一面，人们在现实世界中的社交生活和在虚拟世界的展演都具有非常重要的公共意义。以多元个体为主体，以新媒体技术为支撑的虚拟网络空间叙事是后现代叙事的典型，展现不同主体的共同存在，实现多样的可见性，就是马克·波斯特（Mark Poster）所提出的后现代公共性的本质，即以展现多元存在为最终目的，达成共识不是公共性的终极目标。[3]社会化媒体激活了多元表达主体、多样社会议题、多重结构叙事，不仅能在生产现实与共识的功能性层面被肯定，还能在社会结构调整、社会关系重塑、公共生活提升等方面被挖掘，为人们参与公共生活提供了新的方式，改变原有的社会关系和社会结构，为公共空间诠释新的定义，促使传播由社会功能性的工具转化为构成社会的基础要素。

---

❶ 刘涛. 社会化媒体与空间的社会化生产：列斐伏尔和福柯“空间思想”的批判与对话机制研究［J］. 新闻与传播研究，2015，22（5）：73-92，127-128.

❷ MURTHY D. Towards a sociological understanding of social media: Theorizing Twitter［J］. Sociology，2012，46（6）：1059-1073.

❸ 波斯特. 第二媒介时代［M］. 范静哗，译. 南京：南京大学出版社，2000.

第二节　城市传播中社会化媒体角色形成

一、厦门 PX 项目事件（2007 年）——社会化媒体参与城市治理的里程碑

（一）厦门 PX 项目事件概述

厦门 PX 项目事件是指 2007 年对厦门市计划兴建二甲苯（PX）项目所进行的抗议事件，是典型的环境群体事件。厦门 PX 项目事件中各类型角色从博弈到妥协再到充分合作的过程极具代表性，成为政府和民众互动的经典范例。

厦门 PX 项目事件缘起于由某集团投资的 PX 项目建设。厦门市政府在该项目的处理过程中过于专断和“全能”，对环境评估、项目设立、引进企业和整体建设等流程进行单方面处理，缺乏与当地群众的互动沟通，只通过本地媒体向公众做了简要的报告。然而，此项目的选址问题和污染风险在动工之后还是受到了学者和民众的关注和担忧。中国工程院院士赵玉芬教授联合其他全国政协委员提交提案，在科学论证的基础上提出此项目建设地距离附近最近居民区和厦门市中心市区仅 10 公里，不适宜建设大型化工厂，一旦发生事故，其危险系数和影响性都是灾难级别，建议政府及时停止项目建设并进行迁址处理。[1] 国家环保总局某官员对此做出回复，认为该部门不具备相应权限，而作为批准者的国家发改委也没有让该项目停工并迁址的计划。[2] 提案的无回应和工程的继续反映出政府的“强硬作风”，公众只能诉诸更严厉的手段表达诉求。在手机短信、厦门大学网络社区、小鱼网络社区等媒体上，意见领袖和公众交换 PX 项目进展信息，讨论项目风险及其后果，并号召市民于 2007 年 6 月 1 日通过“散步”的方式上

❶　赵玉芬．最先站出来反对 PX 项目的科学家［EB/OL］.（2007-12-29）［2019-11-26］.https: //news.sina.com.cn/o/2007-12-29/104113166223s.shtml.

❷　悲风．百名政协委员难阻厦门百亿化工厂项目［EB/OL］.（2007-05-28）［2019-11-26］.https: //business.sohu.com/20070528/n250269436.shtml.

街请愿，以实际行动表达对项目的反对。[1]请愿行为发生后，厦门市政府决定停建 PX 化工项目并再次开展环境评估，且举行了两场大型的公众参与的环境评估座谈会。最终，PX 项目停建迁址。值得一提的是，在 PX 项目迁址漳州古雷后，曾于 2013 年 7 月发生闪燃事件，于 2015 年 4 月发生爆炸事故。[2]

（二）事件中社会化媒体的参与过程分析

厦门 PX 项目事件中，相较于传统媒体的消声，网络媒体异军突起，在事件传播中发挥了巨大作用，并逐渐开始参与城市治理。以厦门大学网络社区、小鱼网络社区、博客网站为代表的网络媒体中，有关 PX 项目的帖子的点击量以万计，不仅聚焦于公民权益的伸张，还成功地发布专家学者、公共知识分子和环保组织的科学认知，并将其相关讨论转化为“公共议题”，进行信息交流和科普分享。更关键的是，网络媒体作为虚拟的社会交往网络，通过发帖（转载）数、浏览量、精华帖机制等独特模式促进了意见领袖这一传播枢纽的自我塑造，加大了意见领袖在设置议程、激发讨论等方面的影响力，对网络其他成员行为的影响和网络舆论整体变化起到了关键作用，推动了公众的意见表达、一致性凝聚和理性集结。作为意见领袖，同时也是厦门居民的连某在其博客上接连发表了《全国政协委员算老几》《公共不会有安全》《厦门人这么办》《厦门自杀》《保护不了环境的环保官员》等博文。尤其是在《厦门人这么办》一文中，连某对如何理性反对项目建设进行详细讲解和说明，提供了既不违法又能表达自身意见的具体做法。连某也因此成为“意见领袖”，被认为是厦门市民上街请愿的主要发起者和带头者。[3]社会化媒体不仅在利益冲突和调和的方面发挥了巨大作用，还促进了公众的“厦门人”身份认同。“保卫厦门”是贯穿该事件始终的一个标志性口号。[4]厦门优美的城市景观、厦门人引以为傲的

---

❶ 陈潭，黄金．群体性事件多种原因的理论阐释［J］. 政治学研究，2009（6）：54–61.

❷ 千帆．福建漳州古雷港经济开发区 PX 项目厂区发生爆燃事故［EB/OL］.（2015–04–07）［2019–11–26］.https: //society.huanqiu.com/article/9CaKrnJJCPm.

❸ 吴东风．协商民主视域下的环境群体性事件治理研究［D］. 武汉：华中师范大学，2013.

❹ 温雪姣．大众传媒的身份认同感构建分析：对厦门 PX 项目事件媒介报道的部分个案研究［J］. 东南传播，2008（7）：76–78.

文化特色被公众以文字或图片的形式展示出来，激发了公众的“保护欲”和“自救”意识，“保护”成功后的成就感也进一步加强了公众的身份认同建构。

总体来看，厦门PX项目事件中的社会化媒体主要有网络论坛和个人博客两种类型，这两种类型的社会化媒体主要在事件的中后期——提案被忽视之后至项目停建迁址这一阶段——逐渐发挥出显著的能量。意见领袖和普通公众围绕PX项目的风险、其背后的“权力运作”以及体制反思等内容进行火热的讨论，创作接地气的网络文章。讨论的内容借助用户的社会关系网不断被分享、转载，降低了PX项目科学认知的门槛，冲击了很多人“牺牲环境发展GDP”的既有认知，原本的“环境议题”扩大为“政治议题”，同时原本分散的个体情绪借由社会化媒体的广泛扩散和热点集聚汇集成了情绪池，原本分离的公众借由社会化媒体得到了组织基础并形成了集体动员。公众的利益诉求和呼吁借助社会化媒体的表达、强化和触发，最终转化为实际行动，很大程度上通过对国家权力的监督弥补了政府运作机制缺陷，为公众、政府、投资集团三者的公共协商提供了契机，从而转变了政府的行为。此外，社会化媒体不仅促进了现实问题的解决，还进一步宣扬了公民意识和维权意识，推动了从线上到线下的人际交往，提升了厦门人的地方认同感，促进了政府和社会对公民参与、舆论干预、城市治理方式、传统媒体责任等方面的反思。可以发现，在厦门PX项目事件中社会化媒体的传播面向已逐渐丰富起来，不仅有PX项目相关公共信息的传播、厦门城市形象的宣传，还逐渐有了社会交往、公共协商、文化认同、线上线下融合的面向，其背后蕴含的平等思想和融通理念也逐步显现出来。

二、温州动车事件（2011年）——社会化媒体在城市事件传播中初露锋芒

（一）温州动车事件概述

温州动车事件即“7·23”甬温线特别重大铁路交通事故，时间详细经过如表4–1所示。

表 4–1　温州动车事件概况

时间	2011 年 7 月 23 日 20 时 30 分 05 秒
地点	甬温线浙江省温州市境内，温州方向双屿路段下岙路
经过	D3115 次列车动车遭到雷击后失去动力停车，造成 D301 次列车追尾。事故发生后，党中央、国务院高度重视，胡锦涛、温家宝等同志分别做出重要指示，要求务必把救人放在第一位，全力以赴组织好抢险救援工作，同时要尽快查明事故原因，做好善后处理等工作
原因	严重设计缺陷，上道使用审查把关不严，雷击导致设备故障后应急处置不力等因素造成的责任事故
结果	造成 40 人死亡、172 人受伤，中断行车 32 小时 35 分，直接经济损失 19371.65 万元。原铁道部部长刘志军、原副总工程师兼原运输局局长张曙光等 54 名事故责任人员受到严肃处理

注：该表根据新浪新闻中心温州动车追尾脱轨事故网站整理（详细内容见 http://news.sina.com.cn/z/hzdccg2011/）。

事故发生以后，社会化媒体上形成了有关事故发生原因和经过、相关部门和人员应对行为与言论、事故救援、民间救助、官员任免、事故追责、事故赔偿、事故防范和整改、政府公信力、主流媒体报道、死亡人数和乘客名单、寻人寻物、相关事件追溯、高铁安全性质疑、祈祷哀悼、垄断体制反思、官员腐败等数十项大小议题的宏大且强力的“民间舆论场”。具体的舆情热点十分密集，例如：①“事故雷击论”，2011 年 7 月 24 日，原铁道部对事故原因进行初步判断，认为是 D3115 次列车动车遭到雷击后失去动力停车，造成 D301 次列车追尾。这一观点受到多位电力科学和铁路科学资深专家以及公众的质疑，并引发公众对原铁道部涉嫌推卸责任的怀疑。[1] ②救援中相关部门提出车头部分“没有生命迹象”，上海铁路局组织指挥用挖掘机将车头及零件推入大坑掩埋[2]，极大地激怒了公众，越来越多的公众在社会化媒体上质疑救援的目的性和科学性。③在官方几度宣布

❶　张宇宜，孙燕，杨晓政，等 . 只是雷击吗？专家解读温州动车追尾事故原因［EB/OL］.（2011-07-25）［2019-11-28］.http://www.ce.cn/cysc/ztpd/2011/dc/pl/201107/25/t20110725_21011094.shtml.

❷　王峰 . 上海铁路局副局长下令挖坑埋车头 张德江：残骸不能埋［EB/OL］.（2011-07-27）［2019-11-28］.http://news.ifeng.com/c/7fb8feT5JqC.

“没有生命迹象，停止搜救”的判断后，又救出来一名2岁女童项某某[1]，原铁道部新闻发言人王勇平对此表示“这只能是生命的奇迹”“至于你信不信，我反正是信了”[2]，新闻发布会上发言人面带笑容的表情和言论，更加激发公众负面情绪，引发网友广泛讨论和质疑事故的发生原因以及善后举措，网友们将相关言论进一步演绎成为“高铁体”网络流行语。④事故发生后民间现场救援、医护救助、志愿者献血、伤员接送、心理救援等民间力量受到公众赞扬。⑤事故发生后温州普通市民、出租车司机、消防战士、“萤火虫义工团”、温州市志愿者协会等积极响应的“温州力量”在媒体上被热议。[3]其他相关舆论热点还有意见领袖或“大V”的微博语录的转发和追捧，先签订赔偿协议有“奖励”等谣言的错误转发和随后的谴责，网友以沙画等艺术形式纪念遇难者，等等。

（二）事件中社会化媒体的参与过程分析

与厦门PX项目事件中社会化媒体主要在事件的中后期发力不同，温州动车事件一开始就受到社会化媒体的关注直至事件结束。温州动车事件前后，微博第一时间反应，微博用户直接发布“原生态”信息，分别在事故发生前、事故发生中和事故发生后三个主要时间段。事故发生前7分钟，温州当地居民通过微博发出动车行驶出现异常的信息；事故发生4分钟后，D301次列车车厢内的乘客通过微博发布出第一条事故信息，说明当时情景，动车紧急行驶并出现停电情况，还有两次强烈撞击；事故发生13分钟后，乘客发出第一条求助微博，称需要救援。随后，列车乘客和附近居民实时传播事故现场情况。与之相对，事故发生45分钟后、4小时56分钟后以及次日早晨，浙江交通之声广播电台、温州电视台、各大报纸才分别开始报道。[4]社会化媒体突破了传统媒介的时间滞后性和范围地域性的限制。同时，社会化媒体在这一城市事件的传播中的参与类型也更加丰富，不仅有地区性媒体，还有全国性社会化媒体，如新浪微博、腾讯微博、天涯论坛、

❶ 龚晓．不能用吊机！特警队长的坚持迎来伊伊的奇迹[EB/OL].（2011-07-26）[2019-11-28]. https: //zjnews.zjol.com.cn/system/2011/07/27/017714022.shtml

❷ 铁太雷．铁道部发言人“反正我信了”语录成网络流行语[EB/OL].（2011-07-27）[2019-11-28].https: //news.sina.com.cn/s/p/2011-07-27/032922881925.shtml.

❸ 赵晔娇．温州动车事故追踪：从民间到政府的救援接力赛[EB/OL].（2011-07-28）[2019-11-28].https: //news.sina.com.cn/o/2011-07-28/161722894456.shtml.

❹ 王艺．对微博舆论场的传播学解构：以“温州动车事故”的微博传播为例[J].新闻界，2012（1）：6-9.

凤凰论坛、网易论坛、百度贴吧等。与传统媒体不同，社会化媒体的大规模用户信息生产和基于人际网络的“病毒式传播”一定程度上突破了公共部门的信息管制和权力干扰，不需受到口径统一的约束，可以直接跟踪事件进展，强化信息传播渗透性，同时直接表达网络民意，信息公开性得以加强。

在事件发生后，社会化媒体尤其是微博不仅作为新闻报道的消息来源以及实时传播的平台，更是直接参与事件发展，推动动员、集结、寻亲等救援工作[1]，社会化媒体突破了自上而下的动员逻辑，直接借助民间力量进行自发救援，并有效传导至官方媒介处。“温州血库需要用血”的微博被数万次传播，许多温州市民受到鼓舞、号召，积极响应，为医疗救治活动提供了重要帮助。最后一名生还者 2 岁女童项某某获救后，有关她的寻亲微博也被数万次裂变式传播，为她“捐款一元钱”的微博 24 小时内被转发 90 万次。大量温州市出租车司机借助网络信息的指引前往事故地点参与运送伤员和物资，此时的社会化媒体不仅实现了信息传播，还借此加强了更大范围的物的传递和人的移动，线上虚拟空间和线下实体空间的物质迁移得到了有效整合和促进。而且，这种信息传播实际上还是一种公益性传播，社会化媒体的用户拥有发起公益活动的自主权和广泛直接的参与权，对公益事业的贡献也更加体现出其“社会化”的特质。

值得一提的是，相较于传统媒体的单向传播，拓扑结构式的社会化媒体还成为民众宣泄情绪的难得出口，大量用户“游击式”在相关部门和“失声”媒体的官方账号下进行密集评论，尽管部分言语粗俗，却真正反映了社会的“愤怒原貌”。愤怒的话语和激烈的声讨标志着民间舆论场的民意聚合力和广泛影响力的崛起和扩大，显示出巨大的批判性力度，并开始倒逼官方部门明确表态、官方媒体尽快加强报道。此时的社会化媒体在事件参与和传播的过程中，不仅类型更加多样，介入时间更早，功能更加丰富，还成功地关注了官方媒体的阶段性集体失语和政治动员性宣传等现象，并将其转化为需要抨击的话题材料，进一步受到公众的追捧和信任，加强了自身的民意基础、凝聚力和可信度。更进一步来看，此时公众借助社会化媒体进行如此密集且激烈的言说并不只是纯粹的沟通互动活动，对既有言说规则的反抗和改变也不仅是对理想规则的建构，而且是将之作为彰明公众自身和社会化媒体载体的主体身份，并谋求（甚至逼迫）官方主流话语

---

[1] 杨丽娇 . 分裂与统一：媒介话语中的“官方”与“民间”[D]. 上海：复旦大学，2013.

予以广泛承认、公正对待和充分理解的过程，是为承认而进行的“斗争”。

社会化媒体提供了全新的以用户为指向的媒介平台，其中的用户背景多样、态度多元、话题广泛，尤其是普通民众类用户（除官方机构、传媒机构与人士、事故当事人外的公众），身处“过度分享”[1]的信息洪流中，被信息和价值观进一步社会化；身处多数人观看多数人的“全视监狱”[2]中，得以便利地介入公共事务并进行公共实践；身处聚合性和社会性网络中，因自身的信息生产被关注、点赞、转发、分享而取得“象征利润”，受到激励；身处关系平等、交流自由且议题灵活的媒介平台中，得以发挥个人主体性并经由社会动员凝聚群体性认同；身处“微博爆料与信息悬浮扩散 + 都市媒体跟进报道 + 倒逼官方舆论表态”三方互动的传播格局[3]中，不断解构传统媒体和主流舆论。由此可见，此时的社会化媒体已不仅是一种人脉关系利用和再造的线上平台，更是逐渐被视为线上民间和民意汇聚地，并开始真正体现出社会化个体、发布紧急信息、提供互助平台、组织新型社群、凝视批判权力、促进线上线下协作、参与建构传统媒体、组织公益活动、承认的斗争等功能。社会化媒体背后的对等理念愈发受到公众的认可和践行，并促使社会化媒体成为可以与官方话语、市场话语三足鼎立，相互建构的重要力量。

三、仙桃垃圾焚烧发电项目事件（2016 年）——社会化媒体深度参与城市事件

（一）仙桃垃圾焚烧发电项目事件概述

2013 年 4 月，位于干河办事处郑仁口村的湖北仙桃垃圾焚烧发电项目以 BOT 模式与市政府合作兴建，并于 2014 年 6 月正式开工建设。然而，从项目环境评估、正式引进到施工建设的近四年时间里，除湖北省环境保护厅和仙桃市环保局官方网站上有信息公示外，地方政府没有举行任何听证会，没有向群众发出任何征询意见函，甚至在建设施工中也未打标语，附

---

❶ 王艺璇.“过度分享”：网络中的自我表达 [EB/OL].（2017-03-02）[2019-12-06]. http: //www.cssn.cn/zx/201703/t20170302_3437145.shtml?COLLCC=623224087&.

❷ 刘涛.社会化媒体与空间的社会化生产：福柯“空间规训思想”的当代阐释 [J]. 国际新闻界，2014，36（5）：48-63.

❸ 周廷勇.从“威权舆论”到“权威舆论”：“微时代”主流舆论的解构与重振 [J]. 重庆工商大学学报（社会科学版），2012，29（6）：113-119.

近居民都不知晓其建设用途，只有少数公众获知项目并零散地在互联网上表达不满。[1] 2016 年 6 月 21 日前后，有人利用本地论坛、贴吧、QQ 群、微信群、朋友圈等媒介发布关于建设垃圾焚烧厂的消息，引发周边群众对垃圾焚烧发电危害身体健康、降低环境质量、降低资产价值等的忧虑和项目信息封闭的不满。6 月 24 日起，舆论影响范围逐渐扩大，在以“强关系”为连接的朋友圈、微信群中，频频发起抵制抗议。[2] 但地方政府未给予相应的重视，仍旧冷处理公众的提问，强硬地删除或屏蔽相关信息，压制式应对公众的游行活动。仙桃垃圾焚烧发电厂相关信息被不断传播、放大和发酵，最终于 2016 年 6 月 25 日爆发。部分群众聚集起来游行抵制项目建设，抗议活动进一步上升为暴力冲突，地方政府动用警力来驱散游行居民、平息事态。6 月 26 日，在召开针对该生活垃圾焚烧发电项目的新闻通气会和警力出动等措施无法奏效的情况下，仙桃市市长亲自走向街头与抗议居民进行对话和沟通，并随后发表视频讲话，仙桃市人民政府新闻办公室随即通过官方微博发布通告，“经市委市政府研究，决定停止‘生活垃圾焚烧发电项目’”，在警方于 6 月 27 日凌晨释放被捕抗议群众后，冲突才逐渐平息。[3] 2017 年 4 月，仙桃市委、市政府发出《致市民朋友的公开信》，决定重启项目建设。2017 年 5 月 3 日，升级版垃圾焚烧发电项目在力求信息对称、科普到位的基础上，在原址重新开建。[4]

此次事件中，社会风险沟通不畅的问题没有得到较好的解决，致使公众恐慌、政府公信力受损，进一步演变成为公共危机，事件发生的根源在于风险信息没能被政府有效地公开，没有被公众科学地认知。

（二）事件中社会化媒体的参与过程分析

仙桃垃圾焚烧发电项目事件中，社会化媒体的参与类型多样，参与过

---

❶ 李源，高雷 . 湖北仙桃市委原书记冯云乔因处置群体事件不力被免职 [EB/OL].（2016-08-24）[2019-12-06].http: //fanfu.people.com.cn/n1/2016/0824/c64371-28660558.html.

❷ 郝亮，郭红燕，王璇 . 由“破”到“立”动力学视角下中国环境社会风险化解机制研究：以杭州九峰、湖北仙桃垃圾焚烧发电项目为例 [J]. 生态经济，2020，36（4）：188-192，218.

❸ 何光伟 . 湖北仙桃民众抗议垃圾焚烧厂 市长宣布停建 [EB/OL].（2016-06-28）[2019-12-06].http: //hb.sina.com.cn/news/j/2016-06-28/detail-ifxtmweh2673760.shtml.

❹ 李济东，张卫华 . 用对话和沟通化解“邻避效应”仙桃垃圾焚烧发电项目投产试运行 [EB/OL].（2018-05-02）[2019-12-06]. https: //www.sohu.com/a/230156802_100160058.

程贯穿事件的酝酿期、发酵期、爆发期、平息期，不仅像厦门 PX 项目事件和温州动车事件一样体现出了信息的多中心、网络化传播，促进物的流通、人的移动、人际交往、公共协商、文化共享[1]、空间融合、多方互动，还发挥出了正面（直接促进政府完善公众参与机制）、中性（风险的社会放大作用，产生波及效应）和负面（激发非理性行为，间接推动暴力性群体事件）等多面作用，引起社会各界的反思和警惕。

同样重要的是，社会化媒体已不再仅仅是“民间”叙事的媒介了，也开始被“官方”收编，成为地方政府进行舆情管理、加强公众参与、推动知识普及、政策制定博弈的场域。从民间的角度看，此次事件可以被视作“公民在新的背景中创造新的试验性协商实践形式”[2]，基于查尔斯·蒂利提出集体性抗争行动的 WUNC 模式[3]，可以发现，社会化媒体在公众的信息传播下，推动了各观点的价值（worthiness）碰撞，促进了公众对本次抗争行动价值的认同性和目标的一致性，快速团结（unity）了广大的、原本松散的仙桃市居民，形成了具有一定规模的行动参与人数（number）。此外，仙桃市居民的抗争贡献（commitment）被社会化媒体广泛传播，不仅促进了政策的调整，还扩散至湖北潜江地区，推动了潜江市民抵制垃圾焚烧的事件。从官方的角度看，在事件爆发阶段，仙桃市委、市政府不仅在官方网站发声，而且借助仙桃市委宣传部官方微信公众号、相关监管部门微博发布市长的视频讲话和决策回应。在事件结束后、项目重启前，地方政府在微信、微博等社会化媒体发布《致市民朋友的公开信》，从焚烧技术、项目承接方实力、其他城市做法等角度阐明垃圾焚烧项目的紧迫性、安全性，表明对原建设方案进一步调整优化的态度，呼吁市民理性认知、参与监督，成功地助力解开了公众的“心结”，加强了公众对建设好升级版垃圾焚烧发电项目的认同感。2017 年 4 月 28 日，该市对 33.93 万份调查表进行回收统计，99% 的受访群众认为垃圾焚烧发电厂及其所在的循环经济产业园是环境工程、民生工程、发展工程，必须建，必须建好。[4] 社会化媒体真正被社

---

[1] 复旦大学信息与传播研究中心课题组，谢静 . 可沟通城市：网络社会的新城市主张 [J]. 新闻与传播研究，2015，22（7）：16–24，126.

[2] 博曼 . 公共协商：多元主义、复杂性与民主 [M]. 黄相怀，译 . 北京：中央编译出版社，2006.

[3] 高芳芳 . 环境传播：媒介、公众与社会 [M]. 杭州：浙江大学出版社，2016：119.

[4] 李济东，张卫华 . 用对话和沟通化解“邻避效应”仙桃垃圾焚烧发电项目投产试运行 [EB/OL].（2018–05–02）[2019–12–06]. https: //www.sohu.com/a/230156802_100160058.

会各界所运用，成为表达工具、传播场所、参与渠道和治理场域的统一体，成为政府喉舌、市场主体和社会公器的协商地，社会各界及各个领域的事务被无缝连接，虚拟信息、实体物质及抽象文化实现了广泛的流动和融通，官方与民间的关系得以向对等的方向进步，“信息”“文化”“政治”等广泛的、社会性的议题愈加凸显，社会化传媒的社会化特征全面显露了出来。

社会化媒体在城市事件中的角色形成如表 4–2 所示。

表 4–2　社会化媒体在城市事件中的角色形成

时间	事件	参与阶段	主要类型	使用者	实现功能	评价
2007 年	厦门 PX 项目事件	中后期	地方性在线论坛；个人博客	公众	信息传播；知识普及；议题延伸；权力监督；民意表达；公共协商；行政机制缺陷弥补；公民意识和维权意识唤醒；城市文化认同；厦门城市形象宣传；线上线下行动融合	里程碑
2011 年	温州动车事件	全阶段	微博；全国性在线论坛；即时通信软件	公众	紧急信息公开与传播；民间救援；知识普及；议题延伸；情绪宣泄；公益慈善活动开展；温州市民与城市形象建构；民意表达；人际交往与人际关系再造；线上线下行动融合；人的快速精准迁移；线上线下物质整合；权力监督与批判；参与建构传统媒体；获得承认	初露锋芒

续表

时间	事件	参与阶段	主要类型	使用者	实现功能	评价
2016年	仙桃垃圾焚烧发电项目事件	全阶段	地方性在线论坛；即时通信软件；微博	公众；官方	信息传播；议题延伸；权力监督；情绪宣泄；民意表达；公共协商；行政机制完善；线上线下行动融合；知识普及；政策解读；政策制定博弈；提供治理场域；获得承认	深度参与

四、武汉世界军人运动会（2019年）——社会化媒体全面展示城市形象

（一）武汉世界军人运动会概述

第七届世界军人运动会于2019年10月18—27日在中国武汉举办，因此也称为“武汉军运会”。武汉军运会全程赛期共计10天，竞赛项目包括27个大项及329个小项，例如田径、篮球、射击、游泳等，是一场面向广大军人的世界性体育盛会。武汉军运会参赛人数众多，竞赛项目范围广，整体活动规模大，是世界军人运动会历史上影响力最大的一届。武汉军运会从前期申办、中期体育场馆建设、各项基础设施完善到最终成功举办共计历时4年多。在第六届世界军人运动会举办前夕，中国政府就已向国际军事体育理事会提交报告，申请于2019年举办第七届军运会。第70届国际军体会代表大会上，中国武汉被共同选举为承办城市。在2015年10月韩国军运会闭幕式上，武汉向全世界展示了自己精彩绝伦的“武汉八分钟”，随着会旗的交接，世界军人运动会正式进入“武汉时间”。

在长达4年多的承办时间里，武汉先后进行了大规模的场馆新建及改造工作。武汉地理位置优越，自然景色秀丽，所辖范围广阔，人口稠密，产业发达，因此武汉市在建造各类型运动场馆时有着得天独厚的优势。武

汉市政府不仅给各个比赛场馆均配备了高科技电子系统，可以精准捕捉运动员的运动瞬间，为裁判公正裁决打下良好基础，还采用了高频段、高画质的转播传输系统。为了给各国运动员提供优质服务，武汉市政府还在江夏区黄家湖畔集中建设了占地面积300多亩的军运村，这在历届世界军人运动会中尚属首次。武汉军运会充分发挥军地联合办会的优势，由中央军委统一领导，地方政府主要承办，社会力量广泛参与，将全部赛事项目集中在同一个城市举办，实现了军运会历史上的突破。

（二）事件中社会化媒体的参与过程分析

武汉军运会是举世瞩目的重要赛事，也是中国彰显综合国力的窗口，更是作为中国大型发达城市之一的武汉对外交流展示的关键时期。因此，从中国申请承办军运会开始，武汉军运会就成为全国媒体报道关注的焦点。在2015年中国军队向国际军事体育理事会申请后，到国际军事体育理事会宣布武汉成为第七届军运会举办城市，再到第六届韩国军运会上“武汉八分钟”展示结束，社会化媒体迎来了宣传报道的高峰。以武汉媒体及湖北媒体为主的各大宣传平台纷纷表示，军运会筹办已进入“武汉时间”。这一阶段的媒体报道可以分为四个方面。一是对世界军人运动会进行科普介绍，包括其基本信息和历史沿革。[1]二是对第六届世界军人运动会上中国代表队的表现进行梳理盘点，并对第七届武汉军运会上中国军事届体育健儿的表现提出展望。[2]三是对武汉进行介绍，列举武汉近些年的发展成就及城市建设情况，为军运会一系列基础设施建设及城市发展运行规划做出展望。[3]其中包括武汉的交通建设、轨道发展、绿网建设、食品安全、场馆建设及安全保障等各个方面。这些武汉的公共基础设施建设成为其成功举办军运会的坚实保障。四是对第六届世界军人运动会闭幕式上的“武汉八分钟”进行详细介绍。[4]武汉在这短短的八分钟展示期间，运用飞舞的凤凰、红黄相间的服饰元素等典型荆楚文化意象，充分展示了武汉悠久灿烂的历史和包

---

❶ 汤琪.2019世界军运会将在武汉举行，中国代表团发邀请［EB/OL］.（2015-05-22）［2020-02-06］. https: //www.chinanews.com.cn/ty/2015/05-22/7294861.shtml.

❷ 瑞雪，江冶.第6届军运会落幕，中国居第三，下届武汉举办［EB/OL］.（2015-10-12）［2020-02-06］.http: //sports.sina.com.cn/others/others/2015-10-12/doc-ifxirmqz9881666.shtml.

❸ 乔星.军运会开启“武汉时间”，2019城市因盛会更美好［EB/OL］.（2015-10-12）［2020-02-06］. http: //www.wenming.cn/syjj/dfcz/hb_1679/201510/t20151012_2900559.shtml.

❹ 长江云佚名.第7届世界军运会进入武汉时间［EB/OL］.（2015-10-12）［2020-02-06］.http: //news.hbtv.com.cn/p/92063? page=2.

容博大的地方文化，烘托出武汉历久弥新，传承千年文化，并在当今继续焕发光彩的城市形象。这些社会化媒体报道把武汉标签牢牢贴在了军运会上，进一步打开了世界军人运动会在我国的知名度，提升了武汉城市形象。

2019 年，社会化媒体在武汉军运会举办前对赛事进行了充分的预热和广泛的宣传。这些宣传包括对现场比赛场所和竞技场馆的介绍，对赛程安排、门票信息及比赛时间场次的介绍，对武汉军运会举办目的和意义的探讨，对筹办工作进展情况的报道等，充分展现出了广大民众对武汉军运会的期待与展望。通过媒体的宣传报道，武汉的城市形象逐渐提升，对外塑造出一个积极向上、充满活力、勇于担当、开放包容的现代化城市符号，为世界军运会的成功举办营造出良好的社会氛围环境。武汉军运会的知名度和影响力通过这些宣传进一步提升。其中，武汉市开展的“四个百万”“武汉军运会，文明我先行”等一系列社会动员活动的报道更是突出展现了在军运会筹办期间，武汉市及其他地区的民众广泛参与、积极支持的社会形象，在美化武汉城市环境的基础上，极大提升了居民的认同度和获得感，形成了良好的社会风气。[1]这些报道一方面采用宏观叙事视角，从国家发展与武汉振兴的角度描述军运会带给城市的转变，另一方面采用微观叙事视角，从武汉普通百姓的角度讲述民众在军运会举办期间保持和发扬军运会精神的做法和贡献，展现武汉这座城市的精神高度、价值理念和文明素养。2019 年 10 月 18 日，第七届世界军人运动会在武汉正式开幕。在 10 天的比赛过程及赛后两个月左右的时间中，社会化媒体通过奖牌榜战绩信息、比赛现场状况、体育名将介绍等宣传报道，给武汉的城市形象增添了浓墨重彩的一笔。[2]

武汉军运会中的社会化媒体报道，把握住宏观和微观相结合的传播角度，立足于官方媒体及民间声音相互结合的传播渠道，采取线上和线下共同发力的事件传播方式，既扩大了军运会和武汉在民众心中的知名度，也不断吸引民众参与到军运会筹办举行这一社会事件当中，形成广泛化、规模化的公共参与趋势。武汉军运会期间的社会化媒体报道也以长时段、宽领域、多层次的形式，持续向外扩散武汉的城市影响力。

[1] 唐卫彬，廖君，王自宸．武汉筹办第七届世界军运会：承办一场会，激活一座城［EB/OL］.（2019-09-10）［2020-02-08］.http: //sports.cctv.com/2019/09/10/ARTIFE3mYgKWF3XKJzhfINPQ190910.shtml.

[2] 朱英．第七届世界军人运动会在武汉闭幕 许其亮、孙春兰出席［EB/OL］.（2019-10-28）［2020-02-08］. http: //www.gov.cn/xinwen/2019-10/28/content_5445597.htm.

五、新冠肺炎疫情的武汉抗疫行动（2020年）——城市传播中的多重身份

（一）新冠肺炎疫情发展概述

我国新冠肺炎疫情开始于2019年12月8日，湖北省武汉市出现首例不明原因肺炎患者就诊事件，疫情不断发酵，截至2021年12月31日，中国国内疫情基本稳定，国际疫情形势仍十分严峻。

新冠肺炎疫情初期阶段，自武汉首例不明原因肺炎患者就诊事件之后，武汉陆续有类似症状的患者前往各大医院就诊。2019年12月底，该不明原因肺炎事件引起中国国民广泛关注。与此同时，中国国家卫生健康委员会建立调查小组抵达武汉介入调查，并向世界卫生组织通报此次不明原因肺炎情况。中国各部门和医药机构加紧研究病毒结构，分离毒株，研发检测试剂，中国其他省份相继出现病例。新冠肺炎疫情爆发阶段，随着PCR检测试剂的成功研发和积极投入使用，全国各地尤其是武汉及周边城市的新冠肺炎确诊人数急剧飙升，专家确诊存在“人传人”，中国以外其他各国陆续出现新冠肺炎确诊病例，全球疫情进入发展阶段。2020年1月23日，进入和离开武汉的通道暂时关闭，小区实行封闭式管理，浙江、广东、湖南等地相继启动重大突发公共卫生事件一级应急响应。截至2020年2月16日，中国累计报告确诊病例超70000例。新冠肺炎疫情舒缓阶段，得益于中国人民上下一心共同抗疫，世界卫生组织在2020年2月24日明确表示中国新冠肺炎疫情顶峰已过，但同时将新冠肺炎疫情全球风险级别上调为“非常高”，中国国家卫健委称外防输入已成为中国疫情防控重中之重。全球疫情进入爆发阶段，多国国家重要工作人员亦出现感染。截至2020年5月23日，全球累计确诊新冠肺炎病例超过520万。

全球新冠肺炎累计确诊人数及死亡人数仍在不断上升，全球疫情控制难度远高于一个国家的疫情控制，国际合作、互帮互助、信息共享、共同抗疫成为多国的抗疫诉求，风雨同舟才能共渡难关。

（二）武汉抗疫行动简述

在武汉抗疫过程中，政府行为、抗疫效果、社会事件等都暴露于大众视野。武汉市政府坚持每日公开新增确诊人数、死亡人数、治愈人数等各项数据，让民众及时掌握疫情实时情况，避免引起不必要的慌乱；结合网

络讨论热点事件，相关部门积极展开调查，果断采取相应举措，如督促医药门店正常营业、调整涉事部门公务员群体、调查李文亮医生事件和红十字会事件等，以保障民生、提高抗疫效率；结合网络舆论了解民众的担忧和诉求，决定相关事宜并发布通知，如恢复公共交通，推进必要行业复产复工，确定中学开学时间等。在意识到网络舆论环境重要性的基础之上，政府部门在政务公开的同时加强了监督网络舆论环境，对发布、传播新冠肺炎疫情相关不实信息的网民进行约谈并依法处置。在各方势力共同努力下，武汉市全面恢复公共交通，市民生活逐步恢复正常，新冠肺炎疫情趋于平稳。

（三）社会化媒体影响

社会化媒体的用户背景多样、态度多元、话题广泛，现今的社会化媒体已逐渐被约化为线上民间和民意汇聚地。在事件发生后，社会化媒体尤其是微博，不仅作为新闻报道的消息来源和实时传播的平台，而且直接参与事件发展，推动动员、集结、救助等抗疫工作。

同时，社会化媒体在武汉抗疫过程中扮演着催化剂和镇静剂的角色。社会化媒体成为武汉市政府进行舆情管理、加强公众参与、推动知识普及、政策制定博弈的媒介。以下将从四个方面分析社会化媒体在武汉抗疫中的作用。

其一，反映实际情况，督促相关部门采取措施。各项政策、通知在实际执行时，总会有不彻底、不到位的地方，市民借助社会化媒体真实反映实际情况，引起网络激烈讨论，从而督促相关部门及时采取措施、解决问题。2020 年 3 月 11 日，有网友曝光“武汉市一社区用环保车运送平价肉”登上微博热搜。当日 17 时许，青山区委、区纪委发现网上反映青山区钢都花园管委会使用环卫车辆为居民运送集中购买的平价肉。青山区委、区纪委立即到达现场了解实际情况，得知钢都花园管委会使用环卫车辆运送 1000 份平价肉，已向居民发放 530 份，对居民群众的身心健康造成不良影响。随后，钢都花园管委会迅速向居民发出道歉信，成立 6 个工作组上门致歉，收回已发放的平价肉，并保证第二天上午将同等分量的平价肉安全清洁地送到居民家中。据此，青山区纪委监委研究，并报区委批准，决定对钢都花园管委会党委书记徐某某，党委委员、管委会副主任周某予以免职，并立案审查。此案例仅是众多事件中的一例，但足以反映社会化媒体在武汉市相关部门了解实际情况并采取措施直至给出明确答复过程中的强力推动作用，有利于切实提高相关部门的工作效率，最大程度保障民众的切身利益。

其二，质疑涉事组织，推动准确公开必要明细。大众通过社会化媒体在网络环境提出抗疫举措相关的质疑，极大推动武汉市相关组织、部门准确如实地公开必要抗疫工作内容和数据明细。2020 年 1 月 30 日，湖北省红十字会在官方网站公布武汉抗疫工作第一批次捐赠物资使用明细，网友对《捐赠物资使用情况公布表（一）》口罩接受和使用提出质疑。1 月 31 日，湖北省红十字会对口罩接收和使用情况做更正说明，并对之前的质疑做出解释。2 月 1 日，中国红十字会总会工作组赴武汉督导新冠肺炎疫情防控工作，指导湖北省红十字会、武汉市红十字会做好捐赠款物的接收使用管理工作。2 月 4 日，经湖北省纪委监委调查，湖北省红十字会部分领导和干部在疫情防控期间存在不担当、不作为、信息公开错误等严重失职失责问题，未能严格履行接收和分配捐赠款物工作的要求，故免去张某省红十字会党组成员、专职副会长职务，给予其党内严重警告、政务记大过处分，并对相关人员进行相应处分。在网友的质疑下，相关组织和部门积极做出回应，为民众答疑解惑，及时发现抗疫现实问题并解决问题。社会化媒体是民众提出质疑、政府公开政务、组织公布明细、多方相互沟通的最佳平台，尤其在抗疫的敏感阶段，只有勇于接受大众的监督和质疑，主动、准确、如实公开具体内容，才能有效防止滥用职权，获取大众信赖，切实提高抗疫效率。

其三，追踪抗疫建设，激励民众，稳定民心。新冠肺炎疫情期间，武汉市各项抗疫工程、抗疫日常、抗疫事迹等都会出现在各类社会化媒体平台，包括新闻平台、微博社交平台、抖音短视频平台等，抗疫建设的全网公布不仅是公开抗疫工作，更是激励民众、稳定民心的重要举措。武汉雷神山医院和火神山医院开工、建设、完工的全过程，武汉重启视频，武汉解封现场直播，武汉加油视频等抗疫建设以及抗疫成果的追踪播报，既是现实情况的真实反映，也是稳定民心的良药。武汉市政府用实际数据和现实情况向大众宣布“我们在行动且行之有效”，给市民大众以强有力的信息公开，能够激励民众，获取民众最朴实的信任，稳定民众情绪，维护社会安全，使更多的人力投入到抗疫中，快速获得武汉抗疫胜利。

其四，疫情趣事分享，活跃氛围，温暖人心。新冠肺炎疫情期间，武汉市民居家隔离，社会化媒体的趣事分享成为民众日常生活的重要部分，同时也是保持身心健康的重要手段，在缓解紧张抗疫情绪的同时温暖人心。

2020年2月15日，一名武汉市民拍摄了一条关于邻居窗帘的视频，并解说邻居忘记关窗，窗帘已经在外飘了20多天。随后他每天拍摄邻居窗帘的视频，十几万网友开始追“武汉窗帘”连续剧，并最终以4月17日户主携女友平安归来作为大结局。5月17日，武汉网红窗帘被博物馆永久收藏，作为抗击新冠肺炎疫情特展物件。在长达两个月的时间里，邻居坚持拍摄窗帘，而网友也持续关注窗帘连续剧，但观看连续剧的背后，更多的是对窗帘主人的关心，故事最终以窗帘主人平安归来，窗帘成为抗疫特展物件收官。网友的日常趣事分享、医护患者互动、方舱医院生活、奉献感人事迹等的传播，不仅能减缓抗疫压力和紧张情绪，给予民众美好的期望，更能通过这类故事鼓舞大众团结一心，共同抗疫，走向美好的未来。

社会化媒体是民众生活必不可缺的工具之一，是信息的交汇中心。武汉抗疫过程中，社会化媒体的作用不容小觑，只有重视并运用社会化媒体的功能，才能更好地战胜困难，获取最终胜利。

第三节　典型城市事件传播中社会化媒体的现有角色

一、公众议题的设置者

社会化媒体传播城市事件性信息的首要条件是将社会化媒体中的个体用户的感知和观点问题化、公共化，即实现由个体感受到公众议题的议程设置。与专业主义的传统媒体、体制约束的新闻发布和商业本质的市场化媒体不同，社会化媒体的开放性和自组织性提供了更多样的议程源，更少受到意识形态的制约和体制的规训，直接塑造了分享权力、扩展人们公共空间、重塑人际交往圈群的新机遇，于是，议题的显著性机制的构建一定程度上被“下放”或“解放”了。在这样的背景下，社会化媒体的议程设置有了独特的生成逻辑和影响力。回顾前文社会化媒体在城市事件中传播的行为，可以发现社会化媒体的公众议程设置遵循以下逻辑：个体观察事件—个体塑造信息并发布—形成更多个体议程—个体议程扩散融合并转化为特定社群议程—特定社群议程转化为更大范围的公众议程—公众议程扩散—公众议程与媒体议程共振（断裂）—公众议程转化为政策议程。与传统观点认为公众议程在媒体议程的认同基础上形成（可能存在步骤的跳跃性）[1]所不同，在社会化媒体的影响下，公众议程实际上已经不需要借助媒体议程的设置而存在或扩大，社会化媒体已经近似地被约化为公众，并以公众意见的身份发声，而且凭借自身的即时性和泛在性优势直接绕过媒体议程这一步骤，可以与媒体议程分庭抗礼进行博弈，甚至直接倒逼相应媒体改变原有议程，顺从或转载社会化媒体的话语表述。社会化媒体的热点议题受到传统媒体尤其是主流媒体的关注和认可后确实会发生更大的建构作用和扩散作用，但是社会化媒体议题向传统媒体的“溢散效应”不是必然且必须要发生的，而是业已成为一种视情况而定的备选方案。因此，社会化媒体的公众议程设置不是原有议程设置框架下的延伸，而是对话语权的颠覆，是“垂直媒体（vertical media）的权力向水平媒体（horizontal media）”[2]的转移。

社会化媒体不仅在议程设置的过程中发挥出巨大的开放性和活力，即时即地地创造着显著的“民间传播力”，还在议题的内容属性上更加“大胆”地细分，展现出属性议程设置的能力；在“公众联系”上更明显，形成了网络议程设置的模式，最终促进了小型多样且议题交叉融合的传播社区的形成。

在属性议程设置方面，社会化媒体展现了不同于传统媒体的主题偏好。议程上的每个客体都具有无数属性，属性标志了客体的特征和特性，客体的属性显要性具有差异性。属性是客体全部特性和特征的总称。[3]而在多维度的属性中，实质性属性和情感性属性为两大主要维度。实质性属性指新闻能帮助受众从认知上辨别不同主题的特性，情感性属性指新闻引起受众的情绪变化，即对实质性属性所持的态度倾向，是正面的、负面的抑或中立的。[4]在城市事件发展中，社会化媒体传达着事件信息时一般也都附加了用户自身的评论，或是表达对事件某一具体细分领域的关注，并以一定的表情符号（emoji）表达自身的情绪。如温州动车事件中，与传统媒体相比，排除传统媒体和社会化媒体的重合属性议程后，社会化媒体对“交通事故”这一主题的新闻的属性客体的关注更多地集中在相关部门和人员应对行为

---

❶ 高宪春．微议程、媒体议程与公众议程：论新媒介环境下议程设置理论研究重点的转向 [J]. 南京社会科学，2013（1）：100–106，112.

❷ 袁潇．数字时代中议程设置理论的嬗变与革新：专访议程设置奠基人之一唐纳德·肖教授 [J]. 国际新闻界，2016，38（4）：67–78.

❸ 麦库姆斯．议程设置：大众媒介与舆论 [M]. 郭镇之，徐培喜，译．北京：北京大学出版社，2008：118.

❹ 陈强．国外属性议程设置研究进展述评 [J]. 国际新闻界，2013，35（6）：47–54.

与言论、死亡人数和乘客名单、民间救助、相关事件追溯、事故赔偿、政府公信力、垄断体制反思等方面，这些内容大多是传统媒体受意识形态影响或宣传管制而较少涉及的敏感领域，或是更广泛的传统媒体无暇顾及的类似议题。这种超越“就事论事”的讨论有助于与广大公众的个人生活体验相联系，真正指向公众想要寻求的“自主”意义。此外，相较于传统媒体以正面宣传、主流叙事为主，社会化媒体的情感属性也更加负面，更加多元化。

在网络议程设置方面，不同于传统的议程设置视角下基于的“人类的心理表征主要是以线性的模式运作”[1]这一假设，社会化媒体的议程设置更多地应基于“公众在认知社会现实时，倾向于在他们头脑中把不同的信息要素建立关联”[2]的假设。社会化媒体的社交属性、互联网技术和提升用户黏度的产品设计共同构筑了用户依赖性较强的网络系统，各类型议程在相互勾连的拓扑结构中存在并相互影响，共同影响受众，同时也是发布信息的用户的“头脑中的图景”，吸引着用户不断阅读其他相关用户掌握的信息、表达的观点和内在的情感，并与之交流互动，形成集结。社会化媒体以“维基百科、开放资源软件和博客以及各种新方法”[3]形成的信息聚合机制将事件中一切相关的信息元素打包成网络状结构，并借助“热门搜索”“超级话题”“推送”“在看”等机制传递给公众、吸引着公众。至此，社会化媒体实现了议程客体和议程属性两者之间的自由组合，而且将其相互关系的显著性转移至公众，并影响着公众议程和政策议程。

综上所述，社会化媒体成为了公众议题的全方位设置者，既告诉受众“思考什么”，也引导受众“如何思考”，还启发受众把“哪些关注点以怎样的方式连接起来”。

二、公众动员与集结者

公众动员与集结是公众议题的行动化体现，反映着公众有关直接利益和公共利益、公民权利、社会正义、政治沟通和情感需要等集体诉求，因

❶ VU H T, GUO L, MCCOMBS M E. Exploring “the world outside and the pictures in our heads”: a network agenda-setting study [J]. Journalism & mass communication quarterly, 2014, 91 (4): 669-686.

❷ 曾振华，曾林浩 . 网络议程设置：理论、方法与展望 [J]. 江西师范大学学报（哲学社会科学版），2019，52（6）：91-99.

❸ 桑斯坦 . 信息乌托邦：众人如何生产知识 [M]. 毕竟悦，译 . 北京：法律出版社，2008：120.

此社会化媒体的公众动员和集结本质上是公众自我驱动下的利益诉求和情感诉求的动员和集结。从过程上看，社会化媒体作为公共舆论平台，通过情感唤起和一致性[1]、成本－收益计算、相关资源集结以及共意动员来建构集体认同感、凝聚共识，并经过“集体磨合、集体兴奋和社会感染这样一个循环反应过程”[2]，促使公众做出符合自身利益的动员和集结行动，并加速相关行动的扩散。社会化媒体既通过“3S 世界”（简单易懂的，snackable；可被搜索的，searchable；社交性的，social）[3]的建构提供了低门槛的动员平台，也通过正反馈激励作为诉求者的用户积极“公开传播和扩散其意见、情绪及信念来形成社会舆论力量，引导、发动和组织人们在某一特定时间点提出抗争诉求”[4]，从而实现集体动员。

社会化媒体中的大量信息通常由用户自发发布，具有个性化、随意性，而且附带超文本和超链接，具有高度的形象感和强大的劝说力，感情色彩十分鲜明，或通过凸显民间疾苦的“悲情叙事”唤起受众的同情和无助感，或通过“戏谑讽刺”进行情感宣泄，感染受众。两种方式都是一种源自用户感受和表达的天然“包装”，在设置议程和集纳观点的同时唤起网民的情绪，并在情绪的相互感染中形塑“共意”[5]，同时博取更大范围的社会同情，形成更大规模的信息流，并借助互联网的“泛传播”特质扩大受众，从舆论规模上吸引更多公众的认同和加入。在情感和话语表达上，社会化媒体通过更多元的动员方式——对抗话语和危机话语——尽可能凝聚公众的价值观和感受，催化最终的行动。社会化媒体不仅可以采取正面的表达和“正能量”的话语，还可以采取抗拒传统媒体或主流媒体的话语，进行恶搞式的再阐释，解构其话语的合法性和合理性，为重新释放用户的不同意见扫除障碍。另外，社会化媒体的虚拟特点和“法不责众”的表达优势也为用户进行事件风险性或事件危害性的夸大表述提供了契机，用户将其事件

---

❶ 勒庞．乌合之众：大众心理研究 [M]．冯克利，译．北京：中央编译出版社，2011：116.

❷ 张恒山，钟瑛．网络事件动员的多重机制与管理路径：以政府舆情类网络事件为研究视角 [J]．新疆社会学，2019（4）：130–138，150.

❸ 何瑛．“工具性”向“架构性”过渡：政府善治与社会化媒体的角色定位 [J]．南京政治学院学报，2018，34（2）：81–87.

❹ 曾润喜，朱利平．网络舆论动员：内涵、过程及其治理 [J]．北京航空航天大学学报（社会科学版），2019，32（6）：47–52.

❺ 易前良，孙淑萍．共意性运动中的媒介动员：以“南京梧桐树事件”为例 [J]．新闻与传播究，2013，20（5）：77–83，127.

的可能性危害和风险上升为必然性的城市危机或体制危机来警示公众，强化行动的重要性和紧迫性，并以公众的恐惧感促进动员和集结。

除信息共享、情感唤起、共识凝聚、身份认同等精神化层面的动员外，社会化媒体中用户现身说法式的表达增强了个体在经验上对自身行动合理性的积极判断。社会化媒体提供的跨地域的沟通情景和精准个性化推送机制为用户提供了大量类似的经历感受，提高了动员的潜在可能性。社会化媒体在一定程度上是“社会承认关系的结构”❶的一种体现，是人们相互认可彼此同一性的交往平台，个体相互承认、彼此团结，逐渐凝聚成一股力量。同时，社会化媒体强大的舆论压力和事件相关的海量信息有助于个体在充分的条件下对“自身的政治机会结构、行动资源、关系网络、被抗争方资源策略”❷等因素进行综合考量，得出积极的判断，并参与动员和集结。

此外，社会化媒体还通过微博、论坛、微信等多平台结合的方式，提供大量基于人脉关系的组织资源、道德资源、文化资源、社会关系资源、实物资源❸，促进动员活动的开展和线下行动的进行。由此可见，社会化媒体既是公众动员与集结的发起人和组织工具，也是实现这一效果的场所，充分扮演了公众动员与集结者的角色。

三、公众舆论场

社会化媒体在事件传播中充当公众舆论场的角色，公共舆论场是以互联网技术为手段，承载多方主体，展现议题内容，提供意见传播和讨论条件的虚拟时空环境，包含公众舆论生成和互动中的情感宣泄、心理互动、资本转换和权力关系。尤其是社会化媒体的功能彰显、融合、串联了更复杂的现实时空环境、社会心理环境和社会结构，更加放大了公众舆论场的影响力，使之成为“现实社会的释放场和监控场”，“场内充满了权利与资本的争夺”。❹

原本社会舆论场中的讨论与交锋由来自现实社会的城市事件触发，微博、论坛、即时通信软件等社会化媒体将话语表述者同等代入舆论环境中，

❶ 霍耐特．为承认而斗争［M］．胡继华，译．上海：上海人民出版社，2005：112.

❷ 赵鼎新．西方社会运动与革命理论发展之述评：站在中国的角度思考［J］．社会学研究，2005（1）：168–209，248.

❸ 张恒山，钟瑛．网络事件动员的多重机制与管理路径：以政府舆情类网络事件为研究视角［J］．新疆社会科学，2019（4）：130–138，150.

❹ 聂德民．对网络舆论场及其研究的分析［J］．江西社会科学，2013，33（2）：188–192.

挤压评论员和传统媒体成为相对的话语弱势者，创建了不同于传统主流媒体主导的来自民间自发的公众舆论场。公众舆论场成为公众意见的集散地和公众情绪的宣泄地，在捍卫民众话语权的同时也形成“倒逼”官方舆论场改变的虚拟“压力集团”。[1]公众充分利用社会化媒体的自由性、多样性特质，在积极发帖的同时利用置顶、加话题、加精等机制寻求关注和扩散，进行“嬉皮士的反抗、雅皮士的自恋、沉默式煽情、幸灾乐祸式起哄、看似平淡的嘲讽、反逻辑的机敏等”[2]丰富的言说行为，以集体协同生产的形式与官方或论辩对象进行博弈，将社会化媒体改造成为公众舆论场，发挥舆论的影响力，干预事件乃至社会的运作。

然而，尽管社会化媒体有着强大的舆论影响力，但其作为公众舆论场，始终是一种“速食场域”[3]。“速食”不仅意味着公众舆论场中议题设置与传播的速度极快，也意味着公众舆论场中议题的消解速度也很快。一方面，在公众舆论场的强大关注力下，负面议题因为承受舆论压力的涉事方为求息事宁人而被迅速平息，正面议题也因为广泛的了解和践行而失去新鲜感和必要性而褪去火热，各类议题在高速的信息互动下被快速解决；另一方面，碎片化的海量信息、新一轮的热点浪潮，以及社交化媒体多样化的信息推送机制也会很快创造出新议题来替代旧议题，社会化媒体用户的猎奇心理和娱乐需求也不断追逐更有新意的信息，使原有议题（即使是新奇且重大的）常常在短短一两天的时间快速失去关注度，进而消失在公众舆论中，即使是社会化媒体用户自己，也会自我调侃为“七秒钟的记忆”。因而人们既要理解社会化媒体作为公众舆论场的强大影响力，也要发现它的“互联网式健忘”的特征。

四、事件进程推动者

社会化媒体既是发起特定城市事件的动员人，也是帮助事件解决的有力推手，在事件发生的各个阶段有的放矢地激励或迫使当事者出面发声并积极解决相关问题。在事件的潜伏期，社会化媒体记录着事件的萌发轨迹，默默监督事件的潜在可能性，并在一定阶段主动提出问题，发起号召，引

---

❶ 祝华新．网民成为压力集团是国家进步的象征［EB/OL］．（2009-12-30）［2020-02-12］．http: //zqb.cyol.com/content/2009-12/30/content_3007321.htm.

❷ 肖培．新舆论场［J］．新闻与写作，2010（5）：4-8.

❸ 宁宁．新舆论场的形成与消解：新媒体时代下的舆论场［J］．新闻世界，2010（9X）：35-36.

发更多公众的关注，成功推动事件走向酝酿期，进一步加大信息传播和讨论频度，明确提出诉求，并进行一定程度的反思和预警。而当这一阶段的诉求或表达无法得到较好的关注、共鸣或解决时，更大规模的群体交流便会兴起，并进行广泛的社会动员或形象塑造，推动事件进入爆发期。在这一阶段，多数情况下，当事者都会出面解决问题、响应号召或进行线下活动，当议题得到响应，事件得到解决时，社会化媒体中的用户就会减少相关话题的发声，事件也随之进入平息期。由此可见，在不同的事件阶段，社会化媒体会采取不同的行为，影响甚至决定事件的走向，成为事件进程的推动者。

五、舆论引导者

"舆论引导"作为专有名词出现在大众视野是具有一定中国特色的，这一概念是由马克思主义者，特别是中国共产党人在建设中国特色社会主义的伟大实践中，尤其是舆论引导实践工作中逐渐确立起来的。但舆论引导这一实践在每个国家、每个阶级都存在。[1]舆论引导是一种特定话语的强势化、影响性过程，可以"通过改变行动者对自我及与他者的认识的意义系统"[2]来影响社会化媒体下的舆论氛围和交往结构。不可否认，随着官方对社会化媒体的重视，引导社会化媒体，以及要求社会化媒体进行自我引导等一系列政策取得了一定成效。但这并不意味着社会化媒体已完全被官方收编为像传统媒体一样的主流宣传单位。与之相反，民众意识到民众话语若想变得更加有效，就必须借助技术的调和。于是在社会化媒体的发展和普及之下，来自民间的公众借助不亚于政治权力和主流宣传口径话语权的自媒体，散播专业知识，强化话语实践，相互团结、彼此整合，成为自己的舆论引导者。在城市事件进程和城市传播中，社会化媒体针对特定的社会舆情，依据一定的集体价值观、利益诉求、社会情感和意识形态进行议程设置，引导用户、社会公众乃至官方媒体就某一方面达成共识。这种实践活动实际上就是舆论引导。社会化媒体的用户得益于互联网技术和移动终端的普及，实时在线了解把握舆情，并基于个人判断分析舆情，主动选择契合自身诉求的议题，与其他用户形成呼应并凝聚成集体力量，病毒式传播、全方位渗透，参与事件的讨论和描述，并根据舆论的变化，顺势调

❶ 刘春波．舆论引导论［D］．武汉：武汉大学，2013.

❷ 本尼特．文化、治理与社会：托尼·本尼特自选集［M］．王杰，强东红，等译．上海：东方出版中心，2016：117.

整议题，引导舆论整体向对自己有利的方向发展。尤其是社会化媒体中意见领袖的舆论引导作用愈发突出。被嵌入特定技术组织中的专门知识或理念更容易受到特别的认可。社会化媒体中的意见领袖们通过“接地气”的表达、平民化的身份、跨媒体的发声和议题的多方扩展，将个人观点介入舆情之中，引导公众关注特定方面，并代表用户发出具有一定水平的言论，将部分领域由失焦转为聚焦，引导舆论的发展。

第四节　典型城市事件传播中社会化媒体角色异化风险

一、社会化媒体角色的异化

“异化”一词来源于拉丁文“alienation”，有差异、让渡、转让、分离之意，在不同历史阶段中有着不同的内涵。异化的相关理论源于柏拉图的理念论，又经霍布斯和卢梭在政治学方面的直接研究以及德国古典哲学家的系统阐释逐渐明晰，而目前触及异化产生根源且影响深远的异化研究者当属马克思。按照马克思主义的观点，一般将“异化”解释为“主体在发展过程中由于自己的活动而产生出自己的对立面，然后这个对立面又作为一种外在的、异己的力量而转过来反对主体本身”。[1]在马克思主义异化观的基础上，西方马克思主义学者提出的各类异化观，如卢卡奇的“人的物化”、法兰克福学派的“理性异化”“语言异化”“科技异化”“消费异化”“交往异化”“加速社会下的新异化”、列夫菲尔的“日常生活异化”等观点在理解社会化媒体的异化中也具有一定参考意义。可以看到，异化这一现象较早出现在政治领域、哲学领域和经济领域，但随着文化生产力的发展，尤其是信息技术的广泛应用和快速迭代，文化领域、传播领域的异化现象也愈来愈突出，特别是社会化媒体出现后，其技术依托的科技加速趋势和产品更新升级，也急速地推动着社会化媒体自身及其使用者在媒介使用时间感知和控制、相应行动意愿和结果、经验和体验的区分与反思、人际互动和共鸣等方面的异化。在这个过程中，由于人们的自律性逐渐被消解，他律性逐渐占据主导地位，人们对媒介使用时间的印象越来越薄弱并逐渐丧

[1] 王思鸿 . 马克思异化理论的历史生成与当代价值［D］. 天津：南开大学，2014.

失自我控制力，对媒介信息带来的体验性愈加沉迷而生命经验下的体会被错过，人们内在记忆愈加匮乏，人际关系既“过度饱和”，又缺乏实质共鸣，“人们所做的事（即便是人们自愿做的事）并不是人们真的想做的事的状态”，“自我与世界之间的关系遭到了深层的、结构性的扭曲”。[1]当社会化媒体用户的使用过程受到社会化媒体这一文化系统的压制、操纵和算计时，社会化媒体本身也在用户驱动的他律逻辑下走向了异化。

斯科特曾提出异化的根源有四种，即来自价值的异化、来自规范的异化、来自角色的异化和来自设备的异化。[2]其中，社会化媒体的角色异化越来越受到关注，引发人们关于“社会化媒体是一种多方赋能的创造性力量抑或是一种对人和媒介本体侵蚀的技术性机制”的思考。前文所述的社会化媒体的城市事件参与过程和角色扮演说明了其积极的一面，然而多年的实践和普遍的受众感知证明，社会化媒体的公众议程设置、公众动员与集结、公众舆论场、事件进程推动者和舆论引导者等角色在媒体实践中逐渐被反向驯化，不仅没有成为现实的“媒介乌托邦”，反而在很多在情况下建构出病态的拟态环境，并转而侵蚀、支配甚至奴役社会化媒体的正当角色，成为一种披着“民主化媒介”外衣的异己力量。技术发展给善和恶都带来无限可能性。[3]社会化媒体借助互联网技术的魔力和用户使用机制的设计在社会中具有一定的媒介身份，受到公众的使用驱动和依赖，承担了一定的角色责任，然而，在实际的媒介实践中，由于资本的逐利本性、技术理性的无限扩张[4]、使用者的性格结构和心理机制、个体能力的局限、匮乏的普遍性[5]等深层次原因，社会化媒体的角色使命与实际行为相冲突并愈演愈烈，甚至于反过来操纵了角色的扮演。这一现象是确信无疑的。

二、社会化媒体角色异化的表征

依据前文对社会化媒体角色的划分，可以进一步将社会化媒体角色的异化表征划分为公众议程设置角色的异化、公众动员与集结角色的异化、

❶ 罗萨．新异化的诞生：社会加速批判理论大纲［M］．郑作彧，译．上海：上海人民出版社，2018：109.

❷ 陆梅林，程代熙．异化问题［M］．北京：文化艺术出版社，1986：163.

❸ 维纳．控制论：或关于在动物和机器中控制和通信的科学［M］．郝季仁，译．2 版．北京：科学出版社，2016：56–57.

❹ 衣俊卿，孙占奎．交往与异化：关于现代交往的负面研究［J］．哲学研究，1994（5）：15–21.

❺ 关健．西方马克思主义异化理论研究［D］．长春：东北师范大学，2012.

公众舆论场的异化、事件进程推动者的异化和舆论引导者的异化五种。

第一，公众议程设置角色的异化。社会化媒体本应基于公众利益设置相应的议题，然而在实际的传播语境下，公众议程的设置走向了盲目娱乐化、站队现象、话语霸权、隐私泄露等异化表征。在议程设置的过程中，议题的显著机制被大量用户的异化心理和不当行为所干扰，致使议题设置并未较好地反映出当前舆论的热点，甚至出现恶俗化倾向和非法化倾向。在大量用户的"狂欢"心态影响下，"一切公众话语日渐以娱乐的方式出现，并成为一种文化精神"❶，致使娱乐八卦、暴力犯罪、疯癫搞笑等导向的内容占据议题主导位置。社会化媒体的视觉呈现载体是充斥着大量图像、影像的电子屏幕，"而屏幕又是视觉文化传播的一种方式，视觉文化是一种感性主义的文化形态，人们在使用移动社交媒体的过程中，其阅读方式会在潜移默化中发生视觉转向，渐渐脱离了理性主义的思考方式，变成非理性的感性思维"❷。而且用户为获取点赞、转发等"象征利润"，无意识地"自我放逐"，用语往往激烈而夸张，一定程度上损害了信息的客观性和真实性，容易误导受众。社交化媒体基于人际网络的特性和观点情绪化、煽动性突出的特点也一定程度上惰化了用户的思考能力，弱化了用户的辨别能力，激发了用户的群体意识，导致"非友即敌的个人机会主义心理"❸膨胀，通过点赞、转发来表明立场，宣告态度，加剧了议题的盲目设置和片面分化。

同时，相关圈群的用户尤其是部分明星或事物的"粉丝"群体出于共同的利益诉求或情感体验，借助网络大量集结，长期集体攻占社会化媒体的评论区、热搜榜、热门话题等交流版块，以队列形式发表同质化评论，进行"控评"，挤压普通用户的正常言论空间，甚至进行"人肉搜索"侵犯他人隐私。这些行为实际上给正常的公众议题设置带来了干扰，遏制了相关用户的媒介使用，阻碍了相关用户信息获取和价值判断，引起部分用户的不满，并形成大面积的网络攻讦和言语暴力，在本质上是一种少数浮躁群体在议程设置上的话语霸权和话语争斗。原本社会化媒体可以通过议程设置表明立场、凝聚价值共同体，然而很多时候议程设置成为少数群体实行网络暴力等伤害行为的途径，改变了社会化媒体公正议程设置者的角色

❶ 波兹曼．娱乐至死［M］．章艳，译．桂林：广西师范大学出版社，2004：69-70.

❷ 闫慧敏，谷学强．移动社交媒体对人的主体性异化与回归［J］．传媒，2017（19）：44-46.

❸ 蔡宁宁．微博舆论场中站队现象的特点与成因［J］．青年记者，2018（6）：34-35.

属性，从这个角度上说，部分群体的自我异化导致了社会化媒体整体的角色异化。

第二，公众动员与集结角色的异化。社会化媒体海量且纷繁复杂的信息流不断更新，热点议题及相关呼吁不断呈现，在这样的环境下，大量受众的媒介素养逐渐消解，社会化媒体的动员和集结角色走向了“弱化群体特性”和“暴力化交流行为”两个极端。

一方面，由于对片面的信息缺乏批判性思考，公众对媒介这个“减压阀”的依赖性愈加强烈，甚至衍生出一种对社会化媒体“拟态环境”及其“超真实”特征的无限依赖，致使人们沉溺其中虚耗时间、拖延行动，丧失主观能动性和生活世界的“交往理性”[1]，原本基础的公众集结行为和社交行为反而在虚拟模拟的情况下进行和完成。虽然人际交往的范围被放大且泛化了，但人情的淡漠、信任的缺失、关系的工具化、对象的货币化、行为的失范、代际的冷漠等人际关系的异化逐渐消磨着行动人积极而丰富的群体特性和伦理观念。而且，很多时候人们的意见表述和行动呼吁并非出于公众动员与集结的目的，甚至不是事件本身，而是由城市事件衍生出的恶搞桥段，是一种消极的“云参与”态度，放弃了“社会人”应有的社会责任感。[2]在这样的情况下，公众动员和集结所依赖的正常的人际关系和内在驱动实际上被消解且弱化了，在很多条件下，未能实现广泛的动员。

另一方面，用户的媒介使用不够理性，导致了公众动员与集结角色的异化。正如经济学家泰勒·考恩说过：“在能够轻易获得信息的情况下，人们通常喜欢间断、支离破碎而又令人愉快的内容。”[3]随着社会化媒体科技的发展和应用，原本被“祛魅”的媒介再次“返魅”，大量非理性用户不加辨别地盲目崇拜社会化媒体上的言论和信息，甚至将社会化媒体视作全知全能的媒介，一定程度上放弃对事物的主动思考，而选择在社会化媒体上进行“搜索”来寻求非当前处境的知识和经验并作为行动指南，在集体行动中往往跟风成为不自觉的“网络水军”，成为被“奴役”的而非自觉的行动者和动员人，还在别有用心的少数用户的鼓动下集体盲从地采取暴力语言

❶ 张成岗.从意识形态批判到“交往理性”构建：深度解释学视域中的哈贝马斯技术批判理论 [J].清华大学学报（哲学社会科学版），2012，27（1）：103–109，160–161.

❷ 陶鹏.新媒体语境下的网络舆论：异化、冲击与引导 [J].重庆邮电大学学报（社会科学版），2014，26（2）：87–92.

❸ 闫慧敏，谷学强.移动社交媒体对人的主体性异化与回归 [J].传媒，2017（19）：44–46.

和暴力行为，在线上线下都引发了不利于问题解决的集体冲突，这实际上是一种“反动”的公众动员和集结。

第三，公众舆论场的异化。社会化媒体以用户的人际关系为传播的基本结构，人们对信息的接收、信任和进一步传播通常基于对自己与他人关系的信任，然而社会化媒体的风险性和偶然性随着社交网络的延伸和融合不断加大，社交网络创造了话语狂欢和信任陌生人的民主乌托邦，也制造了一个不再以理性话语为基础的“后真相时代”（Post-truth Era）。社会化媒体的用户言论常常水平参差不齐，情绪宣泄成为常态，谣言泛滥难以避免，少数群体挟裹大众的“伪民意”若隐若现难以分辨，即使是部分入驻社会化媒体的传统媒体的新闻报道也常常翻转无度。在这样的舆论背景下，许多疲惫且失去判断力的公众“不再追寻终极的真相判断，而是漂浮在碎片化的表象和情绪化的抗争中”。[1]公众舆论场的异化还体现在“民间”和“官方”两个舆论场的对话机制假性化当中。一方面，原本“民间”和“官方”两个舆论场还可基于口头和纸媒进行一定程度的论战和交锋，但是在媒介民主化之后，“民间”舆论场失去了倾听的意愿和耐心，盲目使用舆论暴力，对公权力进行无节制的抨击和指责，试图颠覆“官方”的公信力，塑造片面的、扭曲化的当权者形象。另一方面，下沉到“民间”场域的“官方”舆论场仍保持着传统舆论控制的粗暴干预手段进行删帖、禁言，以傲慢的态度发表单向表述，加剧了两个舆论场的理解冲突和信息不对称，验证着“民间”对“官方”的刻板印象。双方的防御性态度和极端化表述导致舆论场中有对话之形式，无对话之实质，制造了新的意识中的传播隔阂，成为一种假性对话机制，先进技术带来的“对话机遇”和“对话红利”在这种情况下被大大减弱甚至放弃了。

第四，事件进程推动者的异化。社会化媒体本应成为帮助事件解决的有力推手，在事件发生的各个阶段有的放矢地激励或迫使当事者出面表态并积极采取措施解决相关问题。然而，在事件的实际进程中，社会化媒体的用户往往将社会态度、既有偏见带进事件讨论中，意见表达失范，发表偏激的见解，做出无谓的悲观消极判断，发出“暴力号召”，甚至“扣帽子”“泼脏水”，导致社会化媒体的整体舆论成为负面的信息集合，并因其强大的聚合能力使负面性不断增强，最终走向极端化。在这样的极端化舆

[1] 全燕．“后真相时代”社交网络的信任异化现象研究［J］．南京社会科学，2017（7）：112-119.

论环境中，加上当前我国社会公信力水平较低，线上的社会化媒体的用户抱着疑惧的心态走向线下时便更有可能采取一定的暴力手段或其他非理性行动，形成线下的身体冲突，最终推动事件的冲突化、极端化的发展而非合理化、有序化的解决。社会化媒体原本作为一种广泛的社会互动媒介，被理想化地视为沟通多方需求、满足多方期待、提升多方相互承认可能性❶的一般化象征互动中介机制，进而助力事件主体的协作，推动事件的解决，然而此时的社会化媒体不仅没有带来相互协助和冲突化解，反而成为诉诸身体暴力、语言暴力甚至违法行为的中介平台，导致或加剧了事件的恶性化发展。

第五，舆论引导者的异化。从社会整体发展的角度看，当社会化媒体以舆论引导者的身份出现时，通常被各方寄予了传播客观、真实的信息，反映真实民声，彰显民间智慧，实现舆论公正性和秩序化的厚望。然而，在实际过程中，社会化媒体的舆论引导者身份走向了信息异化、民粹主义和反智主义的一面，导致舆论秩序失衡，走向片面一致化的方向，并伤害到了部分公众的合法权益。由于社会化媒体上的言论鱼龙混杂、良莠不齐，导致舆论引导的实际开展过程也被窄化的、隐私的、焦虑的、虚假的、失真的信息所影响。原本应提供高标准信息并合理引导舆论的社会化媒体失去了应有的“超越性”，反而基于低质量的异化信息做出错误的引导行为。舆论引导者的角色异化不仅来自信息的影响，作为舆论引导者的原子化组成部分的用户个体也不可避免地走向了民粹主义和反智主义的一面。许多用户虽然秉承民主监督的旗帜和目的，却没有加强学习成为积极的、正面的高素养群体，反而受狂热理想主义、仇富仇官心理、阶层差距刺激、创伤性记忆等影响成为低智的“哄客”❷，在事件中“普遍表现出急躁冒进的情绪化倾向，他们缺乏对事实真相求证的耐心，依凭的是感性的直觉、朴素的热情和一腔盲目的正义感，舆论一经发动，便蜂拥而起，一些网民甚至鼓吹报复的极端情绪”❸，最终将舆论引向无序化、草寇化的一面。特别值得关注的是，原本具有一定知识储备、文化修养的知识分子、媒体人和部分社会大众，也在情绪发泄下，在“力比多”的刺激中，在功利主义的蒙蔽

---

❶ 郑作彧．承认的社会构成［J］. 社会，2018，38（4）：180–211.

❷ 陈龙．Web2.0 时代“草根传播”的民粹主义倾向［J］. 国际新闻界，2009（8）：76–80.

❸ 刘文辉．从“被时代”到“我时代”：新媒体语境下受众身份的重构与异化［J］. 上海交通大学学报（哲学社会科学版），2013，21（5）：70–75，92.

中，盲目消解权威，反对智识，轻视社会责任，进一步导致反智主义的情况出现。

社会化媒体用户和社会化媒体角色的异化如表 4–3 所示。

表 4–3 社会化媒体用户和社会化媒体角色的异化

<table>
<tr><th>社会化媒体用户的异化</th><th>社会化媒体现有角色身份</th><th>社会化媒体角色异化表征</th></tr>
<tr><td rowspan="5">媒介使用时间感知和控制无意识化
相应行动意愿和结果非意愿化
经验和体验的区分与反思淡化
人际互动过度饱和与共鸣弱化</td><td>公众议题的设置者</td><td>盲目娱乐化、站队现象、话语霸权、隐私泄露</td></tr>
<tr><td>公众动员与集结者</td><td>群体特性弱化、交流行为暴力化</td></tr>
<tr><td>公众舆论场</td><td>真相判断与寻求的惰化、谣言泛滥、伪民意、假性对话机制</td></tr>
<tr><td>事件进程推动者</td><td>事件冲突化、极端化和恶性化</td></tr>
<tr><td>舆论引导者</td><td>信息异化、民粹主义、反智主义</td></tr>
</table>

第五章　社会化媒体对城市形象的形塑影响

本章通过实证研究探讨社会化媒体是否会影响和如何影响城市形象的塑造问题。本章以中国中部重镇武汉为主要研究对象，聚焦以微博、微信等为代表的社交媒体的信息及活动对于用户认知、情感和行动的影响，进而探究社会化媒体对城市形象的形塑影响。研究内容具体分为两个方面：其一，基于社交媒体用户获取的有关武汉城市信息的质量，讨论社交媒体对武汉城市形象的影响；其二，基于社交媒体用户体验的有关武汉的社交媒体活动，探讨社交媒体对武汉城市形象的影响。本章通过问卷调查的方式进行数据的收集，并且运用最小二乘结构方程模型（PLS-SEM）进行数据分析，最后分别阐述两个模型研究的主要发现与结论以及对武汉城市形象塑造的启示。

第一节　社交媒体信息质量对武汉城市形象塑造的影响

一、社交媒体信息质量影响城市形象塑造的理论基础

（一）城市形象理论

城市是一个包含多个维度、多个方面的空间实体，而城市形象则是由城市的多个维度、多个方面共同影响和塑造的。过去的研究表明，城市形象是一个多维结构，可以使人们更好地理解城市。[1] Kotler 等（1997）从城

[1] CASSIA F，VIGOLO V，UGOLINI M M，et al. Exploring city image: residents' versus tourists' perceptions[J]. The TQM journal，2018，30（5）：476-489.

市营销的角度对城市形象进行了定义，认为城市形象是人们对城市所持有的一套信念、观念和印象。[1]Motamed 和 Farahani（2018）则认为城市形象是外部刺激因素的结果，城市居民或者游客可以通过在一段时间内建立起来的关系或者社会网络形成城市形象。[2]

目前，城市形象理论已经被广泛运用到研究城市认知、目的地形象建构、城市品牌塑造等多个方面。首先，城市形象所反映出的是大众对于该城市的认知。凯文·林奇（1960）指出，“城市形象”是指人们对城市的印象和感知，即“观察，凭强大的适应能力，按照自己的意愿对所见的事物进行选择、组织并赋予意义”。[3]换言之，城市形象的形成是人和环境互动的结果，人们认知的城市形象既源于他们的客观认知，比如城市的基础设施、服务等；也源于他们的情感认知，比如城市给人的感觉是充满活力的、放松的等。其次，目的地形象是在旅游研究中出现得比较多的概念，强调通过建立积极的形象来开发一致的组合元素，以识别和区分“场所”。[4]Gartner（1994）提出了旅游目的地形象由认知形象、情感形象和意动形象三个方面组成。[5]最后，城市品牌塑造是学术界的新兴现象，全球重要城市都在进行城市品牌化的实践。城市品牌形象研究是指城市试图通过推广其有形的和无形的各类属性，塑造城市形象。Gilboa 等（2015）认为确立城市形象是城市品牌塑造的关键一步，良好正面的城市形象会提升城市品牌的价值。[6]Manyiwa 等（2018）指出人对于城市的感知形象相当的主观，城市的品牌认知可以在个人和不同人群之间变化；游客或者居民所持有的形象越积极，也就越愿意推荐或居住在该城市。[7]

---

❶ KOTLER P, JATUSRIPITAK S, MAESINCEE S. The marketing of nations: a strategic approach to building national wealth[M]. New York: Free Press，1997：607.

❷ MOTAMED B, FARAHANI L M. The evaluative image of the city through the lens of social media: case study of Melbourne CBD[J]. Journal of architecture and urbanism，2018，42（1）：24–33.

❸ LYNCH K. The image of the city[M].Cambridge: MIT Press，1960.

❹ CAI L A. Cooperative branding for rural destinations[J]. Annals of tourism research，2002，29（3）：720–742.

❺ GARTNER W C. Image formation process[J]. Journal of travel & tourism marketing，1994，2（2/3）：191–216.

❻ GILBOA S, JAFFE E D，VIANELLI D, et al. A summated rating scale for measuring city image[J]. Cities, 2015，44：50–59.

❼ MANYIWA S, PRIPORAS C V, WANG X L. Influence of perceived city brand image on emotional attachment to the city[J]. Journal of place management and development，2018，11（1）：60–77.

在有关城市形象的研究中，对于城市形象的认知、情感，以及后续所涉及的各种行为共同构成了城市形象的三要素。这三个要素共同构成了目前普遍接受的城市形象研究的基本理论框架。认知形象指对有或者没有访问过的城市的感知属性的评估。[1]这组属性对应于城市的各种市政服务、自然与休闲环境，以及城市所体现出的城市性与多样性。情感形象指人们对于该城市的情感反应和感受。[2]这种情感反应可能是积极的也有可能是消极的，取决于人们的认知。意动形象指人们对于该城市在未来可能采取的行动或者意图。[3]这种行动或者意图包括积极的评价该城市或者向他人推荐该城市。认知形象既会影响城市的情感形象，也会影响城市的意动形象，而情感形象会影响意动形象，这三个要素共同影响了城市形象塑造，是城市形象建构的重要组成部分。[4]

（二）信息质量模型

信息质量（information quality）是指将信息提供给用户后，对该信息的价值度量，通常被解释为“所提供的适合使用的信息”[5]。事实上，信息质

---

❶ MARTÍN H S, BOSQUE I A R D. Exploring the cognitive-affective nature of destination image and the role of psychological factors in its formation[J]. Tourism management，2008，29（2）：263-277；PAPADIMITRIOU D，KAPLANIDOU K, APOSTOLOPOULOU A. Destination image components and word-of-mouth intentions in urban tourism: a multigroup approach[J]. Journal of hospitality & tourism research，2018，42（4）：503-527.

❷ BALOGLU S, BRINBERG D. Affective images of tourism destinations[J]. Journal of travel research，1997，35（4）：11-15；HALLMANN K, ZEHRER A，MÜLLER S. Perceived destination image: an image model for a winter sports destination and its effect on intention to revisit[J]. Journal of travel research，2015，54（1）：94-106；KIM S S, STYLIDIS D, OH M M. Is perception of destination image stable or does it fluctuate? A measurement of three points in time[J]. International journal of tourism research, 2019，21（4）：447-461.

❸ BALOGLU S, MCCLEARY K W. A model of destination image formation[J]. Annals of tourism research，1999，26（4）：868-897；GARTNER W C. Image formation process[J]. Journal of travel & tourism marketing, 1994，2（2/3）：191-216.

❹ BALOGLU S, MCCLEARY K W. A model of destination image formation[J]. Annals of tourism research，1999，26（4）：868-897；STERN E, KRAKOVER S. The formation of a composite urban image[J]. Geographical analysis，1993，25（2）：130-146.

❺ FADAHUNSI K P, AKINLUA J T，O'CONNOR S, et al. Protocol for a systematic review and qualitative synthesis of information quality frameworks in eHealth[J]. BMJ open，2019，9（3）：e024722.

量可以从两方面进行评价。一方面是主观的，即信息的使用者如何看待所获取的信息；另一方面是客观的，即客观上信息是准确的。提升信息质量则需提高信息的客观性，减少信息的主体性。Lee 等（2002）[1] 和 Delone 等（2003）[2] 均提出了信息质量框架，这些探讨则为评估信息质量的稳健性和严格性提供了一种切实可行的方法。本书所讨论的是信息质量对于人们形成城市形象的影响，是从城市居民或者旅游者的角度来考虑信息质量。鉴于此，本书采用了 Lee 和 Strong（2002）的信息质量模型。[3] 他们在研究中提出，信息质量由信息固有质量、信息语境质量、信息表达质量和信息可访问性质量构成。信息固有质量是指信息本身的准确性、客观性、可信度以及声誉。信息语境质量是指在特定环境之下信息所呈现出的相关性、增值性、及时性、完整性以及信息量。信息表达质量是指该信息在表达过程中所体现的可解释性、可理解性、表达的一致性以及表达的简明性。信息可访问性质量是指信息的易访问性与访问的安全性。信息质量框架模型如图 5-1 所示。

本书旨在研究社交媒体信息对于人们武汉城市形象塑造的影响，研究对象是关注了武汉社交媒体官方账号的社会群体，主要考察包括武汉发布、武汉微邻里、武汉市各区官方账号、武汉市各传媒官方账号在内的权威渠道信息。笔者认为信息表达质量虽然存在一定程度上的差异，但是这种差异对于用户形成武汉城市形象而言，并不像信息固有质量和信息语境质量这两个维度的质量那样重要，因此在本书中不进行探讨。另外，鉴于我国的网络普及率以及社交媒体的应用程度，很难区分用户的设备及网络连接环境。即使存在不同用户之间的社交媒体可访问性差异，笔者也认为这种差异与城市形象的形成之间并没有太大关系，因此本书也不会针对信息可访问性质量进行探讨。

---

[1] LEE Y W, STRONG D M, KAHN B K, et al. AIMQ: a methodology for information quality assessment[J]. Information & management，2002，40（2）：133–146.

[2] DELONE W H, MCLEAN E R. The DeLone and McLean model of information systems success: a ten-year update[J]. Journal of management information systems, 2003, 19(4): 9–30.

[3] LEE Y W, STRONG D M, KAHN B K, et al. AIMQ: a methodology for information quality assessment[J]. Information & management，2002，40（2）：133–146.

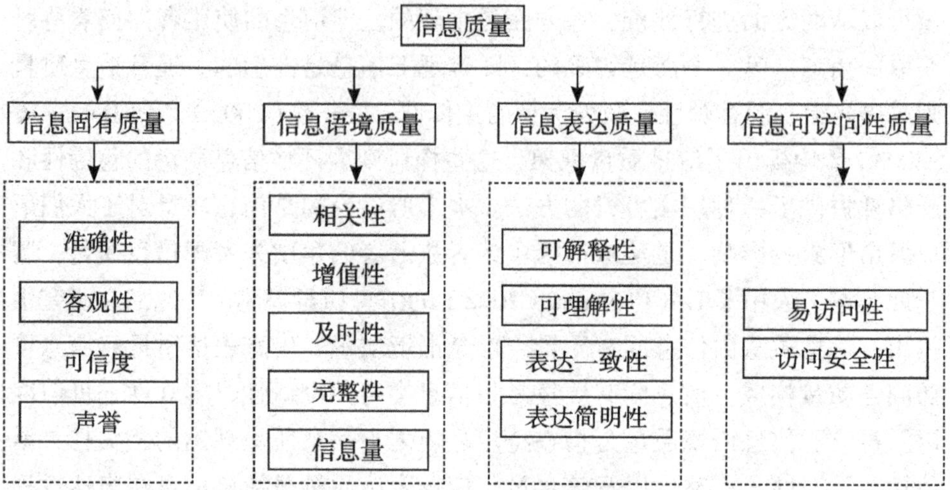

图 5-1　信息质量框架模型 [1]

在信息社会，信息质量对于人们的认知、情感以及行为都有一定的影响。Hanlan 和 Kelly（2005）的研究表明口碑、网络口碑以及独立的信息质量会对游客的目的地形象的形成产生影响。[2] Kim 等（2017）的研究也表明社交媒体信息的语境质量中的相关性、完整性会对目的地形象中的认知形象产生影响；而信息语境质量中的增值性、相关性、趣味性会对目的地的情感形象形成产生影响。[3] Huete-Alcocer 等（2019）证实了网络信息质量对于城市的认知形象和情感形象均有影响，其中，信息质量对认知形象有积极影响，但是对情感形象存在消极影响。[4] 因此，本书认为信息质量对于城市形象有影响，即信息固有质量、信息语境质量会对城市认知形象、情感形象、意动形象产生影响。

---

❶ WANG R Y, STRONG D M. Beyond accuracy: what data quality means to data consumers[J]. Journal of management information systems，1996，12（4）：5–33.

❷ HANLAN J, KELLY S. Image formation, information sources and an iconic Australian tourist destination[J]. Journal of vacation marketing，2005，11（2）：163–177.

❸ KIM S E, LEE K Y, SHIN S I， et al. Effects of tourism information quality in social media on destination image formation: the case of Sina Weibo[J]. Information & management, 2017，54（6）：687–702.

❹ HUETE–ALCOCER N, MARTINEZ–RUIZ M P, LÓPEZ–RUIZ V R, et al. Archeological tourist destination image formation: influence of information sources on the cognitive, affective and unique image[J]. Frontiers in psychology，2019，10：2382.

二、模型构建及研究假设

本节探讨社交媒体信息质量对于城市形象形成的影响，即假设在城市形象形成过程中，其信息质量对社交媒体用户的城市形象形成产生影响。其中，信息质量包括信息固有质量和信息语境质量；城市形象包括认知形象、情感形象和意动形象。此外，本书将用户的年龄、性别、受教育水平、收入水平、职业、社交媒体使用时长以及社交媒体使用频率设定为控制变量，以探究不同情况之下，社交媒体用户所形成的武汉城市形象差异。社交媒体信息质量影响城市形象的理论模型如图 5-2 所示。所涉及的构念（construct）的定义如表 5-1 所示。

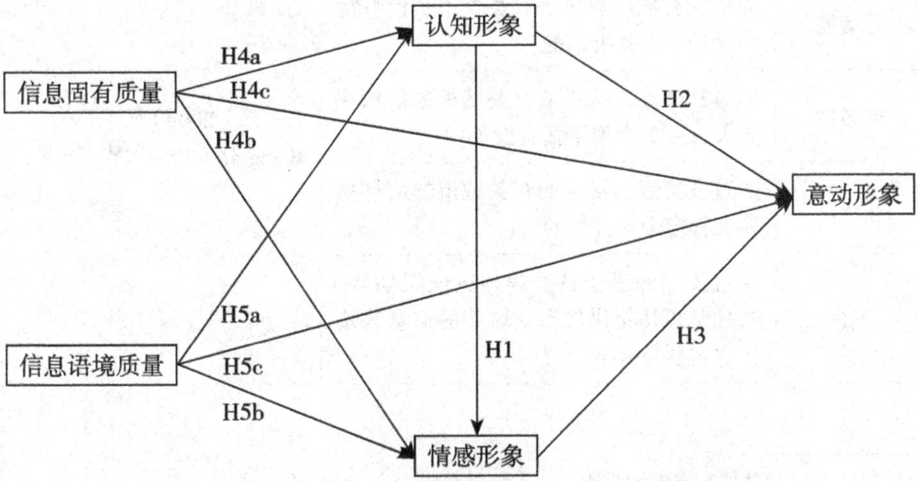

图 5-2　社交媒体信息质量影响城市形象的理论模型

表 5-1　社交媒体信息质量影响城市形象的变量的定义及参考来源

变量	定义	参考文献
认知形象	对有或者没有访问过的城市的感知属性的评估	Martín 等（2008）[1] Papadimitriou 等（2018）[2]

[1] MARTÍN H S, BOSQUE I A R D. Exploring the cognitive-affective nature of destination image and the role of psychological factors in its formation[J]. Tourism management, 2008，29（2）：263-277.

[2] PAPADIMITRIOU D, KAPLANIDOU K, APOSTOLOPOULOU A. Destination image components and word-of-mouth intentions in urban tourism: a multigroup approach[J]. Journal of hospitality & tourism research, 2018，42（4）：503-527.

续表

变量	定义	参考文献
情感形象	人们对于该城市的情感反应和感受	Baloglu 等（1997）❶ Hallmann 等（2015）❷ Kim 等（2019）❸
意动形象	人们对于该城市在未来可能采取的行动或者意图	Baloglu 等（1999）❹ Gartner（1994）❺
信息固有质量	信息本身的准确性、客观性、可信度和声誉	Lee 等（2002）❻ Wang 等（1996）❼
可信度	通过社交媒体提供的有关城市的信息在多大程度上是可信的	
准确性	通过社交媒体提供的有关城市的信息在多大程度上表现了真实世界	
客观性	通过社交媒体提供的有关城市的信息在多大程度上是公正的	
声誉	信息使用者基于社交媒体的使用期限，对社交媒体提供的有关城市的信息的整体主观质量评估	

❶ BALOGLU S, BRINBERG D. Affective images of tourism destinations[J]. Journal of travel research，1997，35（4）：11-15.

❷ HALLMANN K, ZEHRER A, MÜLLER S. Perceived destination image: an image model for a winter sports destination and its effect on intention to revisit[J]. Journal of travel research，2015，54（1）：94-106.

❸ KIM S S, STYLIDIS D, OH M M. Is perception of destination image stable or does it fluctuate? A measurement of three points in time[J]. International journal of tourism research, 2019，21（4）：447-461.

❹ BALOGLU S, MCCLEARY K W. A model of destination image formation[J]. Annals of tourism research，1999，26（4）：868-897.

❺ GARTNER W C. Image formation process[J]. Journal of travel & tourism marketing, 1994，2（2/3）：191-216.

❻ LEE Y W, STRONG D M, KAHN B K, et al. AIMQ: a methodology for information quality assessment[J]. Information & management，2002，40（2）：133-146.

❼ WANG R Y, STRONG D M. Beyond accuracy: what data quality means to data consumers[J]. Journal of management information systems，1996，12（4）：5-33.

续表

变量	定义	参考文献
信息语境质量	在特定环境之下，信息所呈现出的增值性、相关性、及时性、完整性、信息量和趣味性	Lee 等（2002） Wang 等（1996）
增值性	通过社交媒体提供的有关城市的信息在多大程度上有益于用户	
相关性	通过社交媒体提供的有关城市的信息在多大程度上与用户的使用意图有关	
及时性	通过社交媒体提供的有关城市的信息在多大程度上是最新的	
完整性	通过社交媒体提供的有关城市的信息在多大程度上是具有深度和广度的	
信息量	通过社交媒体提供的有关城市的信息数量	
趣味性	通过社交媒体提供的有关城市的信息在多大程度上被认为是有趣的	Kim 等（2017）[1]

（一）城市形象

大量研究表明，城市形象有三个主要维度（认知形象、情感形象和意动形象），这三个维度之间存在一定的关联。Hallmann 等（2015）[2]、Papadimitriou 等（2018）[3] 和 Kim 等（2019）[4] 为这种关联提供了实证研究的

❶ KIM S E, LEE K Y, SHIN S I, et al. Effects of tourism information quality in social media on destination image formation: the case of Sina Weibo[J]. Information & management, 2017，54（6）：687-702.

❷ HALLMANN K, ZEHRER A, MÜLLER S. Perceived destination image: an image model for a winter sports destination and its effect on intention to revisit[J]. Journal of travel research，2015，54（1）：94-106.

❸ PAPADIMITRIOU D, KAPLANIDOU K, APOSTOLOPOULOU A. Destination image components and word-of-mouth intentions in urban tourism: a multigroup approach[J]. Journal of hospitality & tourism research，2018，42（4）：503-527.

❹ KIM S S, STYLIDIS D, OH M M. Is perception of destination image stable or does it fluctuate? A measurement of three points in time[J]. International journal of tourism research，2019，21（4）：447-461.

证据。因此，笔者认为这三者的关系也可应用到社交媒体信息质量对武汉城市形象影响的探究中。首先，认知形象在本书的研究语境中是指社交媒体用户（无论有或者没有到访过武汉）通过社交媒体所提供的信息而形成的对于武汉的认知形象。一方面，这部分形象将影响他们所持的对武汉的情感形象，即在社交媒体上获取该信息后对武汉所产生的情感反应和感受；另一方面，认知形象也有可能影响社交媒体用户所持的对武汉的意动形象，即在社交媒体上获取该信息后对武汉所产生的采取某种行动的倾向与意图，例如有意愿在武汉居住或者到访、积极评价武汉等。其次，情感形象在本书的研究语境中指的是对武汉所产生的情感反应和感受，这种反应或者感受也会影响社交媒体用户的行为，即塑造武汉城市形象中的意动形象。因此，本书提出以下三个假设。

H1：认知形象对情感形象有显著正向影响。

H2：认知形象对意动形象有显著正向影响。

H3：情感形象对意动形象有显著正向影响。

（二）社交媒体信息固有质量

社交媒体信息固有质量主要包括社交媒体平台上所提供的信息本身的准确性、客观性、可信度及声誉。在本书中，社交媒体信息固有质量是指有关武汉的社交媒体官方账号所提供的信息本身的质量。Frías 等（2008）[1]和 Huete-Alcocer 等（2019）[2]的实证研究表明，信息源、信息本身的准确度、客观性等对于人们对城市形象的认知、情感和行为有影响。此外，本书重点关注的社交媒体包括武汉发布等在内的社交媒体官方账号，账号的信息由政府或者企事业单位发布，信息的可信度和声誉较好。因此，本书认为包括信息准确性、客观性、可信度及声誉在内的社交媒体信息质量对于武汉的认知形象、情感形象和意动形象有影响，并提出以下假设。

H4a：在社交媒体中，信息固有质量对认知形象有显著正向影响。

H4b：在社交媒体中，信息固有质量对情感形象有显著正向影响。

---

❶ FRÍAS D M，RODRÍGUEZ M A，CASTAÑEDA J A. Internet vs. travel agencies on pre-visit destination image formation: an information processing view[J]. Tourism management，2008，29（1）：163-179.

❷ HUETE-ALCOCER N, MARTINEZ-RUIZ M P, LÓPEZ-RUIZ V R, et al. Archeological tourist destination image formation: influence of information sources on the cognitive, affective and unique image[J]. Frontiers in psychology，2019，10：2382.

H4c：在社交媒体中，信息固有质量对意动形象有显著正向影响。

（三）社交媒体信息语境质量

信息语境质量指在特定环境之下信息所呈现出的增值性、相关性、及时性、完整性、信息量及趣味性。在本书中，社交媒体信息语境质量指的是有关武汉的社交媒体官方账号所发布的信息对于用户而言所产生的收益、适用性、时效、深度与广度、过载与否以及乐趣。这些信息语境质量取决于社交媒体用户的主观感受。Kim 等（2017）[1]、Filieri 等（2013）[2] 和 Lee 等（2015）[3] 的实证研究表明，社交媒体信息的语境质量对于社交媒体用户的认知、情感和行为有影响。例如，社交媒体用户在某有关武汉的官方账号上获取了一则消息，这则消息可能被用户遗忘或者用户会因为这条消息而产生某种情感上的共鸣或者不忿，这种认知和情感都有可能会影响武汉城市形象的塑造。同时用户也有可能因为这则消息而有意愿去采取某种行动，例如，他们通过消息认为武汉是一个有趣的城市，从而对武汉做出积极的评价。因此，本书认为社交媒体信息的语境质量也影响着武汉城市形象的形塑，并提出以下假设。

H5a：在社交媒体中，信息语境质量对认知形象有显著正向影响。

H5b：在社交媒体中，信息语境质量对情感形象有显著正向影响。

H5c：在社交媒体中，信息语境质量对意动形象有显著正向影响。

（四）控制变量

Huete-Alcocer 等（2019）[4] 在其研究中将年龄、性别、收入水平等作为控制变量研究了社交媒体信息质量与城市形象形成之间的关系。同时，Gan

---

[1] KIM S E, LEE K Y, SHIN S I, et al. Effects of tourism information quality in social media on destination image formation: the case of Sina Weibo[J]. Information & management, 2017, 54（6）：687-702.

[2] FILIERI R, MCLEAY F. E-WOM and accommodation: an analysis of the factors that influence travelers' adoption of information from online reviews[J]. Journal of travel research, 2013, 53（1）：44-57.

[3] LEE K Y, YANG S B. The role of online product reviews on information adoption of new product development professionals[J]. Internet research, 2015, 25（3）：435-452.

[4] HUETE-ALCOCER N, MARTINEZ-RUIZ M P, LÓPEZ-RUIZ V R, et al. Archeological tourist destination image formation: influence of information sources on the cognitive, affective and unique image[J]. Frontiers in psychology, 2019, 10: 2382.

等（2018）[1]建议将社交媒体使用的时长、频率作为控制变量去探讨不同的社交媒体使用行为。因此，本书将年龄、性别、受教育水平、收入水平、职业、社交媒体使用时长、社交媒体使用频率作为控制变量，以便探索不同用户群体之间，社交媒体信息质量对于城市形象形成的影响。

三、实证研究及假设检验

（一）研究设计

该实证研究主要采用问卷调查的方法收集数据。问卷调查法是一种通过科学设计问卷，选取合适的被调查对象，并让对象通过自我报告的形式反映其内心真实的感受、想法及意见的调查方法。

问卷的设计主要包括：①知情同意书，即向调查受访者提供书面的有关此次调查的解释说明。一方面，调查对象可以通过知情同意书的说明了解问卷调查的目的，以及参与的问卷调查包含的内容；另一方面，调查对象可以通过知情同意书了解该研究针对个人信息的保密情况，参与问卷调查的自由度，以及数据的存储与发表的知情权。只有获得了调查对象的同意，该研究才能继续进行。②问卷主体内容及调查对象需要回答的问题。问卷的主体内容主要包括五个部分：有关个人基本信息的调查、有关个人的社交媒体使用习惯的调查、关于社交媒体账号上有关武汉的信息质量的感知、关于社交媒体账号上有关武汉的活动的感知以及有关武汉城市形象的认知。具体的问卷内容可见附录 1。

问卷涉及的每个问题的设计都建立在相关文献的基础上，再结合该研究的研究目的进行相应的文字调整。其中，第一部分个人基本信息中的年龄、职业、受教育水平、收入水平参考了中国互联网信息中心（CNNIC）发布的《第 45 次中国互联网络发展状况统计报告》。第二部分社交媒体使用习惯中的平常使用的社交媒体账号类型是根据武汉市在微信、微博等社交媒体平台上呈现的有关武汉市的主要社交媒体公众账号归纳而得；在哪些社交媒体平台上关注有关武汉的社交媒体账号是参考手机应用商店上有关

[1] GAN C M，LI H X. Understanding the effects of gratifications on the continuance intention to use WeChat in China: a perspective on uses and gratifications[J]. Computers in human behavior，2018，78：306-315.

社交媒体下载量设计的；使用时长和使用频率参考了 Gan 和 Li（2018）[1] 及 Kim 等（2017）[2] 的研究。第三部分社交媒体账号上有关武汉的信息质量是根据 Wang 和 Strong（1996）[3]、Lee 等（2002）[4] 及 Kim 等（2017）[5] 的研究进行设计的。第四部分社交媒体账号上有关武汉的活动是根据 Barreda 等（2020）[6] 的研究而设计的。第五部分武汉城市形象认知部分参考了 Gilboa 等（2015）[7]、Zenker 等（2013）[8] 的研究；有关情感形象参考了 Stylos 等（2016）[9] 的研究；有关意动形象参考了 Agapito 等（2013）[10] 的研究。

该研究所涉及的 5 个主要构念均来源于前人研究，有关其题项的描述与测量也有相关的实证研究作为支撑，具有稳定性。该研究所涉及的构念分别为认知形象（市政服务、城市性与多样性、自然与休闲）、情感形象、意动形象、社交媒体信息固有质量（可信度、准确性、客观性和声誉）、社

---

❶ GAN C M, LI H X. Understanding the effects of gratifications on the continuance intention to use WeChat in China: a perspective on uses and gratifications[J]. Computers in human behavior，2018，78：306–315.

❷ KIM S E, LEE K Y, SHIN S I, et al. Effects of tourism information quality in social media on destination image formation: the case of Sina Weibo[J]. Information & management，2017，54（6）：687–702.

❸ WANG R Y, STRONG D M. Beyond accuracy: what data quality means to data consumers[J]. Journal of management information systems，1996，12（4）：5–33.

❹ LEE Y W, STRONG D M, KAHN B K, et al. AIMQ: a methodology for information quality assessment[J]. Information & management，2002，40（2）：133–146.

❺ KIM S E，LEE K Y, SHIN S I, et al. Effects of tourism information quality in social media on destination image formation: the case of Sina Weibo[J]. Information & management，2017，54（6）：687–702.

❻ BARREDA A A, NUSAIR K, WANG Y, et al. The impact of social media activities on brand image and emotional attachment: a case in the travel context[J]. Journal of hospitality and tourism technology，2020，11（1）：109–135.

❼ GILBOA S, JAFFE E D, VIANELLI D, et al. A summated rating scale for measuring city image[J]. Cities，2015，44：50–59.

❽ ZENKER S, PETERSEN S, AHOLT A. The citizen satisfaction index(CSI): evidence for a four basic factor model in a German sample[J]. Cities，2013，31：156–164.

❾ STYLOS N, VASSILIADIS C A, BELLOU V, et al. Destination images, holistic images and personal normative beliefs: predictors of intention to revisit a destination[J]. Tourism management，2016，53：40–60.

❿ AGAPITO D, VALLE P O D, MENDES J D C. The cognitive–affective–conative model of destination image: a confirmatory analysis[J]. Journal of travel & tourism marketing，2013，30（5）：471–481.

交媒体信息语境质量（增值性、相关性、及时性、完整性、信息量、趣味性）。所有的构念均有2~7项题项进行测量，测量使用的是李克特7级量表，分值由低到高表明调查对象的同意程度，即1表示非常不同意，2表示不同意，3表示有点不同意，4表示不确定，5表示有点同意，6表示同意，7表示非常同意（见表5-2）。

表5-2 社交媒体信息质量影响城市形象的各构念量表

构念	题项描述	参考来源
认知形象——市政服务	1. 武汉能为我提供良好的空气质量； 2. 武汉能为我提供良好的夜间光线； 3. 武汉能为我提供良好的公共交通； 4. 武汉能为我提供保养良好的街道和人行道； 5. 武汉能为我提供清洁的城市	Gilboa 等（2015）❶
认知形象——城市性与多样性	1. 武汉有广泛的文化活动（剧院、夜间活动等）； 2. 武汉有各种购物机会； 3. 武汉有丰富多彩的本地文化； 4. 武汉有充满活力的城市氛围； 5. 在武汉，我容易获得各种服务； 6. 武汉是一座既开放又包容的城市； 7. 武汉有积极的公民行为	Zenker 等（2013）❷
认知形象——自然与休闲	1. 武汉有许多自然空间和公共绿地； 2. 武汉有多个公园和休憩用地； 3. 武汉有广泛的户外活动； 4. 武汉是一座亲水性城市	
情感形象	1. 武汉给我的感觉是不愉快的⟷愉快的； 2. 武汉给我的感觉是沮丧的⟷兴奋的； 3. 武汉给我的感觉是苦恼的⟷放松的； 4. 武汉给我的感觉是昏昏欲睡的⟷唤醒的	Stylos 等（2016）❸

❶ GILBOA S, JAFFE E D, VIANELLI D, et al. A summated rating scale for measuring city image[J]. Cities，2015，44：50-59.

❷ ZENKER S, PETERSEN S, AHOLT A. The citizen satisfaction index(CSI): evidence for a four basic factor model in a German sample[J]. Cities，2013，31：156-164.

❸ STYLOS N, VASSILIADIS C A, BELLOU V, et al. Destination images, holistic images and personal normative beliefs: predictors of intention to revisit a destination[J]. Tourism management，2016，53：40-60.

续表

构念	题项描述	参考来源
意动形象	1. 我愿意正面评价武汉； 2. 我愿意向别人推荐武汉	Agapito 等（2013）[1]
信息固有质量——可信度	1. 我关注的社交媒体账号所发布的有关武汉的信息是可信的； 2. 我关注的社交媒体账号所发布的有关武汉的信息是值得信赖的； 3. 我关注的社交媒体账号所发布的有关武汉的信息是确实的	Lee 等（2002）[2] Wang 等（1996）[3]
信息固有质量——准确性	1. 我关注的社交媒体账号所发布的有关武汉的信息是正确的； 2. 我关注的社交媒体账号所发布的有关武汉的信息是准确的； 3. 我关注的社交媒体账号所发布的有关武汉的信息是可靠的	
信息固有质量——客观性	1. 我关注的社交媒体账号所发布的有关武汉的信息是客观收集的； 2. 我关注的社交媒体账号所发布的有关武汉的信息是基于事实的； 3. 我关注的社交媒体账号所发布的有关武汉的信息是客观的； 4. 我关注的社交媒体账号所发布的有关武汉的信息观点是公正的	
信息固有质量——声誉	1. 我关注的社交媒体账号所发布的有关武汉的信息有好的声誉； 2. 我关注的社交媒体账号所发布的有关武汉的信息以质量著称； 3. 我关注的社交媒体账号所发布的有关武汉的信息来源很好	

[1] AGAPITO D, VALLE P O D, MENDES J D C. The cognitive-affective-conative model of destination image: a confirmatory analysis[J]. Journal of travel & tourism marketing, 2013, 30（5）：471-481.

[2] LEE Y W, STRONG D M, KAHN B K, et al. AIMQ: a methodology for information quality assessment[J]. Information & management，2002，40（2）：133-146.

[3] WANG R Y, STRONG D M. Beyond accuracy: what data quality means to data consumers[J]. Journal of management information systems，1996，12（4）：5-33.

续表

构念	题项描述	参考来源
信息语境质量——增值性	1. 我关注的社交媒体账号所发布的有关武汉的信息，对我来说是有效的； 2. 我关注的社交媒体账号所发布的有关武汉的信息，对我来说是有用的； 3. 我关注的社交媒体账号所发布的有关武汉的信息，对我来说是有帮助的	
信息语境质量——相关性	1. 我关注的社交媒体账号所发布的有关武汉的信息，对我来说是有关的； 2. 我关注的社交媒体账号所发布的有关武汉的信息，对我来说是合适的； 3. 我关注的社交媒体账号所发布的有关武汉的信息，对我来说是适用的	
信息语境质量——及时性	1. 我关注的社交媒体账号所发布的有关武汉的信息，对我来说是最新的； 2. 我关注的社交媒体账号所发布的有关武汉的信息，对我来说是及时的； 3. 我关注的社交媒体账号所发布的有关武汉的信息，对我来说是及时更新的	Lee 等（2002） Wang 等（1996）
信息语境质量——完整性	1. 我关注的社交媒体账号所发布的有关武汉的信息，包含所有必要的信息； 2. 我关注的社交媒体账号所发布的有关武汉的信息，对我来说是完整的； 3. 我关注的社交媒体账号所发布的有关武汉的信息，涵盖了我的需求； 4. 我关注的社交媒体账号所发布的有关武汉的信息，对我来说有足够的广度和深度	
信息语境质量——信息量	1. 我关注的社交媒体账号所发布的有关武汉的信息，足以满足我的需求； 2. 我关注的社交媒体账号所发布的有关武汉的信息，对我来说既不是太多也不是太少	
信息语境质量——趣味性	1. 我关注的社交媒体账号所发布的有关武汉的信息，对我来说是有趣的； 2. 我关注的社交媒体账号所发布的有关武汉的信息，对我来说是吸引人的； 3. 我关注的社交媒体账号所发布的有关武汉的信息，对我来说是有意思的	Kim 等（2017）[1]

[1] KIM S E, LEE K Y, SHIN S I, et al. Effects of tourism information quality in social media on destination image formation: the case of Sina Weibo[J]. Information & management, 2017, 54（6）: 687–702.

（二）数据收集

该次调查对象为使用社交媒体获取有关武汉信息的个人，因此该研究要求调查对象表明是否在社交媒体上关注过有关武汉的社交媒体账号，只有关注了武汉有关的社交媒体账号的用户才能继续作答。

问卷通过网络发放，采用问卷星平台（https: //www.wjx.cn/）发布。为保证问卷的有效性，课题组对问卷进行了试调查。于 2020 年 5 月 6 日利用微信平台发布，招募了 12 位自愿者进行试调查，在试调查中发现了若干问题与不足，课题组针对自愿者的反馈对问卷进行了调整，使问卷填写过程更加流畅，易于理解。调整好的问卷通过微信和微博平台进行了广泛发放。在微信平台上主要利用滚雪球的方式招募受访者，通过分享问卷的链接及二维码获取调查对象。在微博平台上主要通过在与武汉相关的超话、武汉官方社交媒体账号下留言的方式发放问卷。每一位调查对象在完成问卷后可以拥有抽取一次红包的机会，作为参与调查的答谢。红包的金额在 1~4 元之间。在调查过程中，课题组限制了作答者的作答设备及 IP 地址等，防止机器人作答或者一人多答。截至 2020 年 5 月 10 日，共计 739 人参与了问卷调查。其中 202 名调查对象报告他们并未关注任何有关武汉的社交媒体账号，故停止作答。项目组一共获取了 537 份答卷。

为保证答卷质量，每份答卷都被逐一检查。根据答卷有效性检查的相关建议，共有 150 份答卷被认定为无效。问卷有效性的判定标准主要包括：①答题完成时间。指调查对象答题时间需在一个合理的范围之内，如果调查对象的答题时间过短，则很难完全阅读问卷所涉及的题目并认真作答。根据问卷所涉及的体量，以及预调查过程中的答题时间，该次调查认定低于 2 分钟的答卷无效。②一致性检查。指检查答卷中调查对象选取答案的一致性及合理性，通过对比调查对象的年龄、受教育水平、职业、工资等判断其是否如实作答。另外，李克特量表如果存在所有答案全部相同的现象，也会将问卷判定为无效问卷。最终，共有 387 份问卷被认定为有效问卷，纳入该研究的分析过程中。

通过对调查对象的基本信息进行分析，得出如下初步结果。从年龄段来看，90.7% 的调查对象的年龄在 40 岁以下。从性别分布来看，25.1% 的调查对象为男性，72.6% 的调查对象为女性，2.3% 的调查对象不愿意透露自己的性别。从受教育水平来看，79.4% 的调查对象具有大学本科及以上的受教育经历。从职业来看，排名前三的分别为学生（48.6%）、专业技术人员（19.1%）和党政机关事业单位一般人员（7.8%）。在通过社交媒体官方账号获取有关武汉信息方面，76.0% 的调查对象表示使用微信获取有关武汉的信息，63.6% 的调查对象表示使用微博获取相关信息，31.5% 的调查对象表示使用抖音获取有关信息。问卷调查对象的基本信息如表 5–3 所示。

表 5–3　社交媒体信息质量影响城市形象的问卷调查对象的基本信息

类型	属性	数量（人）	百分比（%）
年龄	18 岁以下	1	0.3
	18~25 岁	213	55.0
	26~30 岁	69	17.8
	31~40 岁	68	17.6
	41~50 岁	29	7.5
	51~60 岁	7	1.8
	60 岁以下	0	0
性别	男	97	25.1
	女	281	72.6
	不愿意透露	9	2.3
受教育水平	小学及以下	0	0
	初中	3	0.8
	高中 / 中专 / 技校	51	13.2
	大学专科	26	6.7
	大学本科	246	63.6
	研究生及研究生以上	61	15.8
职业	学生	188	48.6
	党政机关事业单位领导干部	13	3.4
	党政机关事业单位一般人员	30	7.8
	企业 / 公司高层管理人员	18	4.7
	企业 / 公司一般人员	19	4.9
	专业技术人员	74	19.1
	商业服务业人员	21	5.4

续表

类型	属性	数量（人）	百分比（%）
职业	制造生产型企业人员	3	0.8
	个体户 / 自由职业者	5	1.3
	农村外出务工人员	10	2.6
	农林牧渔劳动人员	2	0.5
	退休人员	1	0.3
	无业 / 下岗 / 失业人员	3	0.8
月收入（税前）	无收入	146	37.7
	500 元及以下	8	2.1
	501~1000 元	11	2.8
	1001~1500 元	21	5.4
	1501~2000 元	6	1.6
	2001~3000 元	18	4.7
	3001~5000 元	58	15.0
	5001~8000 元	69	17.8
	8000 元以上	50	12.9
平时常用的有关武汉的社交媒体账号	武汉发布	166	42.9
	文明武汉	69	17.8
	武汉微邻里	80	20.7
	武汉市市级政府部门的官方账号（比如武汉市发改委、武汉市文化和旅游局、武汉文惠通、武汉交管、武汉车管所、平安武汉、武汉税务等）	141	36.4
	武汉市各区、各管委会的官方账号（比如汉阳知音、武昌微邻里、江岸微邻里、江汉微邻里、洪山微邻里、硚口发布等）	69	17.8

续表

类型	属性	数量（人）	百分比（%）
平时常用的有关武汉的社交媒体账号	武汉市各传媒的官方账号（比如武汉广播电视台、武汉晚报、武汉晨报、长江日报、楚天都市报、大楚网、武汉城市留言板等）	186	48.1
	武汉市交通的官方账号（比如武汉公交集团、武汉地铁等）	82	21.2
	其他	47	12.1
关注有关武汉的社交媒体账号的平台	微信	294	76.0
	微博	246	63.6
	抖音	122	31.5
	快手	38	9.8
	小红书	38	9.8
	知乎	42	10.9
	其他	9	2.3
有关武汉的社交媒体账号的使用时长	6 个月以下	143	37.0
	6~12 个月	46	11.9
	1 年以上至 2 年	81	20.9
	2 年以上至 3 年	50	12.9
	3 年以上	67	17.3
有关武汉的社交媒体账号的使用频率	每天 3 次以上	50	12.9
	每天 2~3 次	46	11.9
	每天 1 次	63	16.3
	每周 2~3 次	101	26.1
	每周 1 次	48	12.4
	每月 2~3 次	35	9.0
	每月 1 次	17	4.4
	其他	27	7.0

（三）信度和效度检验

在检验研究假设前，该研究利用 SmartPLS3.0 软件对测量量表的信度和效度进行检验。首先，采用因子载荷（factor loading）和平均提取方差（Average Variance Extracted，AVE）测量聚合效度。因子载荷值应大于 0.7，AVE 值大于 0.5 的情况下，表明测量量表的聚合效度（convergent validity）较好。其次，通过计算组合信度（Composite Reliability，CR）和克隆巴赫系数（Cronbach's aplha）检验内部一致性信度（internal consistency reliability）。各构念 CR 值大于 0.8，克隆巴赫系数大于 0.7 的情况下，表明测量量表信度较好。

该研究中，认知形象测量变量"市政服务 1"的因子载荷不满足最低条件，予以删除。其余系数均满足因子载荷值应大于 0.7 的条件，表明该研究测量量表的聚合效度和内部一致性信度较好，满足数据分析的要求。反应型构念的测量模型结果如表 5-4 所示。

此外，该研究还检验了各构念的区分效度（discriminant validity），通过比较每个构念 AVE 的平方根与这个构念和其他构念的相关系数的大小来检验。如表 5-5 所示，每个构念的 AVE 的平方根大于与任何其他构念的相关系数，表明该研究的测量量表具有较好的区分效度。[1]

表 5-4　社交媒体信息质量影响城市形象的反应型构念的测量模型结果

构念	测量变量	因子载荷	克隆巴赫系数	组合信度（CR）	平均提取方差（AVE）
认知形象	市政服务 2	0.712	0.952	0.957	0.599
	市政服务 3	0.713			
	市政服务 4	0.730			
	市政服务 5	0.723			
	城市性 1	0.776			
	城市性 2	0.713			
	城市性 3	0.785			
	城市性 4	0.808			
	城市性 5	0.813			
	城市性 6	0.800			

[1] CHIN W W, MARCOULIDES G. The partial least squares approach to structural equation modeling[J]. Advances in hospitality and leisure, 1998(1): 295-336; TENENHAUS M, VINZI V E, CHATELIN Y M, et al. PLS path modeling[J]. Computational statistics & data analysis, 2005, 48 (1): 159-205.

续表

构念	测量变量	因子载荷	克隆巴赫系数	组合信度（CR）	平均提取方差（AVE）
认知形象	城市性 7	0.821			
	自然与休闲 1	0.833			
	自然与休闲 2	0.818			
	自然与休闲 3	0.820			
	自然与休闲 4	0.720			
情感形象	情感形象 1	0.847	0.905	0.933	0.777
	情感形象 2	0.889			
	情感形象 3	0.910			
	情感形象 4	0.879			
意动形象	意动形象 1	0.945	0.883	0.945	0.895
	意动形象 2	0.948			
信息固有质量	可信度 1	0.815	0.963	0.967	0.693
	可信度 2	0.810			
	可信度 3	0.837			
	精准性 1	0.816			
	精准性 2	0.834			
	精准性 3	0.866			
	客观性 1	0.845			
	客观性 2	0.832			
	客观性 3	0.870			
	客观性 4	0.856			
	声誉 1	0.828			
	声誉 2	0.807			
	声誉 3	0.803			
信息语境质量	增值性 1	0.757	0.961	0.964	0.602
	增值性 2	0.781			
	增值性 3	0.786			
	时效性 1	0.778			
	时效性 2	0.765			
	时效性 3	0.761			
	相关性 1	0.704			
	相关性 2	0.811			
	相关性 3	0.818			
	完整性 1	0.789			
	完整性 2	0.792			

续表

构念	测量变量	因子载荷	克隆巴赫系数	组合信度（CR）	平均提取方差（AVE）
信息语境质量	完整性 3	0.815			
	完整性 4	0.814			
	趣味性 1	0.727			
	趣味性 2	0.752			
	趣味性 3	0.746			
	信息量 1	0.809			
	信息量 2	0.745			

表 5–5　社交媒体信息质量影响城市形象的各构念相关系数

构念	认知形象	情感形象	意动形象	信息固有质量	信息语境质量
认知形象	0.774				
情感形象	0.495	0.882			
意动形象	0.577	0.552	0.946		
信息固有质量	0.483	0.392	0.388	0.832	
信息语境质量	0.566	0.411	0.399	0.706	0.776

四、研究结果与讨论

（一）研究结果

该研究利用 SmartPLS3.0 软件对基于最小二乘结构方程模型（PLS–SEM）的研究假设进行检验。PLS–SEM 研究结果如图 5–3 和表 5–6 所示。9 个研究假设中有 6 个在 0.05 的显著水平下得到支持。其中，认知形象到情感形象、认知形象到意动形象、情感形象到意动形象，以及信息语境质量到认知形象的显著影响的路径系数均大于 0.2，表明影响非常明显。

具体而言，认知形象（β=0.369，$p \leqslant 0.001$）对情感形象有正向影响，同时认知形象（β=0.376，$p \leqslant 0.001$）对意动形象有正向影响。此外，情感形象（β=0.337，$p \leqslant 0.001$）对意动形象也有正向影响。这表明社交媒体用户对于武汉的认知形象会影响他们对武汉的情感形象的形成，同时认知形象和情感形象会影响他们对武汉意动形象的形成。因此，三个假设 H1、H2、H3 得到支持。信息固有质量（β=0.166，$p \leqslant 0.05$）和信息语境质量

（β=0.449，$p \leqslant 0.001$）对认知形象有正向影响；信息固有质量（β=0.141，$p \leqslant 0.05$）对情感形象有正向影响，信息语境质量对情感形象没有直接影响；信息固有质量和信息语境质量对意动形象没有直接影响。这表明社交媒体用户在社交媒体上获取的信息固有质量和语境质量会影响他们对武汉的认知形象的形成。同时，社交媒体用户在社交媒体上获取的信息固有质量会对他们形成武汉的情感形象产生直接影响。因此，三个假设 H4a、H4b 得到支持，H4c 未能得到支持。社交媒体信息的语境质量对武汉的认知形象有直接影响，而对情感形象、意动形象的形成并不能产生直接影响。因此，H5a 得到支持，H5b、H5c 未能得到支持。

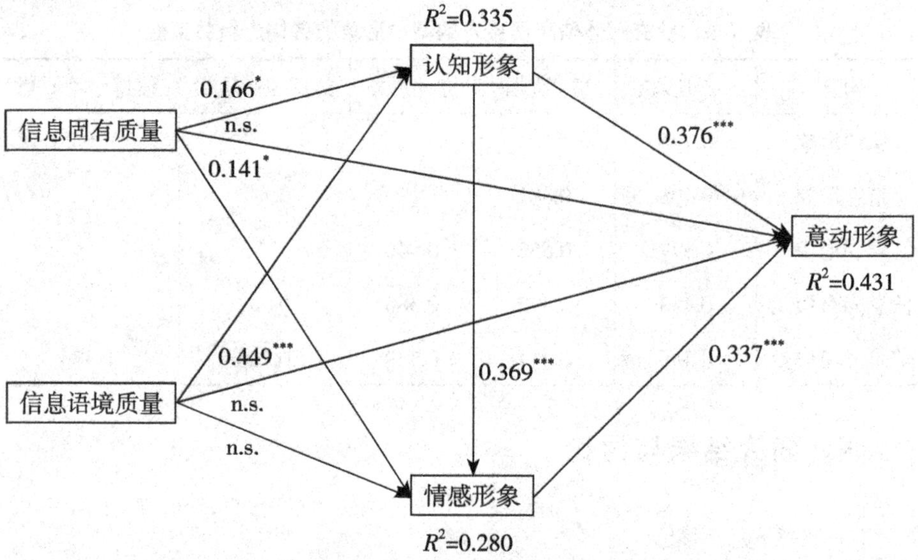

注：*** 表示 $p \leqslant 0.001$；** 表示 $p \leqslant 0.01$；* 表示 $p \leqslant 0.05$；n.s. 表示不显著。

图 5-3　社交媒体信息质量影响城市形象的结构方程结果

表 5-6　社交媒体信息质量影响城市形象的假设检验结果

假设	p 值	假设检验结果
H1：认知形象→情感形象	0.000	支持
H2：认知形象→意动形象	0.000	支持
H3：情感形象→意动形象	0.000	支持
H4a：信息固有质量→认知形象	0.028	支持
H4b：信息固有质量→情感形象	0.032	支持
H4c：信息固有质量→意动形象	0.133	不支持

续表

假设	p 值	假设检验结果
H5a：信息语境质量→认知形象	0.000	支持
H5b：信息语境质量→情感形象	0.171	不支持
H5c：信息语境质量→意动形象	0.868	不支持

（二）中介效应分析

为了测试构念之间的调节关系，该研究利用SmartPLS3.0进行中介分析（moderating analysis），分析了认知形象到意动形象、信息固有质量到情感形象和意动形象、信息语境质量到情感形象和意动形象的间接关系。分析结果如表5–7所示。社交媒体用户对于武汉城市形象的形成，不仅存在认知形象到意动形象的直接影响，还可能通过情感形象对意动形象产生间接影响（β=0.124，$p \leqslant 0.001$）。社交媒体信息固有质量虽然对意动形象没有直接影响，但是可以通过认知形象对意动形象产生间接影响（β=0.063，$p \leqslant 0.05$）。社交媒体信息语境质量虽然对武汉城市形象的情感形象和意动形象没有直接影响，但既可以通过认知形象分别对武汉的情感形象（β=0.166，$p \leqslant 0.001$）和意动形象（β=0.169，$p \leqslant 0.001$）产生间接影响，也可以通过认知形象和情感形象对武汉的意动形象（β=0.056，$p \leqslant 0.01$）产生间接影响。

表5–7 社交媒体信息质量影响城市形象的中介关系分析结果

关系	直接影响	间接影响	总体影响	中介效应
认知形象→情感形象→意动形象	0.376***	0.124***	0.501***	部分
信息固有质量→认知形象→情感形象	0.141*	0.061 n.s.	0.202**	无
信息固有质量→认知形象→意动形象	0.081n.s.	0.063*	0.212**	完全
信息固有质量→情感形象→意动形象	0.081n.s.	0.047 n.s.	0.212**	无
信息固有质量→认知形象→情感形象→意动形象	0.081n.s.	0.021 n.s.	0.212**	无
信息语境质量→认知形象→情感形象	0.103n.s.	0.166***	0.269***	完全
信息语境质量→认知形象→意动形象	–0.010n.s.	0.169***	0.250***	完全
信息语境质量→情感形象→意动形象	–0.010n.s.	0.035 n.s.	0.250***	无
信息语境质量→认知形象→情感形象→意动形象	–0.010n.s.	0.056**	0.250***	完全

注：*** 表示 $p \leqslant 0.001$；** 表示 $p \leqslant 0.01$；* 表示 $p \leqslant 0.05$；n.s. 表示不显著。表5–8～表5–14的注释相同。

（三）事后分析

为了测试控制变量的影响，该研究同时应用了 SmartPLS3.0 中的多群组分析功能（Multi-Group Analysis，MGA）。通过分组测试年龄、性别、受教育水平、收入水平、职业、社交媒体使用时长、社交媒体使用频率等控制变量，探索不同用户群体之间是否存在不同的路径系数。

如表 5-8 所示，不同年龄组的用户之间没有发现显著区别。该研究将年龄组分为了两组，第一组是年龄小于或等于 25 岁的年龄组，这一组的用户基本上为“95 后”，是社交媒体一代，他们从很小的时候就开始使用数字技术，并且对网络和社交媒体很满意。[1]第二组是年龄大于 25 岁的年龄组，这一组用户基本上是在成长过程中或者成年之后才开始接触互联网、社交媒体，他们作为第一组的对照组进行比较分析。对两组而言，所有假设均没有显著差异。H4b 对于第一组（年龄小于或等于 25 岁）而言，信息固有质量（β=0.204，$p \leqslant 0.05$）对情感形象有正向显著影响；而对于第二组（年龄大于 25 岁），信息固有质量对情感形象没有显著影响。

表 5-8　社交媒体信息质量影响城市形象的用户年龄差异结果

假设	年龄比较	单独模型的路径系数	
	≤ 25 岁与 > 25 岁（p 值）	≤ 25 岁（N=214）	> 25 岁（N=173）
H1：认知形象→情感形象	0.493	0.291**	0.501***
H2：认知形象→意动形象	0.908	0.378***	0.345***
H3：情感形象→意动形象	0.573	0.363***	0.310***
H4a：信息固有质量→认知形象	0.912	0.162n.s.	0.180n.s.
H4b：信息固有质量→情感形象	0.123	0.204*	0.059n.s.
H4c：信息固有质量→意动形象	0.645	0.048n.s.	0.130n.s.
H5a：信息语境质量→认知形象	0.283	0.387***	0.526***
H5b：信息语境质量→情感形象	0.378	0.052n.s.	0.141n.s.
H5c：信息语境质量→意动形象	0.792	0.003n.s.	0.017n.s.

如表 5-9 所示，不同性别用户之间没有发现显著区别。对男性用户来说，仅有认知形象（β=0.504，$p \leqslant 0.001$）对意动形象有正向显著影响，其

[1] WILLIAMS A. Move over millennials，here comes Generation Z[N]. The New York times，2015-10-20（18）.

他关系不显著。对女性用户而言，认知形象（β=0.379，$p \leqslant 0.001$）对情感形象，认知形象（β=0.335，$p \leqslant 0.001$）对意动形象，情感形象（β=0.373，$p \leqslant 0.001$）对意动形象，信息固有质量（β=0.139，$p \leqslant 0.05$）对认知形象，以及信息语境质量（β=0.464，$p \leqslant 0.001$）对认知形象均有正向显著影响。

表 5–9　社交媒体信息质量影响城市形象的用户性别差异结果

假设	性别比较	单独模型的路径系数	
	男与女（p 值）	男（N=97）	女（N=281）
H1：认知形象→情感形象	0.861	0.349n.s.	0.379***
H2：认知形象→意动形象	0.194	0.504***	0.335***
H3：情感形象→意动形象	0.178	0.196n.s.	0.373***
H4a：信息固有质量→认知形象	0.516	0.249n.s.	0.139*
H4b：信息固有质量→情感形象	0.858	0.112n.s.	0.141n.s.
H4c：信息固有质量→意动形象	0.324	–0.035n.s.	0.104n.s.
H5a：信息语境质量→认知形象	0.493	0.349n.s.	0.464***
H5b：信息语境质量→情感形象	0.735	0.039n.s.	0.102n.s.
H5c：信息语境质量→意动形象	0.486	–0.096n.s.	0.007n.s

如表 5–10 所示，不同受教育水平用户之间没有发现显著区别。受教育水平以大学本科为分界，划分为大学本科以下和大学本科及以上两类。对于大学本科以下的社交媒体用户而言，信息固有质量（β=0.389，$p \leqslant 0.05$）对认知形象有正向显著影响，信息语境质量对认知形象没有显著影响。对于大学本科及以上的社交媒体用户而言，信息固有质量对认知形象没有显著影响，信息语境质量（β=0.506，$p \leqslant 0.001$）对认知形象有正向显著影响。

表 5–10　社交媒体信息质量影响城市形象的用户受教育水平差异结果

假设	受教育水平比较	单独模型的路径系数	
	大学本科以下与大学本科及以上（p 值）	大学本科以下（N=80）	大学本科及以上（N =307）
H1：认知形象→情感形象	0.979	0.367*	0.362***
H2：认知形象→意动形象	0.890	0.390***	0.371***
H3：情感形象→意动形象	0.695	0.384***	0.332***

续表

假设	受教育水平比较	单独模型的路径系数	
	大学本科以下与大学本科及以上（p 值）	大学本科以下（N=80）	大学本科及以上（N=307）
H4a：信息固有质量→认知形象	0.082	0.389*	0.104n.s.
H4b：信息固有质量→情感形象	0.465	0.238n.s.	0.115n.s.
H4c：信息固有质量→意动形象	0.201	–0.074n.s.	0.097n.s.
H5a：信息语境质量→认知形象	0.119	0.241n.s.	0.506***
H5b：信息语境质量→情感形象	0.435	–0.012n.s.	0.138n.s.
H5c：信息语境质量→意动形象	0.553	–0.080n.s.	0.009n.s.

根据社交媒体用户收入水平选项平均值（M=4.72），将用户的收入水平划分为两类，即低收入组（小于或等于 3000 元）和高收入组（大于 3000 元）。如表 5–11 所示，不同收入水平用户之间没有发现显著区别。

表 5–11　社交媒体信息质量影响城市形象的用户收入差异结果

假设	收入水平比较	单独模型的路径系数	
	≤ 3000 元与＞3000 元（p 值）	≤ 3000 元（N=210）	＞3000 元（N=177）
H1：认知形象→情感形象	0.827	0.363***	0.393***
H2：认知形象→意动形象	0.137	0.449***	0.271**
H3：情感形象→意动形象	0.523	0.304***	0.378***
H4a：信息固有质量→认知形象	0.726	0.138n.s.	0.189n.s.
H4b：信息固有质量→情感形象	0.403	0.188n.s.	0.074n.s.
H4c：信息固有质量→意动形象	0.563	0.118n.s.	0.049n.s.
H5a：信息语境质量→认知形象	0.831	0.475***	0.443***
H5b：信息语境质量→情感形象	0.825	0.077n.s.	0.112n.s.
H5c：信息语境质量→意动形象	0.493	–0.048n.s.	0.039n.s.

根据社交媒体用户的职业不同，将用户分为学生组和非学生组。如表5-12所示，不同职业的用户之间没有发现显著区别。对于职业为学生的社交媒体用户而言，信息固有质量（β=0.222，$p \leqslant 0.05$）对情感形象有正向显著影响。对于职业为非学生的社交媒体用户而言，信息固有质量对认知形象没有显著影响。

表5-12　社交媒体信息质量影响城市形象的用户职业差异结果

假设	职业比较	单独模型的路径系数	
	学生与非学生（p值）	学生（N=188）	非学生（N=199）
H1：认知形象→情感形象	0.840	0.386***	0.359***
H2：认知形象→意动形象	0.140	0.455***	0.286***
H3：情感形象→意动形象	0.081	0.240**	0.433***
H4a：信息固有质量→认知形象	0.861	0.157n.s.	0.183n.s.
H4b：信息固有质量→情感形象	0.276	0.222*	0.073n.s.
H4c：信息固有质量→意动形象	0.289	0.159n.s.	0.042n.s.
H5a：信息语境质量→认知形象	0.673	0.419***	0.483***
H5b：信息语境质量→情感形象	0.304	0.005n.s.	0.171n.s.
H5c：信息语境质量→意动形象	0.402	–0.066n.s.	0.038n.s.

根据社交媒体用户关注有关武汉的社交媒体账号的时长选项平均值（M=2.62），将用户使用时长划分为两类，即短期组（一年及以下）和长期组（一年以上）。如表5-13所示，不同使用时长的社交媒体用户之间没有发现显著区别。

表5-13　社交媒体信息质量影响城市形象的用户使用媒体时长差异结果

假设	使用时长比较	单独模型的路径系数	
	一年及以下与一年以上（p值）	一年及以下（N=189）	一年以上（N=198）
H1：认知形象→情感形象	0.261	0.316***	0.465***
H2：认知形象→意动形象	0.180	0.433***	0.274**
H3：情感形象→意动形象	0.324	0.291***	0.404***
H4a：信息固有质量→认知形象	0.657	0.133n.s.	0.199n.s.

续表

假设	使用时长比较	单独模型的路径系数	
	一年及以下与一年以上（p 值）	一年及以下（N=189）	一年以上（N=198）
H4b：信息固有质量→情感形象	0.334	0.198n.s.	0.069n.s.
H4c：信息固有质量→意动形象	0.983	0.091n.s.	0.088n.s.
H5a：信息语境质量→认知形象	0.887	0.465***	0.443***
H5b：信息语境质量→情感形象	0.795	0.101n.s.	0.062n.s.
H5c：信息语境质量→意动形象	0.311	0.046n.s.	–0.082n.s.

根据社交媒体用户所关注的有关武汉的社交媒体账号的使用频率，将使用频率为非每天使用的用户划分为低频使用组，将使用频率为每天使用的用户划分为高频使用组。如表 5–14 所示，一方面，不同使用频率的用户之间在认知形象对情感形象影响方面存在差异。非每天使用用户在认知形象（β=0.242，$p \leqslant 0.01$）对情感形象方面有正向显著影响，每天使用用户在认知形象（β=0.534，$p \leqslant 0.001$）对情感形象方面也有正向显著影响，但是每天使用的用户比非每天使用的用户在认知形象对情感形象的影响方面有更强的显著性。另一方面，不同使用频率的用户之间在信息固有质量对情感形象影响方面有显著差异。非每天使用用户在信息固有质量（β=0.250，$p \leqslant 0.01$）对情感形象方面有正向显著影响，但是每天使用用户在信息固有质量对情感形象方面没有显著影响。这表明有关武汉的社交媒体账号使用频率低的用户相比于社交媒体使用频率高的用户，有关武汉的认知形象对情感形象的形成有较弱的影响，而社交媒体固有信息质量则对他们形成有关武汉的情感形象有更大的影响。

表 5–14　社交媒体信息质量影响城市形象的用户使用媒体频率差异结果

假设	使用频率比较	单独模型的路径系数	
	非每天使用与每天使用（p 值）	非每天使用（N=228）	每天使用（N=159）
H1：认知形象→情感形象	0.042	0.242**	0.534***
H2：认知形象→意动形象	0.612	0.354***	0.416***
H3：情感形象→意动形象	0.421	0.370***	0.279**

续表

假设	使用频率比较	单独模型的路径系数	
	非每天使用与每天使用（p 值）	非每天使用（N=228）	每天使用（N=159）
H4a：信息固有质量→认知形象	0.184	0.247^{*}	0.035n.s.
H4b：信息固有质量→情感形象	0.044	0.250^{**}	−0.007n.s.
H4c：信息固有质量→意动形象	0.544	0.040n.s.	0.112n.s.
H5a：信息语境质量→认知形象	0.080	0.344^{***}	0.618^{***}
H5b：信息语境质量→情感形象	0.518	0.065n.s.	0.164n.s.
H5c：信息语境质量→意动形象	0.995	0.011n.s.	0.012n.s.

（四）结果讨论

根据研究模型实证检验结果得出以下主要结论。

1. 认知形象对情感形象有直接影响，对意动形象有直接影响和间接影响

就认知形象、情感形象和意动形象的关系而言，该研究的结果在很大程度上与前人的绝大多数结果一致，认知形象对于情感形象有直接影响，而对意动形象有直接和间接的双重影响。[1]这表明关注了有关武汉的社交媒体账号的用户在形塑武汉城市形象时，主要通过他们感知到的有关武汉的各种城市属性，例如市政工程、城市性与多样性等，构筑有关武汉的城市认知形象。同时，他们凭借过往所积累的各种知识以及自我心理判断，对武汉产生了一定的情感反应，这种反应或积极或消极、或愉快或不愉快，共同构成了他们心中对武汉的情感形象。基于对武汉的认知形象和情感形象，社交媒体用户将形成有关武汉的意动形象，这种形象是一种行为倾向，包括了对武汉的评价和推荐。

在该研究中，充分验证了城市形象的一体三面：认知形象、情感形象和意动形象。这三者或直接或间接的关系表明，人们在建设武汉城市形象

[1] AGAPITO D, VALLE P O D, MENDES J D C. The cognitive-affective-conative model of destination image: a confirmatory analysis[J]. Journal of travel & tourism marketing，2013，30（5）：471–481；WOOSNAM K M, STYLIDIS D, IVKOV M. Explaining conative destination image through cognitive and affective destination image and emotional solidarity with residents[J]. Journal of sustainable tourism，2020，28（6）：917–935.

时，要全面考虑这三个方面。首先，要从多方面呈现武汉的城市属性，提升社交媒体用户对武汉的认知形象。其次，情感共鸣能够很大程度上影响人的行为，因此在塑造良好认知形象的同时，应当给社交媒体用户一种有关武汉的正向的、愉快的、充满活力的城市形象，从而提升受众心目中武汉的情感形象。最后，意动形象既可能是认知形象和情感形象的单向结果，也有可能是二者的综合结果，因此应当注重塑造武汉城市形象的物化形象和情感形象，不仅从外在的城市属性层面打动社交媒体用户，也从城市内在的精神面貌层面打动他们，从而让他们形成完整而正向的武汉城市形象。

此外，在分组的实证研究中表明，不同使用频率的用户之间在认知形象对情感形象影响方面存在差异，即每天使用有关武汉社交媒体账号的用户与非每天使用的用户相比，其武汉认知形象对情感形象的影响方面有更强的显著性。而这一关系不受其他控制变量影响，即年龄、性别、受教育水平、收入水平、职业，以及所关注的有关武汉的社交媒体账号使用时长，并不显著影响认知形象与情感形象的关系。

2. 社交媒体信息固有质量对城市认知形象、情感形象有直接影响

该实证检验结果显示，社交媒体信息固有质量与认知形象、情感形象呈显著正相关关系。这说明有关武汉的社交媒体账号上发布的信息固有质量越高，即信息的准确性越高，可信度越高、越客观，声誉越高，越能够影响社交媒体用户对于武汉的认知形象和情感形象。这一结论与前人有关城市形象认知的研究发现一致。例如，Huete-Alcocer 等（2019）的实证研究表明信息本身的准确度、客观性等对于人们的城市形象认知、情感和行为有正向显著影响。[1]

另外，社交媒体信息固有质量对情感形象的影响在不同的用户之间存在显著差异。对于非每天使用有关武汉社交媒体账号的用户而言，社交媒体信息固有质量显著影响了他们对于武汉城市情感形象的形成；而对于每天使用的用户而言，社交媒体信息固有质量对武汉城市情感形象的形成并没有显著影响。对于这一研究结果，非每天使用的用户更为看重有关武汉的社交媒体账号上发布的信息的准确性、可信度、客观性以及声誉。而每天使用的用户可能会因为使用的频率非常高，已经形成对某些有关武汉的

---

[1] HUETE-ALCOCER N, MARTINEZ-RUIZ M P, LÓPEZ-RUIZ V R, et al. Archeological tourist destination image formation: influence of information sources on the cognitive, affective and unique image[J].Frontiers in psychology，2019，10：2382.

社交媒体账号的信息消费习惯，所以不那么重视信息本身的质量。

虽然其他控制变量在社交媒体信息固有质量与情感形象关系方面的影响并不显著，但是在年龄、性别、受教育水平和职业等方面，社交媒体信息固有质量与认知形象、情感形象的差异仍然值得关注。首先，在年龄小于或等于25岁的一组中，社交媒体信息固有质量与情感形象呈高度显著正相关关系，而在年龄大于25岁的一组中，这种关系不显著。其次，对女性来说，社交媒体信息固有质量与认知形象有显著正向关系，而这种关系在男性中不显著。最后，对受教育水平低的社交媒体用户而言，社交媒体信息固有质量与认知形象有显著正向关系，而在受教育水平高的社交媒体用户群体中，这种关系并不显著。这些差异虽然在组别比较时并不显著，但是给该研究提供了有益参考。从年龄方面考虑，有关武汉的社交媒体账号在发布消息时，应当不断提升质量以引起年轻人对武汉的情感共鸣，从而在年轻一代中树立良好的武汉情感形象。从性别方面考虑，女性似乎更依赖高质量的社交媒体信息去形成对于武汉的城市形象认知，因此在更多女性关注的有关武汉的社交媒体账号中，信息的固有质量应当有所保证。从受教育水平方面考虑，受教育水平低的社交媒体用户更有可能通过在有关武汉的社交媒体账号上的信息去了解武汉的城市属性、塑造武汉认知形象，因此有关武汉的社交媒体账号应当做到信息准确、可信、客观，以便为这部分群体塑造内心的武汉城市认知形象提供更多依据。总之，这些发现说明需要进一步深入探究年龄、性别、受教育水平对社交媒体信息固有质量与认知形象、情感形象之间关系的影响。

3. 社交媒体信息固有质量对城市意动形象有间接影响

该研究证实了社交媒体信息固有质量对城市意动形象的间接影响。社交媒体信息固有质量主要通过对城市的认知形象间接影响意动形象。这表明社交媒体用户借助对武汉的认知而产生有关武汉的意动形象，即社交媒体信息固有质量越高，他们越容易累积有关武汉的认知形象，从而影响他们对武汉采取的潜在行动。也就是说，信息的质量不但可以影响用户对武汉认知形象的形成，还会间接影响他们对于武汉的口碑和评价，因此，人们应该尽量提升有关武汉的社交媒体账号发布的信息的准确性、可信度等。

4. 社交媒体信息语境质量对城市认知形象有直接影响

该实证检验结果显示，社交媒体信息语境质量与城市认知形象之间存在显著的正向相关关系。这说明有关武汉的社交媒体账号所提供的信息对用户越有价值、越有趣、越及时、越完整、越相关，所提供的信息量越具有深度和广度，那么社交媒体用户所感知到的有关武汉的城市属性就会越丰富，越有利于他们形成完整的武汉城市认知形象。这一发现与既有的关于社交媒体信息语境质量对城市形象影响的研究发现一致，例如，Kim 等（2017）在关于微博语境信息质量影响韩国京畿道城市形象的研究中发现，信息的相关性、完整性等语境质量均会对游客的认知形象产生影响。❶

另外，社交媒体信息语境质量对城市认知形象的影响在不同用户群组之间不存在显著差异。值得注意的是，性别之间的差异虽然不显著，但是对于男性用户来说，社交媒体信息语境质量对城市形象认知有直接的显著正向影响，而对于女性用户来说，社交媒体信息语境质量对城市形象认知的影响不显著（见表 5-9）。这表明男性用户相比女性用户而言，更在意有关武汉社交媒体账号所传递的信息语境质量，他们对于信息包括增值性、趣味性、深度与广度等在内的语境质量有更明确的需求。此外，尽管受教育水平之间的差异并不显著，但是对于受教育水平高的用户来说，社交媒体信息语境质量会影响认知形象；而对于受教育水平低的用户来说，社交媒体信息语境质量不影响认知形象（见表 5-10）。这表明受教育水平高的用户更在意有关武汉的社交媒体账号提供的消息所带来的信息语境质量，因为这一信息质量直接影响他们对于武汉城市形象的认知。

5. 社交媒体信息语境质量对城市情感形象、意动形象有间接影响

该实证检验结果显示，社交媒体信息语境质量与城市情感形象之间存在间接关系。这表明关注有关武汉社交媒体账号的用户，对武汉的认知形象将会影响对武汉的情感形象，即用户从有关武汉的社交媒体账号获取信息，如果在增值性、相关性、完整性等方面表现得好，则这些信息不但可以直接影响用户对武汉的认知形象，还能借助认知形象间接影响他们对武汉的情感形象。因此，有关武汉的社交媒体账号应当在信息的效用、相关性等方面着力，提升信息的语境质量，从而促进用户形成良好的武汉认知形象和情感形象。

该实证检验结果还显示，社交媒体信息语境质量与城市意动形象之间存在间接关系。这种间接关系主要由两条路径构成：一是通过认知形象间接影响意动形象；二是通过认知形象和情感形象间接影响意动形象，即认

❶ KIM S E, LEE K Y, SHIN S I, et al. Effects of tourism information quality in social media on destination image formation: the case of Sina Weibo[J]. Information & management, 2017, 54（6）: 687-702.

知形象和情感形象在中间充当调解变量，使社交媒体信息语境质量对城市意动形象产生影响。这种间接影响表明，有关武汉的社交媒体账号所提供的信息语境质量（增值性、及时性、完整性等）十分重要，它会在影响用户关于武汉的认知形象形成的同时，影响情感形象和意动形象的形成。因此，有关武汉的社交媒体账号应当多方面提升信息的语境质量，提升用户对于武汉的认知，引发用户对于武汉在情感上的认同，推动用户形成对于武汉正面评价与推荐的意愿。

第二节 社交媒体活动对武汉城市形象塑造影响

一、社交媒体活动影响城市形象塑造的理论基础

（一）社交媒体活动

社交媒体活动（social media activity）泛指发生在社交媒体上的各类活动。[1]在各行各业广泛应用社交媒体，其活动也在时时刻刻影响着人们的各类行为。已有大量研究表明各类社交媒体活动，在提升用户对于某一事物或主题的认知，以及建立人们对于该事物或主题的情感依赖上，具有明显的作用。例如，在商业领域，企业利用社交媒体活动，即通过加强企业社交媒体与用户的互动，提升社交媒体的娱乐性，以及通过提供相关奖品等方式提升顾客对于该企业品牌的认知，强化他们对于该品牌的忠诚度及归属感。[2]在城市宣传中，社交媒体为广大公众提供了一个便捷、参与性强、公开透明、互动的对话平台，使城市管理者可以面向更广的人群来宣传和

---

❶ BARREDA A A, NUSAIR K，WANG Y, et al. The impact of social media activities on brand image and emotional attachment: a case in the travel context[J]. Journal of hospitality and tourism technology，2020，11（1）：109–135.

❷ KIM A J, KO E. Do social media marketing activities enhance customer equity? An empirical study of luxury fashion brand[J]. Journal of business research，2012，65（10）：1480–1486；DE VRIES L, GENSLER S, LEEFLANG P S H. Popularity of brand posts on brand fan pages: an investigation of the effects of social media marketing[J]. Journal of interactive marketing，2012，26（2）：83–91.

推广城市。与企业品牌的推广相似，城市宣传也有目标人群，针对这些人群的活动有利于推动城市形象的建立。❶

社交媒体活动形式多样，既包括用户之间的沟通互动，也包括官媒提供的各类活动（例如发放奖金或奖品）。有关研究将社会媒体活动分为三类：社交媒体互动、社交媒体好处和社交媒体奖励。❷社交媒体互动指社交媒体用户在使用社交媒体时，与官媒及其他用户之间不分距离、不分时间的公开交流。社交媒体好处通常是用户使用社交媒体时所带来的心理收益，例如愉悦、高兴等。社交媒体奖励指用户使用社交媒体时所获得的物质奖励，例如金钱等。商业领域的相关研究发现，社交媒体互动、好处及奖励都与企业品牌的认知形象和情感形象有着直接关系。❸然而，有关城市的社交媒体活动产生何种影响，研究的并不多。考虑到商业品牌的宣传与城市推广的情境不同、目标群体不同，有关商业品牌的研究结果或许不能充分解释城市社交媒体活动对于城市形象的影响。因此，本书着眼于探索各类社交媒体活动对于城市形象的作用，并沿用社交媒体活动的分类，将社交媒体活动分为互动、好处和奖励三大类。

二、模型构建及研究假设

本节拟探讨社交媒体活动对于武汉城市形象形成的影响，即假设在城市形象形成过程中，社交媒体活动会影响社交媒体用户的城市形象形成。其中，社交媒体活动包括社交媒体互动、社交媒体好处和社交媒体奖励；城市形象包括认知形象、情感形象和意动形象。此外，本节同样将对研究中涉及的年龄、性别等控制变量进行分组讨论，探究在不同分组中，社交媒体用户对于武汉城市形象的建构差异。社交媒体活动影响城市形象的理论模型如图 5-4 所示，所涉及的构念的定义如表 5-15 所示。

---

❶ ZHOU L J, WANG T. Social media: a new vehicle for city marketing in China[J]. Cities，2014，37：27-32.

❷ HUTTER K, HAUTZ J, DENNHARDT S, et al. The impact of user interactions in social media on brand awareness and purchase intention: the case of MINI on Facebook[J]. Journal of product & brand management，2013，22（5/6）：342-351.

❸ BARREDA A A, NUSAIR K, WANG Y, et al. The impact of social media activities on brand image and emotional attachment: a case in the travel context[J]. Journal of hospitality and tourism technology，2020，11（1）：109-135.

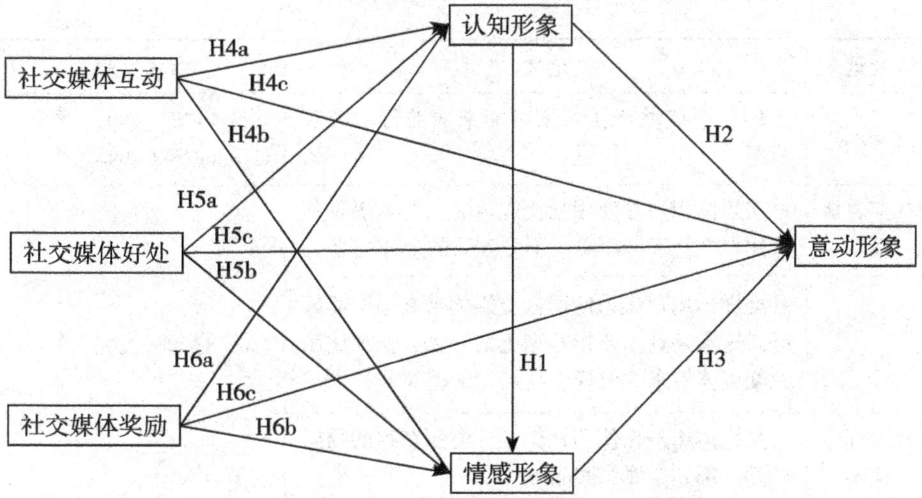

图 5-4　社交媒体活动影响城市形象的理论模型

表 5-15　社交媒体活动影响城市形象的变量的定义及参考来源

变量	定义	参考文献
认知形象	对有或者没有访问过的城市的感知属性的评估	Martín 等（2008）[1] Papadimitriou 等（2018）[2]
情感形象	人们对于该城市的情感反应和感受	Baloglu 等（1997）[3] Hallmann 等（2015）[4] Kim 等（2019）[5]

❶ MARTÍN H S, BOSQUE I A R D. Exploring the cognitive-affective nature of destination image and the role of psychological factors in its formation[J]. Tourism management, 2008，29（2）：263-277.

❷ PAPADIMITRIOU D, KAPLANIDOU K, APOSTOLOPOULOU A. Destination image components and word-of-mouth intentions in urban tourism: a multigroup approach[J]. Journal of hospitality & tourism research，2018，42（4）：503-527.

❸ BALOGLU S, BRINBERG D. Affective images of tourism destinations[J]. Journal of travel research，1997，35（4）：11-15.

❹ HALLMANN K, ZEHRER A, MÜLLER S. Perceived destination image: an image model for a winter sports destination and its effect on intention to revisit[J]. Journal of travel research，2015，54（1）：94-106.

❺ KIM S S, STYLIDIS D, OH M M. Is perception of destination image stable or does it fluctuate? A measurement of three points in time[J]. International journal of tourism research，2019，21（4）：447-461.

续表

变量	定义	参考文献
意动形象	人们对于该城市在未来可能采取的行动或者意图	Baloglu 等（1999）[1] Gartner 等（1994）[2]
社交媒体互动	社交媒体用户在使用社交媒体时，与官媒及其他用户之间不分距离、不分时间的公开交流	Barreda 等（2020）[3]
社交媒体好处	社交媒体用户认为使用社交媒体带来的明显好处。这类好处主要指心理上的好处，例如使用社交媒体带来的愉悦、高兴、乐趣等	
社交媒体奖励	社交媒体用户在使用社交媒体时所获得的物质奖励，例如金钱、奖品等	

（一）城市形象

基于第一节关于社交媒体信息质量对武汉城市形象形成的研究，本节的分析仍然沿用第一节中有关城市形象三个维度的假设。

H1：认知形象对情感形象有显著正向影响。

H2：认知形象对意动形象有显著正向影响。

H3：情感形象对意动形象有显著正向影响。

（二）社交媒体互动

社交媒体中的互动形式往往是多样的，既包括一对一的沟通（例如私信），也包括一对多、多对多的交流（例如聊天室、邮件等）。[4]这些互动会对社交媒体用户产生一定的影响。例如，有研究发现有关品牌的社

[1] BALOGLU S, MCCLEARY K W. A model of destination image formation[J]. Annals of tourism research，1999，26（4）：868–897.

[2] GARTNER W C. Image formation process[J]. Journal of travel & tourism marketing, 1994，2（2/3）：191–216.

[3] BARREDA A A, NUSAIR K, WANG Y, et al. The impact of social media activities on brand image and emotional attachment: a case in the travel context[J]. Journal of hospitality and tourism technology，2020，11（1）：109–135.

[4] KAPLAN A M, HAENLEIN M. Users of the world, unite! The challenges and opportunities of social media[J]. Business horizons，2010，53（1）：59–68.

交媒体互动会使用户对于该品牌产生一个良好的评价，并对该品牌有好感。[1]社交媒体互动对于用户的影响大体可以归纳为以下两大类：①社交媒体互动有助于用户对相关主题产生认知。社交媒体上的用户与官媒以及其他用户之间的意见交换，有助于用户加深对某个主题或事物的理解和认知。例如，相关研究发现社交媒体互动有助于用户在内心对于某品牌的商品和服务形成认知形象。[2]②社交媒体互动有助于用户对相关事物产生情感依赖。当用户参与到不同层次的社交媒体互动中时，尤其是高度参与社会媒体互动，往往会产生一种强烈的情感依赖，让用户在情感上觉得自己与讨论的事物或主题拥有紧密的关系。例如，有关商业品牌社交媒体的研究发现，当互动更频繁时，用户的忠诚度和情感依赖更为强烈。[3]基于此，本书认为社交媒体中的互动对于城市的认知形象和情感形象有正向的影响。根据研究，认知形象和情感形象共同构建了意动形象[4]，因此，本书也假设社交媒体互动对于意动形象也有直接的正向影响。最终提出以下假设。

H4a：在社交媒体中的互动对认知形象有显著正向影响。

H4b：在社交媒体中的互动对情感形象有显著正向影响。

H4c：在社交媒体中的互动对意动形象有显著正向影响。

---

❶ KIM W G，PARK S A. Social media review rating versus traditional customer satisfaction: which one has more incremental predictive power in explaining hotel performance? [J]. International journal of contemporary hospitality management，2017，29（2）：784-802.

❷ BARREDA A A，NUSAIR K, WANG Y, et al. The impact of social media activities on brand image and emotional attachment: a case in the travel context[J]. Journal of hospitality and tourism technology，2020，11（1）：109-135；HUDSON S, HUANG L, ROTH M S, et al. The influence of social media interactions on consumer-brand relationships: a three-country study of brand perceptions and marketing behaviors[J]. International journal of research in marketing，2016，33（1）：27-41.

❸ BARREDA A A, NUSAIR K, WANG Y, et al. The impact of social media activities on brand image and emotional attachment: a case in the travel context[J]. Journal of hospitality and tourism technology，2020，11（1）：109-135.

❹ WOOSNAM K M, STYLIDIS D, IVKOV M. Explaining conative destination image through cognitive and affective destination image and emotional solidarity with residents[J]. Journal of sustainable tourism，2020，28（6）：917-935.

（三）社交媒体好处

社交媒体好处指社交媒体用户认为使用社交媒体带来的明显好处。[1]这类好处主要指心理上的好处，例如使用社交媒体带来的愉悦、高兴、乐趣等。[2]有研究表明社交媒体好处，尤其是心理上的好处直接影响用户对某一事物或主题的认知，例如对某一商业品牌的认知。[3]同时，心理上的好处还会使用户对品牌产生更为强烈的归属感。当用户意识到使用有关品牌的社交媒体能带来更多心理上的好处时，他们会对该品牌产生强烈的情感依赖。[4]基于此，本书推定在城市形象的打造中，有关城市的社交媒体和品牌的社交媒体一样，当社交媒体能够为用户带来好处，尤其是心理上的好处时，将会极大提升用户对于该城市的认知形象、情感形象及意动形象。因此，本书提出以下假设。

H5a：使用社交媒体带来的好处对认知形象有显著正向影响。

H5b：使用社交媒体带来的好处对情感形象有显著正向影响。

H5c：使用社交媒体带来的好处对意动形象有显著正向影响。

（四）社交媒体奖励

社交媒体奖励通常指社交媒体用户在使用社交媒体时所获得的物质奖励，例如金钱、奖品等。[5]经济管理等领域很多研究都探讨了物质奖励对于用户所产生的影响。例如，企业会通过给自己的顾客提供物质奖励来提升

---

[1] HUANG T K, LIAO C Y, WANG Y T, et al. How does social media interactivity affect brand loyalty? [R] Hawaii: 51st Hawaii International Conference on System Sciences，2018.

[2] BARREDA A A, NUSAIR K, WANG Y, et al. The impact of social media activities on brand image and emotional attachment: a case in the travel context[J]. Journal of hospitality and tourism technology，2020，11（1）：109-135.

[3] MEENAGHAN T. The role of advertising in brand image development[J]. Journal of product & brand management，1995，4（4）：23-34.

[4] WEITZ B A, WENSLEY R. Handbook of marketing[M]. Los Angeles: Sage，2002；SMITH G, FRENCH A. The political brand: a consumer perspective[J]. Marketing theory，2009，9（2）：209-226.

[5] BARREDA A A, NUSAIR K, WANG Y, et al. The impact of social media activities on brand image and emotional attachment: a case in the travel context[J]. Journal of hospitality and tourism technology，2020，11（1）：109-135.

他们的满意度忠诚度及归属感。❶顾客也会寻求经济利益来维持他们与某一企业或者品牌的紧密关系。❷在社交媒体中，已有大量研究建议通过奖励系统直接影响用户的参与度、对品牌的认知、对品牌的评价、对品牌的归属感。❸换言之，当用户发现使用城市的社交媒体有机会获得经济收益时，他们更倾向于对该城市形成正面的认知形象，并产生好感，最终形成正面的情感依赖。因此，本书提出以下假设。

H6a：使用社交媒体获得的奖励对认知形象有显著正向影响。

H6b：使用社交媒体获得的奖励对情感形象有显著正向影响。

H6c：使用社交媒体获得的奖励对意动形象有显著正向影响。

（五）控制变量

本书将年龄、性别、受教育水平、收入水平、职业、社交媒体使用时长、社交媒体使用频率作为控制变量，以便探索不同用户群体之间，社交媒体互动、好处和奖励对于城市形象的不同影响。

三、实证研究及假设检验

（一）研究设计

该研究设计与第一节所讨论的社交媒体信息质量对武汉城市形象影响的研究共用了一套问卷，此部分所探讨的社交媒体活动对武汉城市形象塑造的影响主要涉及问卷的第四部分（社交媒体账号上有关武汉的活动）以及第五部分（武汉城市形象认知）。

---

❶ GWINNER K P, GREMLER D D, BITNER M J. Relational benefits in services industries: the customer's perspective[J]. Journal of the academy of marketing science, 1998，26（2）：101-114.

❷ KANG J, TANG L, FIORE A M. Enhancing consumer-brand relationships on restaurant Facebook fan pages: maximizing consumer benefits and increasing active participation[J]. International journal of hospitality management，2014，36：145-155.

❸ KOH J, KIM Y G, BUTLER B, et al. Encouraging participation in virtual communities[J]. Communications of the ACM，2007，50（2）：68-73；HARRIGAN P, EVERS U, MILES M, et al. Customer engagement with tourism social media brands[J]. Tourism management，2017，59：597-609；ZHANG Y. The impact of brand image on consumer behavior: a literature review[J]. Open journal of business and management，2015，3（1）：58-62.

该研究所涉及的6个主要构念均来源于前人研究，有关其题项的描述与测量也有相关的实证研究作为支撑，具有稳定性。该研究所涉及的构念分别为认知形象（市政服务、城市性与多样性、自然与休闲）、情感形象、意动形象、社交媒体互动、社交媒体好处及社交媒体奖励。所有的构念均有2~7项题项进行测量，测量同样采取的是李克特7级量表，即1表示非常不同意，2表示不同意，3表示有点不同意，4表示不确定，5表示有点同意，6表示同意，7表示非常同意（见表5-16）。

表5-16 社交媒体活动影响城市形象的各构念量表

构念	题项描述	参考来源
认知形象——市政服务	1. 武汉能为我提供良好的空气质量； 2. 武汉能为我提供良好的夜间光线； 3. 武汉能为我提供良好的公共交通； 4. 武汉能为我提供保养良好的街道和人行道； 5. 武汉能为我提供清洁的城市	Gilboa 等（2015）❶
认知形象——城市性与多样性	1. 武汉有广泛的文化活动（剧院、夜间活动等）； 2. 武汉有各种购物机会； 3. 武汉有丰富多彩的本地文化； 4. 武汉有充满活力的城市氛围； 5. 在武汉，我容易获得各种服务； 6. 武汉是一座既开放又包容的城市； 7. 武汉有积极的公民行为	Zenker 等（2013）❷
认知形象——自然与休闲	1. 武汉有许多自然空间和公共绿地； 2. 武汉有多个公园和休憩用地； 3. 武汉有广泛的户外活动； 4. 武汉是一座亲水性城市	
情感形象	1. 武汉给我的感觉是不愉快的⟷愉快的； 2. 武汉给我的感觉是沮丧的⟷兴奋的； 3. 武汉给我的感觉是苦恼的⟷放松的； 4. 武汉给我的感觉是昏昏欲睡的⟷唤醒的	Stylos 等（2016）❸

❶ GILBOA S, JAFFE E D, VIANELLI D, et al. A summated rating scale for measuring city image[J]. Cities，2015，44：50–59.

❷ ZENKER S, PETERSEN S, AHOLT A. The citizen satisfaction index (CSI): evidence for a four basic factor model in a German sample[J]. Cities，2013，31：156–164.

❸ STYLOS N, VASSILIADIS C A, BELLOU V, et al. Destination images, holistic images and personal normative beliefs: predictors of intention to revisit a destination[J]. Tourism management，2016，53：40–60.

续表

构念	题项描述	参考来源
意动形象	1. 我愿意正面评价武汉； 2. 我愿意向别人推荐武汉	Agapito 等（2013）[1]
社交媒体互动	1. 在该社交媒体平台上，进行的信息交换对我了解武汉是有用的； 2. 在该社交媒体平台上，我有机会与其他人交流有关武汉的信息； 3. 在该社交媒体平台上，查询和回复有关武汉的信息的速度是很快的	Barreda 等（2020）[2]
社交媒体好处	1. 在该社交媒体平台上，使用过程是令人愉快和有趣的； 2. 在该社交媒体平台上，当我分享有关武汉的信息时，我感到很高兴； 3. 在该社交媒体平台上，当我分享有关武汉的信息时，我感到很自豪	
社交媒体奖励	1. 我通过使用该社交媒体平台获得过金钱奖励； 2. 我通过使用该社交媒体平台获得过心理慰藉； 3. 我通过使用该社交媒体平台获得会员特权（例如升级）	

（二）数据收集

该研究与第一节研究的社交媒体信息质量对武汉城市形象形塑的影响共用一套问卷，因此在数据收集上与第一节一致。主要做法如下。

（1）通过问卷星平台进行问卷的试调查与调查。

（2）通过要求调查对象报告是否在社交媒体上关注过有关武汉的社交媒体账号限制作答。

（3）通过滚雪球的方法在微信、微博平台上发布问卷，回收问卷。

（4）通过逐一浏览问卷的方式，检查问卷的有效性。首先，剔除未在社交媒体上关注过有关武汉社交媒体账号的调查对象；其次，剔除问卷作答时间少于 2 分钟的调查对象（整套问卷共涉及 109 个小题，预计作答时

[1] AGAPITO D,VALLE P O D, MENDES J D C. The cognitive-affective-conative model of destination image: a confirmatory analysis[J]. Journal of travel & tourism marketing，2013，30（5）：471-481.

[2] BARREDA A A, NUSAIR K, WANG Y, et al. The impact of social media activities on brand image and emotional attachment: a case in the travel context[J]. Journal of hospitality and tourism technology，2020，11（1）：109-135.

间为 15 分钟左右，2 分钟以内的作答时间很难保证答题质量）；再次，剔除问卷中出现的一同到底的作答，即调查对象直接将所有的答案标记为一种（例如，所有的作答都是“非常同意”）；最后，根据调查对象的职业、年龄、收入等基本信息判断，调查对象是否存在自相矛盾（例如，调查对象填写自己的职业为党政机关事业单位领导干部，收入水平却标记为 500 元以下）。

最终，该调查获得 387 份有效问卷。问卷调查对象的基本信息如表 5-3 所示。

（三）信度和效度检验

类似社交媒体信息质量对武汉城市形象的影响的研究，社交媒体活动对武汉城市形象影响的研究，在检验研究假设前，也利用 SmartPLS3.0 软件对测量量表的信度和效度进行检验。经检验，测量量表的信度、聚合效度、内部一致性信度以及各构念的区分效度较好。具体如表 5-17、表 5-18 所示。

表 5-17 社交媒体活动影响城市形象的反应型构念的测量模型结果

构念	测量变量	因子载荷	克隆巴赫系数	组合信度（CR）	平均提取方差（AVE）
认知形象	市政服务 2	0.710	0.952	0.957	0.599
	市政服务 3	0.710			
	市政服务 4	0.726			
	市政服务 5	0.720			
	城市性 1	0.777			
	城市性 2	0.715			
	城市性 3	0.788			
	城市性 4	0.809			
	城市性 5	0.814			
	城市性 6	0.801			
	城市性 7	0.820			
	自然与休闲 1	0.834			
	自然与休闲 2	0.819			
	自然与休闲 3	0.822			
	自然与休闲 4	0.722			
情感形象	情感形象 1	0.848	0.905	0.933	0.777
	情感形象 2	0.889			
	情感形象 3	0.909			
	情感形象 4	0.878			

续表

构念	测量变量	因子载荷	克隆巴赫系数	组合信度（CR）	平均提取方差（AVE）
意动形象	意动形象 1	0.945	0.883	0.945	0.895
	意动形象 2	0.947			
社交媒体互动	互动 1	0.845	0.804	0.884	0.718
	互动 2	0.841			
	互动 3	0.856			
社交媒体好处	好处 1	0.806	0.844	0.907	0.764
	好处 2	0.909			
	好处 3	0.904			
社交媒体奖励	奖励 1	0.844	0.839	0.896	0.742
	奖励 2	0.861			
	奖励 3	0.880			

表 5-18　社交媒体活动影响城市形象的各构念相关系数

构念	认知形象	情感形象	意动形象	社交媒体互动	社交媒体好处	社交媒体奖励
认知形象	0.774					
情感形象	0.495	0.881				
意动形象	0.577	0.552	0.946			
社交媒体互动	0.593	0.361	0.408	0.847		
社交媒体好处	0.631	0.466	0.509	0.692	0.874	
社交媒体奖励	0.360	0.316	0.190	0.474	0.519	0.862

四、研究结果与讨论

（一）研究结果

该研究利用 SmartPLS3.0 软件对基于最小二乘结构方程模型（PLS-SEM）的研究假设进行检验。PLS-SEM 研究结果如图 5-5 和表 5-19 所示。12 个研究假设中有 7 个在 0.05 的显著水平下得到支持。其中，除了社交媒体奖励到意动形象的显著影响的路径系数为 -0.152 以外，其他 7 个得到支持的假设的显著影响的路径系数均大于 0.2，表明影响非常明显。

具体而言，认知形象（β=0.341，$p \leqslant 0.001$）对情感形象有正向影响，同时认知形象（β=0.316，$p \leqslant 0.001$）对意动形象有正向影响，此外，情感形象（β=0.335，$p \leqslant 0.001$）对意动形象也有正向影响。因此，H1、H2 和 H3 三个假设均得到支持。社交媒体互动（β=0.300，$p \leqslant 0.001$）和社交媒体好处（β=0.426，$p \leqslant 0.001$）对武汉城市形象中的认知形象有正向影响，社交媒体奖励对武汉城市形象中的认知形象没有直接影响。因此，H4a 和 H5a 两个假设得到支持，H6a 未能得到支持。社交媒体好处（β=0.235，$p \leqslant 0.001$）对武汉城市形象中的情感形象有正向影响，社交媒体互动和社交媒体奖励均对武汉城市形象中的情感形象没有直接影响。因此，H5b 得到支持，H4b 和 H6b 未能得到支持。此外，社交媒体好处（β=0.217，$p \leqslant 0.001$）对武汉城市形象中的意动形象有正向影响，H5c 得到支持；社交媒体奖励（β=−0.152，$p \leqslant 0.01$）对武汉城市形象中的意动形象有负向影响，H6c 不能获得支持；社交媒体互动对武汉城市形象中的意动形象没有直接影响，H4c 也不能获得支持。

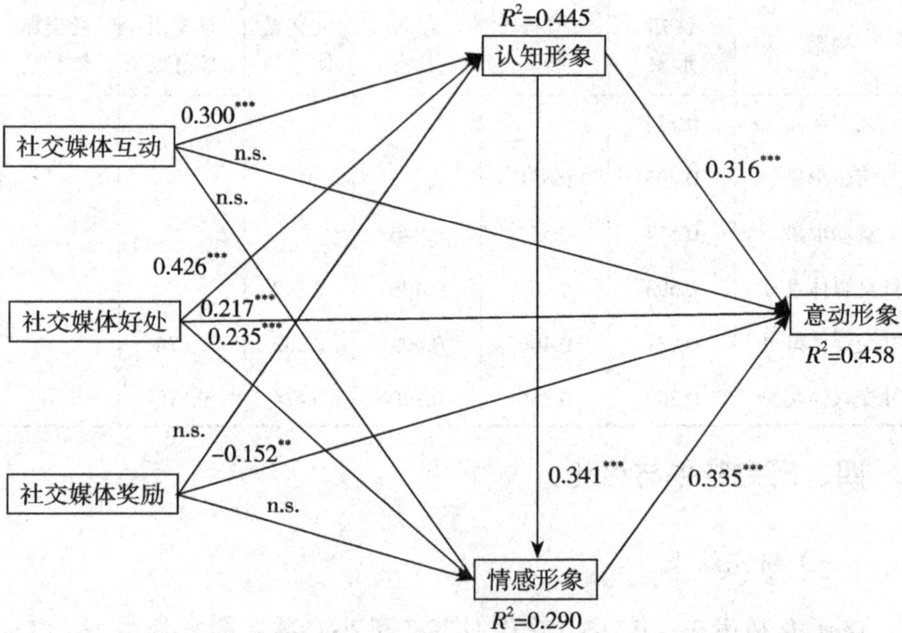

注：*** 表示 $p \leqslant 0.001$；** 表示 $p \leqslant 0.01$；* 表示 $p \leqslant 0.05$；n.s. 表示不显著。

图 5–5　社交媒体活动影响城市形象的结构方程结果

表 5-19　社交媒体活动影响城市形象的假设检验结果

假设	p 值	假设检验结果
H1：认知形象→情感形象	0.000	支持
H2：认知形象→意动形象	0.000	支持
H3：情感形象→意动形象	0.000	支持
H4a：社交媒体互动→认知形象	0.000	支持
H4b：社交媒体互动→情感形象	0.471	不支持
H4c：社交媒体互动→意动形象	0.693	不支持
H5a：社交媒体好处→认知形象	0.000	支持
H5b：社交媒体好处→情感形象	0.001	支持
H5c：社交媒体好处→意动形象	0.001	支持
H6a：社交媒体奖励→认知形象	0.947	不支持
H6b：社交媒体奖励→情感形象	0.096	不支持
H6c：社交媒体奖励→意动形象	0.002	不支持

（二）中介效应分析

为了测试构念之间的调节关系，该研究同样利用 SmartPLS3.0 进行了社交媒体活动对武汉城市形象影响的中介分析。该研究分析了认知形象到意动形象，社交媒体活动的三个方面互动、好处、奖励到情感形象、意动形象的间接关系。分析结果如表 5-20 所示。社交媒体用户对于武汉城市形象的形成，不仅存在认知形象到意动形象的直接影响，还可能通过情感形象对意动形象产生间接影响（β=0.114，$p \leqslant 0.001$）。从社交媒体互动的角度看，社交媒体互动虽然对武汉城市形象中的情感形象和意动形象没有直接影响，但是既可以通过对武汉的认知形象间接影响情感形象（β=0.102，$p \leqslant 0.001$）和意动形象（β=0.095，$p \leqslant 0.001$）；也可以通过认知形象和情感形象间接影响意动形象（β=0.034，$p \leqslant 0.01$）。从社交媒体好处的角度看，社交媒体好处对武汉的情感形象和意动形象既存在直接影响，又有可能存在间接影响。从社交媒体奖励的角度看，社交媒体奖励对武汉的情感形象和意动形象不存在间接影响。

表 5–20　社交媒体活动影响城市形象的中介关系分析结果

关系	直接影响	间接影响	总体影响	中介效应
认知形象→情感形象→意动形象	0.316***	0.114***	0.430***	部分
社交媒体互动→认知形象→情感形象	–0.048n.s.	0.102***	0.054n.s.	完全
社交媒体互动→认知形象→意动形象	0.023n.s.	0.095***	0.136n.s.	完全
社交媒体互动→情感形象→意动形象	0.023n.s.	–0.016n.s.	0.136n.s.	无
社交媒体互动→认知形象→情感形象→意动形象	0.023n.s.	0.034**	0.136n.s.	完全
社交媒体好处→认知形象→情感形象	0.235***	0.145***	0.380***	部分
社交媒体好处→认知形象→意动形象	0.217***	0.135***	0.478***	部分
社交媒体好处→情感形象→意动形象	0.217***	0.079**	0.478***	部分
社交媒体好处→认知形象→情感形象→意动形象	0.217***	0.049**	0.478***	部分
社交媒体奖励→认知形象→情感形象	0.094n.s.	–0.001n.s.	0.093n.s.	无
社交媒体奖励→认知形象→意动形象	–0.152**	–0.001n.s.	–0.122*	无
社交媒体奖励→情感形象→意动形象	–0.152**	0.031n.s.	–0.122*	无
社交媒体奖励→认知形象→情感形象→意动形象	–0.152**	0.000n.s.	–0.122*	无

注：*** 表示 $p \leqslant 0.001$；** 表示 $p \leqslant 0.01$；* 表示 $p \leqslant 0.05$；n.s. 表示不显著。表 5–21~ 表 5–27 的注释相同。

（三）事后分析

为了测试控制变量的影响，该研究应用了 SmartPLS3.0 中的多群组分析功能。通过分组测试年龄、性别、受教育水平、收入水平、职业、社交媒体使用时长、社交媒体使用频率等控制变量，探索不同用户群体之间是否存在路径系数差异。

如表 5–21 所示，不同年龄组的用户之间在社交媒体好处对意动形象的影响方面存在显著差异。对于年龄小于或等于 25 岁的社交媒体用户而言，社交媒体好处对意动形象没有影响，而对年龄大于 25 岁的社交媒体用户而言，社交媒体好处（β=0.508，$p \leqslant 0.001$）对意动形象有正向显著影响。这表明年龄大于 25 岁的社交媒体用户在获得好处之后更倾向于形成对武汉积极的意动形象，即他们更愿意去正面评价武汉和向别人推荐武汉。

表 5-21 社交媒体活动影响城市形象的用户年龄差异结果

假设	年龄比较	单独模型的路径系数	
	≤ 25 岁与＞ 25 岁（p 值）	≤ 25 岁（N=214）	＞ 25 岁（N=173）
H1：认知形象→情感形象	0.928	0.320^{***}	0.307^{**}
H2：认知形象→意动形象	0.297	0.332^{***}	0.200n.s.
H3：情感形象→意动形象	0.217	0.375^{***}	0.240^{**}
H4a：社交媒体互动→认知形象	0.552	0.244^{**}	0.320^{**}
H4b：社交媒体互动→情感形象	0.533	–0.079n.s.	–0.003n.s.
H4c：社交媒体互动→意动形象	0.204	0.076n.s.	–0.067n.s.
H5a：社交媒体好处→认知形象	0.148	0.36^{***}	0.543^{***}
H5b：社交媒体好处→情感形象	0.166	0.179^{*}	0.374^{***}
H5c：社交媒体好处→意动形象	0.001	0.102n.s.	0.508^{***}
H6a：社交媒体奖励→认知形象	0.686	0.026n.s.	–0.013n.s.
H6b：社交媒体奖励→情感形象	0.602	0.116n.s.	0.060n.s.
H6c：社交媒体奖励→意动形象	0.427	–0.096n.s.	-0.167^{**}

如表 5-22 所示，不同性别的用户之间在认知形象对意动形象的影响方面存在显著差异。对于男性社交媒体用户而言，认知形象（β=0.568，$p \leqslant 0.001$）对意动形象有正向显著影响，同样，对女性社交媒体用户而言，认知形象（β=0.258，$p \leqslant 0.001$）对意动形象有正向显著影响。但是他们之间在认知形象到意动形象的影响方面有差异，男性社交媒体用户所形成的对武汉的认知形象到意动形象的影响较之女性而言具有更加强烈的影响。

表 5-22 社交媒体活动影响城市形象的用户性别差异结果

假设	性别比较	单独模型的路径系数	
	男与女（p 值）	男（N=97）	女（N=281）
H1：认知形象→情感形象	0.414	0.241n.s.	0.377^{***}
H2：认知形象→意动形象	0.030	0.568^{***}	0.258^{***}
H3：情感形象→意动形象	0.217	0.204n.s.	0.373^{***}

续表

假设	性别比较	单独模型的路径系数	
	男与女（p 值）	男（N=97）	女（N=281）
H4a：社交媒体互动→认知形象	0.166	0.458**	0.251***
H4b：社交媒体互动→情感形象	0.529	0.024n.s.	–0.081n.s.
H4c：社交媒体互动→意动形象	0.069	–0.231n.s.	0.052n.s.
H5a：社交媒体好处→认知形象	0.202	0.258n.s.	0.45***
H5b：社交媒体好处→情感形象	0.769	0.163n.s.	0.218**
H5c：社交媒体好处→意动形象	0.652	0.156n.s.	0.235***
H6a：社交媒体奖励→认知形象	0.816	0.019n.s.	–0.008n.s.
H6b：社交媒体奖励→情感形象	0.988	0.116n.s.	0.113n.s.
H6c：社交媒体奖励→意动形象	0.688	–0.172n.s.	–0.126*

如表 5–23 所示，不同受教育水平用户之间没有发现显著区别。受教育水平以大学本科为分界，划分为大学本科以下和大学本科及以上两类。对大学本科以下的社交媒体用户而言，认知形象对情感形象和意动形象没有影响，社交媒体好处也对情感形象和意动形象没有影响。而对大学本科及以上的社交媒体用户而言，认知形象对情感形象（β=0.349，$p \leqslant 0.001$）和意动形象（β=0.322，$p \leqslant 0.001$）有正向显著影响，社交媒体好处对情感形象（β=0.249，$p \leqslant 0.001$）和意动形象（β=0.227，$p \leqslant 0.001$）同样有正向显著影响。但是在组别上并未发现受教育水平不同对认知形象到情感形象和意动形象，社交媒体好处到情感形象和意动形象有统计学意义上的显著差异。

表 5–23　社交媒体活动影响城市形象的用户受教育水平差异结果

假设	受教育水平比较	单独模型的路径系数	
	大学本科以下与大学本科及以上（p 值）	大学本科以下（N=80）	大学本科及以上（N=307）
H1：认知形象→情感形象	0.886	0.324n.s.	0.349***
H2：认知形象→意动形象	0.667	0.257n.s.	0.322***

续表

假设	受教育水平比较	单独模型的路径系数	
	大学本科以下与大学本科及以上（p 值）	大学本科以下（N=80）	大学本科及以上（N=307）
H3：情感形象→意动形象	0.597	0.399^{***}	0.328^{***}
H4a：社交媒体互动→认知形象	0.795	0.278^{*}	0.318^{***}
H4b：社交媒体互动→情感形象	0.891	–0.034n.s.	–0.057n.s.
H4c：社交媒体互动→意动形象	0.727	0.067n.s.	0.013n.s.
H5a：社交媒体好处→认知形象	0.163	0.602^{***}	0.384^{***}
H5b：社交媒体好处→情感形象	0.662	0.170n.s.	0.249^{***}
H5c：社交媒体好处→意动形象	0.677	0.157n.s.	0.227^{***}
H6a：社交媒体奖励→认知形象	0.476	–0.083n.s.	0.004n.s.
H6b：社交媒体奖励→情感形象	0.498	0.174n.s.	0.078n.s.
H6c：社交媒体奖励→意动形象	0.216	-0.285^{*}	-0.131^{*}

根据社交媒体用户收入水平选项平均值（M=4.72），将用户的收入水平划分为两类，即低收入组（小于或等于 3000 元）和高收入组（大于 3000 元）。如表 5-24 所示，不同收入水平用户之间在社交媒体互动到武汉的意动形象形成方面存在差异，在社交媒体奖励到武汉的情感形象形成方面存在差异。一方面，对于低收入组而言，社交媒体互动（β=0.132，$p \leqslant 0.05$）对意动形象有正向显著影响；对高收入组而言，社交媒体互动对意动形象没有影响。两组在统计意义上存在显著差别。这表明对于低收入群体而言，通过在所关注的有关武汉的社交媒体账号上参与互动，他们会倾向于积极评价武汉，向别人正面推荐武汉；而高收入群体的此类积极行为并不能通过在所关注的有关武汉的社交媒体账号上的互动获得。另一方面，对低收入组而言，社交媒体奖励（β=0.191，$p \leqslant 0.01$）对情感形象有正向显著影响；对高收入组而言，社交媒体奖励对情感形象则不存在影响。两组在统计意义上存在显著差别。这表明低收入群体如果在所关注的有关武汉的社交媒体账号上获取了一定的物质奖励或者精神奖励，会刺激他们形成更为积极的有关武汉的情感形象；然而，这种关系在高收入群体之间并未形成。

表 5-24　社交媒体活动影响城市形象的用户收入差异结果

假设	收入水平比较	单独模型的路径系数	
	≤ 3000 元与 > 3000 元（p 值）	≤ 3000 元（N=210）	> 3000 元（N=177）
H1：认知形象→情感形象	0.642	0.377***	0.312**
H2：认知形象→意动形象	0.304	0.360***	0.222n.s.
H3：情感形象→意动形象	0.931	0.333***	0.342***
H4a：社交媒体互动→认知形象	0.787	0.297***	0.330***
H4b：社交媒体互动→情感形象	0.587	-0.069n.s.	0.003n.s.
H4c：社交媒体互动→意动形象	0.029	0.132*	-0.123n.s.
H5a：社交媒体好处→认知形象	0.655	0.399***	0.455***
H5b：社交媒体好处→情感形象	0.410	0.177n.s.	0.296**
H5c：社交媒体好处→意动形象	0.159	0.136n.s.	0.325**
H6a：社交媒体奖励→认知形象	0.660	-0.016n.s.	0.027n.s.
H6b：社交媒体奖励→情感形象	0.010	0.191**	-0.063n.s.
H6c：社交媒体奖励→意动形象	0.348	-0.166**	-0.078n.s.

根据社交媒体用户的职业不同，将用户分为学生组和非学生组。如表5-25所示，虽然从学生组与非学生组的单独模型路径系数来看，社交媒体互动对于他们的意动形象形成并没有显著影响。但是通过对两组之间进行比较，两组在社交媒体互动对武汉意动形象形成方面存在差异。这表明学生社交媒体用户与非学生社交媒体用户在有关武汉的社交媒体账号上的互动行为对他们形成有关武汉的意动形象存在统计学意义上的显著差异。此外，对学生组而言，社交媒体奖励（β=0.195，$p \leq 0.05$）对情感形象有正向显著影响；对非学生组而言，社交媒体奖励对情感形象则不存在影响。然而两组在统计意义上存在显著差别。这表明学生群体在有关武汉的社交媒体账号上获得过金钱奖励、心理慰藉或者会员特权后，更倾向于形成一种正面的有关武汉的情感形象；而非学生组则在社交媒体奖励与情感形象之间未能形成这种关系。

表 5-25　社交媒体活动影响城市形象的用户职业差异结果

假设	职业比较	单独模型的路径系数	
	学生与非学生（p 值）	学生（N=188）	非学生（N=199）
H1：认知形象→情感形象	0.229	0.410***	0.240*
H2：认知形象→意动形象	0.232	0.374***	0.213*
H3：情感形象→意动形象	0.321	0.280***	0.393***
H4a：社交媒体互动→认知形象	0.628	0.278***	0.338***
H4b：社交媒体互动→情感形象	0.298	−0.092n.s.	0.042n.s.
H4c：社交媒体互动→意动形象	0.041	0.142n.s.	−0.095n.s.
H5a：社交媒体好处→认知形象	0.411	0.369***	0.471***
H5b：社交媒体好处→情感形象	0.210	0.152n.s.	0.336**
H5c：社交媒体好处→意动形象	0.106	0.115n.s.	0.330**
H6a：社交媒体奖励→认知形象	0.640	−0.016n.s.	0.033n.s.
H6b：社交媒体奖励→情感形象	0.035	0.195*	−0.031n.s.
H6c：社交媒体奖励→意动形象	0.507	−0.141*	−0.080n.s.

根据社交媒体用户关注有关武汉的社交媒体账号的时长选项平均值（M=2.62），将用户使用时长划分为两类，即短期组（一年及以下）和长期组（一年以上）。如表 5-26 所示，一年及以下的社交媒体用户在社交媒体好处到情感形象方面没有影响，一年以上的社交媒体用户在社交媒体好处（β=0.253，$p \leqslant 0.05$）到情感形象方面存在正向显著差异。但是两组在统计学意义上并不存在显著差异。也就是说社交媒体好处对于社交媒体用户而言，无论关注有关武汉的社交媒体账号时间长短，其影响差异并不显著。同样，虽然两组用户在社交媒体好处对意动形象方面在单独模型的路径系数方面存在差异，但是二者并不存在统计学意义上的显著差异。

表 5-26 社交媒体活动影响城市形象的用户使用媒体时长差异结果

假设	使用时长比较	单独模型的路径系数	
	一年及以下与一年以上（p 值）	一年及以下（N=189）	一年以上（N=198）
H1：认知形象→情感形象	0.927	0.346***	0.333***
H2：认知形象→意动形象	0.395	0.356***	0.246*
H3：情感形象→意动形象	0.530	0.317***	0.391***
H4a：社交媒体互动→认知形象	0.852	0.308***	0.286***
H4b：社交媒体互动→情感形象	0.293	–0.105n.s.	0.038n.s.
H4c：社交媒体互动→意动形象	0.090	0.112n.s.	–0.073n.s.
H5a：社交媒体好处→认知形象	0.219	0.358***	0.504***
H5b：社交媒体好处→情感形象	0.684	0.191n.s.	0.253*
H5c：社交媒体好处→意动形象	0.696	0.222**	0.171n.s.
H6a：社交媒体奖励→认知形象	0.390	0.048n.s.	–0.036n.s.
H6b：社交媒体奖励→情感形象	0.177	0.171n.s.	0.017n.s.
H6c：社交媒体奖励→意动形象	0.896	–0.159*	–0.146*

根据社交媒体用户所关注的有关武汉的社交媒体账号的使用频率，将使用频率为非每天使用的用户划分为低频使用组，将使用频率为每天使用的用户划分为高频使用组。如表 5-27 所示，使用频率不同的用户组之间在社交媒体互动对武汉的意动形象形成方面存在差异。虽然从单独模型的路径系数来看，非每天使用和每天使用的社交媒体用户在社交媒体互动到意动形象的形成均无显著影响；但是在组别比较时，二者之间存在统计学意义上的差异。这表明非每天使用所关注的有关武汉的社交媒体账号的用户和每天使用的用户在该账号上进行的交流、互动会影响他们对于武汉的正面推荐与评价。

表 5-27 社交媒体活动影响城市形象的用户使用媒体频率差异结果

假设	使用频率比较	单独模型的路径系数	
	非每天使用与每天使用（p 值）	非每天使用（N=228）	每天使用（N=159）
H1：认知形象→情感形象	0.317	0.284***	0.418***
H2：认知形象→意动形象	0.695	0.339***	0.291**
H3：情感形象→意动形象	0.172	0.384***	0.234**
H4a：社交媒体互动→认知形象	0.216	0.338***	0.177n.s.
H4b：社交媒体互动→情感形象	0.541	–0.022n.s.	–0.099n.s.
H4c：社交媒体互动→意动形象	0.037	–0.055n.s.	0.193n.s.
H5a：社交媒体好处→认知形象	0.121	0.362***	0.574***
H5b：社交媒体好处→情感形象	0.171	0.169*	0.364**
H5c：社交媒体好处→意动形象	0.412	0.165*	0.274*
H6a：社交媒体奖励→认知形象	0.840	0.005n.s.	–0.015n.s.
H6b：社交媒体奖励→情感形象	0.583	0.110n.s.	0.051n.s.
H6c：社交媒体奖励→意动形象	0.228	–0.108n.s.	–0.223**

（四）结果讨论

根据研究结果得出以下主要结论。

1. 社交媒体互动对认知形象有直接影响

该实证检验结果显示，社交媒体互动对认知形象有显著正面影响。这与前人的发现一致。例如，在商业品牌的研究中，社交媒体互动对于用户有关品牌的认知形象有正向显著作用。[1] 用户在有关武汉的社交媒体账号上进行的信息交换、交流及信息查询等互动，有利于促进他们对于武汉认知形象的形成。换言之，关注了有关武汉社交媒体账号的用户在该平台上的互动越活跃，越能加深他们对于武汉城市形象的认知。

2. 社交媒体互动对情感形象、意动形象有间接影响

该研究结果显示，社交媒体互动对情感形象有间接影响，即社交媒体互动通过认知形象对情感形象产生作用。换言之，社交媒体用户在武汉城

[1] BARREDA A A, NUSAIR K, WANG Y, et al. The impact of social media activities on brand image and emotional attachment: a case in the travel context[J]. Journal of hospitality and tourism technology, 2020，11（1）：109–135；HUDSON S, HUANG L, ROTH M S, et al. The influence of social media interactions on consumer - brand relationships: a three–country study of brand perceptions and marketing behaviors[J]. International journal of research in marketing, 2016，33（1）：27–41.

市形象的认知形象方面有越深刻的积累，他们就越容易产生正向的情感形象。同时，研究结果也显示社交媒体互动对意动形象的形成有间接影响。这种间接影响主要由两条路径构成，其一是通过认知形象间接影响意动形象，其二是通过认知形象和情感形象间接影响意动形象。这种间接影响表明，社交媒体用户对于武汉的认知形象十分重要，这种认知能够影响其他两个方面的城市形象形成。总之，在有关武汉的社交媒体账号平台上所进行的用户与用户、用户与信息、用户与平台的多方面互动，有利于正面的武汉城市形象形成。

该研究还发现不同用户群组之间，社交媒体互动对意动形象之间的显著差异。具体而言，收入水平高与收入水平低的用户之间存在显著差异。对于低水平收入的用户而言，社交媒体互动对意动形象有直接影响，而对于高水平收入用户而言则没有影响。学生与非学生群组之间、社交媒体使用频率高和频率低的群组之间都存在显著差异，但是对于他们而言，社交媒体互动都对意动形象没有直接影响，因此，未来研究有必要对这类差异采取进一步的深入研究。

3. 社交媒体好处对认知形象、情感形象、意动形象都有直接影响

该研究结果表明，社交媒体好处对认知形象、情感形象、意动形象都有正向显著作用。这一发现与前人研究结果一致，例如有研究发现心理上的好处直接影响用户对某一商业品牌的认知[1]，以及他们对该品牌的情感依赖[2]。在有关武汉的社交媒体账号平台上，为用户提供一些好处，尤其是心理好处，例如愉悦、高兴等，能够极大提升用户对武汉的认知、情感依恋，以及他们对武汉采取正面评价、推荐的意愿。

同时，该研究发现不同群组之间存在差异。具体而言，年龄不同，社交媒体好处对意动形象的影响不同。对于年龄小于或等于25岁的用户来说，社交媒体好处对意动形象没有影响；而对年龄大于25岁的用户来说，社交媒体好处对意动形象有显著影响。

4. 社交媒体好处对情感形象和意动形象也有间接影响

该研究结果表明，社交媒体好处对情感形象有间接影响，主要通过认知形象对情感形象产生作用。同时，社交媒体好处对意动形象也有间接影

---

[1] MEENAGHAN T. The role of advertising in brand image development[J]. Journal of product & brand management，1995，4（4）：23-34.

[2] WEITZ B A, WENSLEY R. Handbook of marketing[M]. Los Angeles: Sage，2002；SMITH G, FRENCH A. The political brand: a consumer perspective[J]. Marketing theory，2009，9（2）：209-226.

响。主要有三种方式：一是通过认知形象对意动形象产生影响，二是通过情感形象对意动形象产生影响，三是通过认知形象和情感形象共同对意动形象产生影响。这说明，有关武汉的社交媒体账号平台为用户提供的各种令人愉悦、高兴、自豪的好处，不仅能够对他们形成良好的武汉认知形象有益，还能通过已形成的认知形象去影响他们对于武汉的情感形象和意动形象。因此，有关武汉的社交媒体账号平台应当为其用户提供更多好处，尤其是心理方面的好处，从而促进他们形成积极正面的武汉认知形象，进而产生积极的情感形象和意动形象，最终在他们心目中形成一个完整的、正面的武汉城市形象。

5. 社交媒体奖励对认知形象和情感形象没有影响

令人意外的是，该研究结果显示，社交媒体奖励对认知形象和情感形象都没有直接影响。这与前人的研究不太一致。例如商业品牌的社交媒体，奖励有助于提升用户对品牌的认知、对品牌的评价、对品牌的归属感。[1]可能的解释是，与商业品牌相比较，人们对于一个城市的认知和情感依赖所带来的直观经济利益是有限的，因而通过经济利益来提升人们对于城市的认知和评价，效果是值得商榷的。即使有关武汉的社交媒体账号提供了一些奖品，用户获取这些奖品之后，或许也不会再进一步去了解武汉。

同时，该研究发现不同群组之间存在显著差异。具体而言，收入不同，奖励对情感形象的影响不同；学生与非学生之间，奖励对情感形象的影响也不同。对于收入低和学生群组来说，奖励对情感形象有显著正向影响，而对于收入高和非学生群组来说，奖励对情感形象没有影响。因此，有关武汉的社交媒体账号在提供奖励时，应格外关注这些群体，以促进他们形成正向的武汉情感形象。

6. 社交媒体奖励对意动形象有负面影响

颇为意外的是，该研究结果显示，社交媒体奖励对于意动形象有负向显著影响。换言之，社交媒体奖励越多，用户正面评价或者向人推荐该城市的意愿越低。可能的解释是，人们通过社交媒体获取奖励，更多是基于经济利益的考虑，当拿到奖励之后，这种奖励刺激对于正面评价或者城市形象口碑传播无益。

---

[1] KOH J, KIM Y G, BUTLER B, et al. Encouraging participation in virtual communities[J]. Communications of the ACM，2007，50（2）：68-73；HARRIGAN P, EVERS U, MILES M, et al. Customer engagement with tourism social media brands[J]. Tourism management，2017，59：597-609；ZHANG Y. The impact of brand image on consumer behavior: a literature review[J]. Open journal of business and management，2015，3（1）：58-62.

第六章　社会化媒体下城市公共信息的传播

近年来，大众传播媒体、社区媒体、手机媒体、社交共同作用，形成了城市立体的公共信息传播体系。尤其是社会化媒体的普及和快速发展，逐渐成为人们生活中的必需品，也为政府部门发布各类权威政务信息提供了便捷条件和时效性的保障，在社会化媒体上投放公共信息已经成为政府部门进行政务工作的重要平台。社会化媒体的政治性使用相较于商业或人际交流，会对市民的生活、行为产生更深层的影响。为使公共信息传播更加有效，产生更广泛的影响力和更高效的公共信息传播效果，推动政府及其他社会服务部门的工作效能，需要了解社会化媒体政治化过程中市民线上、线下的行为反应机制。通过对线上、线下行为影响因素的探讨，可以推动城市重大公共事件的畅达传播，并为公共信息倡导行为的实现提供干预建议。

本章希望通过解答社会化媒体的政治性使用对市民参与行为的影响，了解依托社会化媒体传递的公共信息，对市民的意识、行为产生的媒介效果，并希望依托研究发现在解析诸如自然灾害、疾病防控、重大公共事件等城市问题时，影响公民参与行为的意识或心理因素。

第一节　研究背景

社会化媒体具有信息传播速度快的特点，人们通过各类社会化媒体获取海量信息并分享个人观点，社会化媒体已成为人们获取及传播信息的主要媒介之一（Stieglitz、Mirbabaie、Ross 等，2018）。[1]政府及社会组织

---

[1] STIEGLITZ S, MIRBABAIE M, ROSS B, et al. Social media analytics-challenges in topic discovery, data collection, and data preparation[J]. International journal of information management, 2018, 39: 156-168.

也逐渐开始利用社会化媒体增强与公众的沟通，政府各部门通过创建社会化媒体账户进行信息公开，政府官员通过开设社交媒体账户直接与公众进行沟通，相关的社会化媒体又被称为政务社会化媒体（social media in government）（Criado、Sandoval-Almazan、Gil-Garcia，2013）。[1]

国务院2016年9月下发《国务院关于加快推进“互联网+政务服务”工作的指导意见》，要求各级政府提高政府服务效率与透明度，转变政府职能，大力建设“互联网+政务”，全面提升公共治理能力，实现智慧政府目标，由此，政务微博、政务微信、短视频、政务APP等“互联网+政务”的形式不断涌现，社会化媒体进入发展的快车道，账号数量和信息发布频率均不断增长。通过政务社会化媒体，民众可以及时获取关乎民生的政务信息，同时政府也可以及时了解民众的需求，提升政府服务水平（唐晓波、李诗轩、谭明亮等，2020）。[2]

作为社会化媒体中的一个类型，政务社交媒体被广泛应用于政治、民生管理中，它承担着政务公开、为公共事务服务、网络问政等功能。2011年，随着政府部门和公共机构大规模建立账号并使用微博公布信息，我国政务社会化媒体步入快速发展期。2014年，政务APP被大量应用于民生管理中，形成了“两微一端”的政治社会化媒体应用态势。2018年，以中国长安网（中央政法委的官方网站）进驻抖音为标志，短视频进入政务社会化媒体矩阵中。目前，政务社会化媒体涵盖了公安、旅游、法院、共青团、地方发布、文化等主要机构类型，形成了政务信息移动化、交互化、可视化的传播新形态。使用在线政务服务的用户也达到6.94亿，占网民总体的76.8%。（CNNIC第45次《中国互联网络发展状况统计报告》，2020）

2020年初，互联网政务服务在新冠肺炎疫情防控中发挥有力支撑，用户规模显著提升，一体化政务平台应用成效越来越大，社会认知度越来越高，群众认同感越来越强，已经成为创新政府管理和优化政务服务的新渠道。社会化媒体对公共信息的传播效果如何？对市民的媒介参与行为和实际参与形成产生了哪些影响？又是什么因素在这一过程中起到了作用？社会化媒体的使用与市民行为产生的关系是什么？本书利用政治传播的相关

[1] CRIADO J I, SANDOVAL-ALMAZAN R, GIL-GARCIA J R. Government innovation through social media[J]. Government information quarterly，2013，30（4）：319-326.

[2] 唐晓波，李诗轩，谭明亮，等．国内外政务社交媒体研究评述及展望[J]. 现代情报，2020（1）：159-169.

研究思路，使用问卷调查法获取数据，探讨社会化媒体使用与政治功效意识、媒介政治参与行为、政治参与行为之间的内在联系。

第二节 文献综述

一、社会化媒体提升了公民参与的可能性

网络体系的产生与成长，对于公众生活形成了极为显著的影响，具体的应用较为普遍，对群众产生的影响较为深刻，有着极为重大的价值。互联网技术的运用产生了很多新的形式，社会化媒体也属于该部分的关键因素。而社会化媒体的具体产生，会显著影响公众的交流模式，也在很大程度上影响了一般市民参与社会民生活动的重要模式。而社会化媒体可以为后续的发展进程塑造更为开放与宽广的参与平台。因为社会化媒体容许个体独立撰写及分享特定的资料，同时可以通过即时地方式开展多维度的评价与讨论，所以一般市民能够自行提供相应的资讯与观点，实现大范围的传播效果，有助于加速市民加入社会民生活动的详细进程，同时让传统的政府治理体系遭遇了巨大的压力。

对于市民所进行的公民参与活动，若想达成理想的效果，必然要通过特定的参与工具进行处理，此类特殊工具的供应与获取，在相当程度上需要依靠技术的支援，特别是需要以通信技术的不断发展作为基础与保障。"即便技术并非民主最终实现的重点因素，但是所起到的工具性价值也需要人们高度重视。"（韩娜，2015）[1] 唯有在日常社会生活过程中，探寻和运用恰当的基本技术及方法，实现相应的民主目标，进一步令其可以覆盖生活的诸多领域，民主方才可以达到预期的效果。在资讯通信体系快速发展的环境下，政策资讯的公开在大部分情况下都会有较为迟缓的特征，一般情况下会依靠垂直传播中的下行传播链条，进一步实现对公众的大范围传播。公民参与的方式也存在较多的限制，大部分会依靠代议制的模式，通过自下而上的方式表述详细的意见，随后再度通过自上而下的指示来实现有效的回应。因为欠缺相应的传播机制，进一步造成普通公众的意见未能获得理想的回馈效果，以致有资讯及意见失真等显著的风险因素，所以市民参

[1] 韩娜．当代大学生诚信问题及对策分析［D］．长春：吉林大学，2015.

与活动对于最终政策所构成的影响存在较大的限制。

相较于传统的媒体渠道而言，社会化媒体所提供的参与模式，整体而言有着更为显著的优势。对传统媒体的运行而言，因为面对特殊传播机制所构成的影响，传统媒体对特定资讯开展选择活动，传统用户和传播主体也属于特定资讯及舆论的关键控制主体，在事实上承担了社会心理学家库尔特·勒温（Kurt Lewin）所述的“把关人”角色。此处与“把关人”相关的论据指出，传统媒体在社会中有着较为丰富的新闻资料，实际上在新闻报道中无法实现“有闻必录”的效果，因其有着特殊的选择程式。在该进程之中，媒介组织进一步构成特殊的“关口”，依靠此类“关口”所具备的传达效应，最终的新闻仅具有小部分素材（韦路、丁方舟，2013）。[1] 对于广大受众而言，其仅仅为主体所控制的特定课题，归属于整体传播程式的末端，针对相对较多的资讯资源，仅仅可以采取被动接受的处理措施，此处的传受互动仅仅存在较为浅薄的理论层面。所以，对于传统媒体的发展而言，若是拥有新环境下的把关人，就可以实现对新闻、舆论的有效控制。[2]

二、政治效能感下的政治功效意识

1954 年，美国研究人员 Cambell、Gurin 和 Miller 等最先创建了政治意识功效的含义，提出政治意识功效是个体对外部事物处理对于行政决策所形成的实际影响，即相应的个体不断对自身需要承担的责任进行实施和履行的活动。民众在参与的过程中会认识到外部社会及行政决策出现了一定的变化，同时在这种变化中融入自身的力量。[3] 在此前提下，美国研究人员又不断发展和完善其含义，认为政治功效的概念能从内在、外在两个角度进行划分，指出这种功效概念关注的是公众的政治素养及综合能力。内在为公众自身的参与性、参与热情和能力，外在主要为公众对于行政部门的信任、外在条件的满足性等。

该领域随后的研究基本都是从内在、外在两个角度展开的。研究人员主要提出了三个观点：①这种概念体现了公众对行政的信赖程度，表明了公众的政治态度。②这种概念即公众对行政决策及行政活动的关注度、信

---

[1] 韦路，丁方舟．论新媒体时代的传播研究转型 [J]. 浙江大学学报（人文社会科学版），2013（4）：93–103.

[2] 陈晓彦，杨茜．社交媒体环境下职业把关人的受众思维与行为模式 [J]. 新闻记者，2018（11）：26–33.

[3] CAMPBELL A, GURIN G, MILLER W E. The voter decides[J]. American sociological review，1954，19（6）：429–433.

任感，此时同样关系到政治行为的成功概率，即在政治领域带来的实际作用。③外在功效概念与责任感存在明显的不同，并不会对民众的看法进行测量，实际上关注行政内部对于民众需求的回馈情况。美国后续的很多研究人员同样进行了深入研究，不过研究的方向基本相似，得到的结论也较为接近，是不断完善及丰富的概念。

影响政治功效意识的因素，如种族、外部社会环境、参与政治活动等，对民众的政治功效观念产生了明显的作用。不过当深入分析这一概念时可以认识到，资讯是作用于这种概念的关键因素。政治功效观念即公众对于政治系统与自我政治参与能力的全面把握及认识，而这种把握与认知的形成必须利用外部的资讯进行评估与明确。所以，当个体处在意见一致的社团环境下，公众倾向于认为行政部门对民众的要求给予回应，同时自身参与政治话题的热情会逐渐提升。当其对政治运作和政治把握更多时，内部和外部的政治功效观念将会明显强化。从另一个角度来说，此时出现的资讯交流不仅有组织团体内部的个体与个体之间的交流、组织与个体之间的交流，而且有团体组织或个体利用网络及其他平台与其他个体之间的交流。

基于这样的理论基础，结合自我功效意识，政治功效意识被定义为“人们是否能认知个人的政治行动对于政治过程有所影响，或是能具有影响的”。Johnson、Braima 和 Sothirajah（2000）发现政治新闻的暴露可以同时增加民众的内在功效意识与外在功效意识。[1] Newhagen（1994）的电访研究显示当选民接触报纸、全国新闻与政论性广播节目越多，其内在政治功效意识也相对越高。[2] Semetko 和 Valkenburg（1998）针对德国民众的研究也发现：一般民众对新闻的注意程度对内在功效意识的提升有显著影响。[3]

三、公民参与

本书将“公民参与”界定为包含个人和集体在内的对于公共事务的参

❶ JOHNSON T J, BRAIMA M A M, SOTHIRAJAH J. Measure for measure: the relationship between different broadcast types, formats, measures and political behaviors and cognitions[J]. Journal of broadcasting & electronic media，2000，44（1）：43-61.

❷ NEWHAGEN J E. Self-efficacy and call-in political television show use[J]. Communication research，1994，21（3）：366-379.

❸ SEMETKO H A, VALKENBURG P M. The Impact of attentiveness on political efficacy: evidence from a three-year German panel study[J]. International journal of public opinion research，1998，10（3）：195-210.

与行为（Putnam，2000）。[1]在民主社会中，各种社会组织（企业、非营利组织、政府组织等）和公民均应参与公共事务。公民参与是增进公民对公共事务的关心和参与，公民参与可以为公民提供公共事务的详细资讯，让公民能够确实参与公共事务的辩论和决策过程（Bimber，1999、2001）。[2]

公民参与和政治参与概念相近，但仍有所差异。政治参与是公民企图影响政府的结构、决策及政治人物所进行的活动（Conway，1985）[3]，属于多面向的概念。政治参与包括选举期间和非选举期间的政治参与行为。选举期间的政治参与包括投票、参与竞选活动、主动将意见反映给政治人物，以及参与政治组织活动（Verba、Schlozman、Brady，1995）。[4]非选举期间的政治参与行为主要通过影响大众的政治决策来左右政府行动，例如参与游行，因政治理由抵制或购买某种产品（Conway，1985；Verba、Schlozman、Brady，1995）；[3][4]而非传统的政治参与通过媒介提供的公共论坛，发表意见和看法（McLeod、Scheufele、Moy，1999）。[5]

非竞选期间的政治参与属于公民参与的范畴，但公民参与公共事务过程的范围并不只限于政治层面。公民参与还包含直接涉入公共事务的行为，因此公民参与涵盖政治参与较为适当。Putnam（2000）将公民参与分类成社区参与（community civic engagement）和政治参与（political civic engagement）。[6]社区参与指的是从事社区服务和社区事务的参与。社区为公民居住区，而社区所发生的事务自然和公民息息相关。社区参与不仅能提升社区成员的社区意识，而且有助于解决社区的问题。

---

[1] Putnam R D. Bowling alone：the collapse and revival of American community[M]. New York：Simon & Schuster，2000.

[2] BIMBER B. The internet and citizen communication with government: does the medium matter?[J]. Political communication，1999，16（4）：409-428；BIMBER B. Information and political engagement in America: the search for effects of information technology at the individual level[J]. Political research quarterly，2001，54（1）：53-67.

[3] CONWAY M M. Political participation in the United States[M]. Washington, D.C.: CQ Press，1985.

[4] VERBA S, SCHLOZMAN K L, BRADY H E. Voice and equality: civic voluntarism in American politics[M]. Cambridge, Mass: Harvard University Press，1995.

[5] MCLEOD J M, SCHEUFELE D A, MOY P. Community, communication, and participation: the role of mass media and interpersonal discussion in local political participation[J]. Political communication,1999，16（3）：315-336.

[6] Putnam R D. Bowling alone：the collapse and revival of American community[M]. New York：Simon & Schuster，2000.

公民参与可以达到公民参与公共事务决策的目标，其过程包含三个阶段：第一个阶段是提升意识，在这个阶段公民认知公共事务并深入理解；第二个阶段是处理，在这个阶段公民认知改变的必要性，各种资讯充斥且激发出各种意见；第三阶段是解决，公民经过审慎思辨的过程，评估各种利弊得失，取得妥协并获得问题的解决方案（Yankelovich，1991）。[1]传播媒介在公民参与过程中扮演重要的角色，传播媒介可以协助并引导公民从第一个提升意识的阶段，经过处理沟通而获取最后解决的成果，但值得关注的是传播媒介的功能在意识提升的阶段比较明显，后两个阶段多半要靠公民自身的力量去完成。如今社会化媒体广泛应用，其高度的互动性特质对公民参与过程具有一定的影响。

在相关的网络政治传播的研究中，线上收集与接收政治资讯属于被动型的社会化媒体使用，并不会影响线下政治参与行为（Kruikemeier、van Noort、Vliegenthart 等，2014）；[2]但也有学者指出线上接收的政治新闻资讯会影响线下政治参与（Bakker、deVrees，2011）[3]，通过对文献的梳理可以观测到，两种不同研究观点的产生与政治参与的测量有关。本书借鉴 Ekman 和 Amna（2012）的研究，把公民参与分为两类：一是以个体参与形式的“个体参与”，个体参与的政治活动包括请愿、连署等；二是以集体形式参与的“集体参与”，集体参与的政治活动包括示威、游行及各种政治集会等。[4]

因此，本书提出以下研究假设。

H1：媒介集体公民参与正向影响政治功效意识。

H2：媒介个体公民参与正向影响政治功效意识。

H3：媒介意见表达正向影响政治功效意识。

H4：政治功效意识正向影响个体参与行为。

H5：政治功效意识正向影响集体参与行为。

---

[1] YANKELOVICH D. Coming to public judgment:making democracy work in a complex world[M]. Syracuse, N.Y.: Syracuse University Press.1991.

[2] KRUIKEMEIER S, VAN NOORT G, VLIEGENTHART R, et al. Unraveling the effects of active and passive forms of political Internet use: does it affect citizens' political involvement?[J]. Newmedia & society，2014，16（6）：903-920.

[3] BAKKER T P, DE VREESE C H. Good news for the future? Young people, internet use, and political participation[J]. Communication research，2011，38（4）：451-470.

[4] EKMAN J, AMNA E. Political participation and civic engagement: towards a new typology[J]. Human affairs，2012，22（3）：283-300.

H6：政治功效意识正向影响意见表达。

H8a：政治功效意识是媒介集体公民参与和集体参与行为的中介变量。

H8b：政治功效意识是媒介集体公民参与和个体参与行为的中介变量。

H8c：政治功效意识是媒介集体公民参与和意见表达的中介变量。

H9a：政治功效意识是媒介个体公民参与和集体参与行为的中介变量。

H9b：政治功效意识是媒介个体公民参与和个体参与行为的中介变量。

H9c：政治功效意识是媒介个体公民参与和意见表达的中介变量。

H10a：政治功效意识是媒介意见表达和集体参与行为的中介变量。

H10b：政治功效意识是媒介意见表达和个体参与行为的中介变量。

H10c：政治功效意识是媒介意见表达和意见表达的中介变量。

四、社会化媒体的政治化使用

政治传播活动中，传统意义上新闻媒体是一个单向传播的过程：党和政府作为传播主体，发布政治资讯；公众作为传播对象，被动地接受政治资讯的传递。但在社会化媒体中的政治传播打破了这一模式：传播主体不再仅仅是党和政府，社会主体更多地补充到政治话题的生产传播过程中，传播内容不仅涉及政治议题，也包含更多民生话题，常态化的双向沟通模式取代了政治动员式的政治传播机制，综合运用了人际传播、大众传播等媒介传播路径，话语形态融合了官方形式和民间话语，使用了更多感性表达方式，这些变量的根源在于传播对象的扩展。社会化媒体的政治化使用，不仅针对普通公民，也包含特殊的资讯接收群体，得到了宏观获知和微观认同（荆学民、段锐，2016）。[1]

网络政治传播有效扩大了人民民主权利，增强了政府效能，塑造了现代政治文化，改变了政府权力的运行模式，深刻影响了政府与民众的关系（刘远亮，2012）。[2]网络媒体的发展改变了政府与民众的传受关系，为政治传播模式带来了深入变革。

Boulianne（2015）对 36 篇有关社会化媒体影响公民参与的文章进行研究，发现 80% 的结果具有显著的正向关系，并由此提出有关社会化媒体使

---

❶ 荆学民，段锐．政治传播的基本形态及运行模式［J］．现代传播（中国传媒大学学报），2016（11）：8–15.

❷ 刘远亮．网络政治传播对当代中国政治发展的影响：基于政府与民众关系的分析［D］．重庆：西南政法大学，2012.

用影响政治参与的三项功能。[1]

其一，社会化媒体是民众获取政治资讯的重要渠道。通过社会化媒体，使用者可以借由推送、转帖、分享等功能接触到政治与公共事务的相关资讯。通过社会化媒体的联结功能，原本对政治或公共事务冷默的使用者可以联结到积极参与政治的网友，从而接收到与政治、公共事务有关的更多信息（Conroy、Feezell、Guerrero，2012）。[2]

其二，社会化媒体通过强大的社会网络可以产生规模化的社会动员。社会化媒体的特性将使用者置于网络当中，可以增强其个人的桥接式和黏结式社会网络（Boase、Kobayashi，2008）[3]，而民众的社会网络越大，就越容易接触到动员的资讯。社会化媒体的使用者通过社会化媒体联结政治组织，参与的虚拟社群越多，就越容易被动员去参加各种集体公民参与活动（Skoric、Zhu、Goh 等，2016）。[4]

其三，社会化媒体可以成为民众意见输送的渠道。社会化媒体的使用者可以通过社会化媒体发表意见，并与网友互动与讨论，促进民众对公共事务产生兴趣并参与其中。有学者认为，民众在属于公私混杂的社会化媒体空间中谈论公共事务，会让他们觉得更安全，更有意愿进行公民参与（Papacharissi，2010）。[5]在社会化媒体上，表达型（expressive）的使用方式和线下意见互动有显著关联（De Zúñiga、Bachmann、Hsu 等，2013）。[6]

研究分析显示，当年轻选民拥有的政治媒介使用程度较高时，媒介效益认知与政治参与就存在被影响的概率。这也验证了 Rosenstone 和 Hansen

---

❶ BOULIANNE S. Social media use and participation: a meta-analysis of current research[J]. Information, communication & society，2015，18（5）：524-538.

❷ CONROY M, FEEZELL J T, GUERRERO M. Facebook and political engagement: a study of online political group membership and offline political engagement[J]. Computers in human behavior，2012，28（5）：1535-1546.

❸ BOASE J, KOBAYASHI T. Kei-Tying teens: using mobile phone, e-mail, to bond, bridge, and break with social ties-a study of Japanese adolescents[J]. International journal of human-computer studies，2008，66（12）：930-943.

❹ SKORIC M M, ZHU Q F, GOH D, et al. Social media and citizen engagement: a meta-analytic review[J]. New media & society，2016，18（9）：1817-1839.

❺ PAPACHARISSI Z A. A private sphere: democracy in a digital age[M]. Cambridge,Eng: Polity：2010.

❻ DE ZÚÑIGA H G, BACHMANN I, HSU S, et al. Expressive versus consumptive blog use: implications for interpersonal discussion and political participation[J]. International journal of communication，2013，7：1538-1559.

（1993）提出的政治媒介使用程度具体影响个体对政治事务的判断，形塑其政治态度，并充分左右个人对政治体系的了解，政治媒介使用是人民在政治体系内能从事有意义参与行为的重要前提。当年轻选民拥有一定的政治媒介使用行为时，其对于现行的政治体系、公众事务就有了一定的判断标准与评价，这些评价将会影响其政治行为。[1]

Newhagen（1994）的电访研究显示当选民对于报纸、全国新闻与政论性广播节目的接触程度越高，其内在政治功效意识也相对越高。[2]Semetko和 Valkenburg（1998）针对德国民众的研究也发现：一般民众对新闻的注意程度会提升其内在功效意识。[3] Norris（1996）的研究也显示新闻媒介的使用程度对民众的政治功效意识有显著影响。[4]

因此，本书提出以下研究假设。

H7：社会化媒体使用行为正向影响政治功效意识。

H11a：政治功效意识是社会化媒体使用和集体参与行为的中介变量。

H11b：政治功效意识是社会化媒体使用和个体参与行为的中介变量。

H11c：政治功效意识是社会化媒体使用和意见表达的中介变量。

五、政治犬儒主义

政治犬儒主义反映的是因为对政治领域的负面印象，而进一步形成了不信赖的观点。作秀、政治攻击与党争等属于较为多见的情形，此类现象容易造成公众对执政机构的质疑，进而衍生出政治犬儒主义的有关思想（Pinkleton、Austin，2001）。[5]

Rozell（1994）研究发现，美国国会的新闻报道使民众感受到媒介呈现的美国 20 世纪 90 年代是所谓的犬儒年代，美国人虽比以前更健康、长寿、富

[1] ROSENSTONE S J, HANSEN J M. Mobilization, participation, and democracy in America[M]. New York: Macmillan Publishing Company，1993.

[2] NEWHAGEN J E. Self-efficacy and call-in political television show use[J]. Communication research，1994，21（3）：366-379.

[3] SEMETKO H A, VALKENBURG P M. The Impact of attentiveness on political efficacy: evidence from a three-year German panel study[J]. International journal of public opinion research，1998，10（3）：195-210.

[4] NORRIS P. Does television erode social capital? A reply to Putnam[J]. Political science and politics，1996，29（3）：474-480.

[5] PINKLETON B E, AUSTIN E W. Individual motivations, perceived media importance, and political disaffection[J]. Political communication，2001，18（3）：321-334.

裕，但却觉得最美好的日子已经过去，民众对政府机构与领导人的信心低到了前所未有的程度。[1]国外有若干研究只显示媒介注意与信任政府有关，但媒介的负面内容暴露与信任政府之间并无明显关联（Bennett、Rhine、Flickinger等，1999）。[2]例如，De Vreese（2004）曾进行了一项有关政治犬儒、议题评价、政治支持的实验研究，结果发现，接触策略新闻议题的观众确实具有政治犬儒的现象，而且对夸大的议题会增加负面评价，但是，间隔一段时间之后，再测验其长期效果，结果发现前述对议题所呈现的负面印象均减缓，因而指出除非公众长时间接触类似框架的新闻报道，否则效果不会持续。[3]

当公众大量依赖大众媒介获取有关政府活动的信息时，将极可能影响其对政治真实的认知与态度。Cappella 和 Jamieson（1996）的研究提出“犬儒的螺旋”（spiral of cynicism）概念，强调负面的传播媒介报道日渐影响公众对公共事务与政府的参与度。[4] Patterson（1993）的研究显示大量的负面新闻报道与美国民众的政治犬儒态度有关，愈关心政治、接收政治新闻愈多的人，愈对国会充满不信任，选战中过多的负面新闻使民众对政治参与产生负面观感和冷漠。[5]

Norris（2000）曾指出，看电视的行为会降低人们对政治机构的信心，以及对政治体系的支持，因此“影视弱智”是社会资本不足的原因之一。[6]我国许多研究都显示民众的政治冷漠感增加，参与意愿日益淡薄。有学者梳理了1984~1992年国人对不同对象的参与情况，结果与国外研究结果类似，即国人对政府、司法与执法机关、大众传播媒介不参与的比例都显著升高。政治学者探讨政治参与态度形成的可能因素时，多未讨论媒介使用的变项，但他们发现在我国的政治动员中，省籍、政党、年龄等人口变项

---

❶ ROZELL M. Press coverage of congress: 1946—1992[C]//MANN T E, ORNSTEIN N J. Congress，thepress and the public. Washington,D.C.: Brookings Institution/American Enterprise Institute，1994：59-129.

❷ BENNETT S E，RHINE S L，FLICKINGER R S，et al. “Video malaise” revisited-public trust in the media and government[J]. The international journal of press/politics, 1999, 4(4): 8-23.

❸ DE VREESE C. The effects of strategic news on political cynicism, issue evaluations, and policy support: a two-wave experiment[J]. Mass communication & society，2004，7（2）：191-214.

❹ CAPPELLA J N, JAMIESON K H. News frames, political cynicism, and media cynicism[J]. The annals of the American academy of political and social science，1996，546：71-84.

❺ PATTERSON T E. Out of order[M]. New York：Vintage Books，1994.

❻ NORRIS P. A virtuous circle: political communications in postindustrial societies[M]. Cambridge, Eng: Cambridge University Press，2000.

往往是决定政治态度的关键因素。还有些学者分析政治媒介参与对政治参与的影响时发现，民众的政治媒介参与和评价媒介是否负面，受到政治犬儒主义影响。

因此，本书提出以下研究假设。

H12a：政治犬儒主义在政治功效意识与集体参与行为关系中存在负向调节作用。

H12b：政治犬儒主义在政治功效意识与个体参与行为关系中存在负向调节作用。

H12c：政治犬儒主义在政治功效意识与意见表达关系中存在负向调节作用。

第三节　理论模型与研究方法

一、理论模型

为了进一步研究社会化媒体使用、公民媒介参与、公民参与等与政治功效意识的关系，本书发展了研究模型。按照理论模型图（见图 6-1）显示，模型从社会化媒体使用，以及公民媒介参与的媒介集体公民参与、媒介个体公民参与和媒介意见表达四个变量开始，直接影响政治功效意识，并通过这一变量间接影响公民参与的个体参与行为、集体参与行为和意见表达。该模型基于相关理论及文献，试图扩展对于研究假设中相关概念关系的认识。

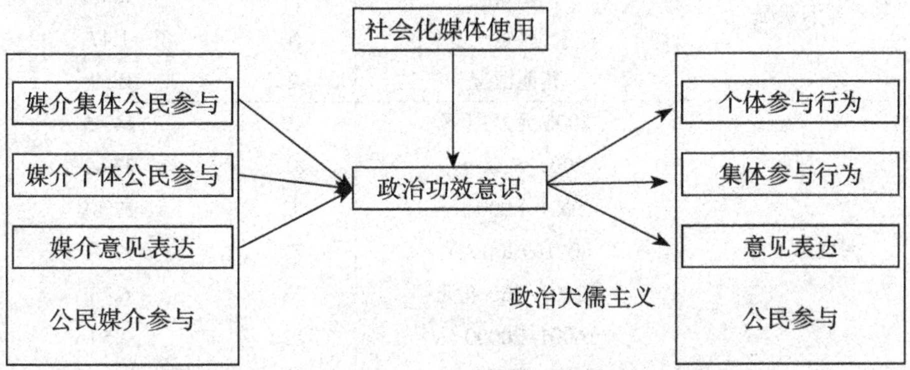

图 6-1　社会化媒体的政治性使用形态对市民参与影响框架模型

二、研究方法

该研究使用问卷调查法获取数据并验证假设。为尽量保证数据的随机性，该研究在数据获取阶段使用了问卷星的样本服务，基于问卷星的样本数据库，向符合调研条件的受访者随机发放网络问卷。据统计，共向 400 名受访者发放了本次调研问卷，回收问卷 357 份，经过检查，共剔除废卷 18 份，最终保留有效问卷 339 份，问卷调研的回收率为 89.3%，有效率为 95.0%。受访者基本信息统计如表 6–1 所示。

表 6–1　受访者基本信息统计（*N*=339）

信息	分类	人数	比例（%）
性别	男	157	46.31
	女	182	53.69
年龄	20 岁以下	20	5.90
	20~29 岁	156	46.02
	30~39 岁	114	33.63
	40~49 岁	33	9.73
	50 岁及以上	16	4.72
受教育水平	初中及以下	2	0.59
	高中或中专	29	8.55
	大学专科	61	17.99
	大学本科	226	66.67
	硕士研究生	17	5.01
	博士研究生	4	1.18
婚姻状况	未婚	142	41.89
	已婚	190	56.05
	离婚	5	1.47
	其他情况	2	0.59
月收入水平	2000 元及以下	49	14.45
	2001~5000 元	81	23.89
	5001~8000 元	92	27.14
	8001~12000 元	77	22.71
	12001~16000 元	23	6.78
	16001~20000 元	12	3.54
	20001 元及以上	5	1.47

三、核心变量测量

（一）公民媒介参与

该研究所指的“民众媒介参与”主要是指一种依托社会化媒体实现的社区参与和政治参与的形式，即通过社会化媒体实现对不同议题的意见陈述（Bucy、D'angelo、Newhagen，1999）。[1] 该研究依托这一概念将其细分为媒介集体公民参与、媒介个体公民参与和媒介意见表达（Ekman、Amna，2012）。[2] 变量测量借用依据 Bucy、Gregson（2001）[3] 和 Pinkleton、Autsin、Fortman（1998）[4] 的研究内容设计问卷，依据受访者倾向程度使用五分语义差异量表来测量，1 代表非常不同意，5 代表非常同意（见附录 2）。具体问题如表 6-2 所示。

表 6-2　公民媒介参与部分语义差异量表问题

变量	题目	来源
媒介集体公民参与	1. 在网上筹款或者在网上捐钱支持一些公共活动	Bucy、Gregson（2001）[3]
	2. 在网上呼吁其他人参与公共活动，例如倡议垃圾分类	
	3. 在网上建立有关公共事务的公众账号或群组	
媒介个体公民参与	4. 在网上分享（转贴、发邮件）和公共事务有关的新闻、信息、视频	Bucy、Gregson（2001）[3]
	5. 添加与公共事务有关的网络公共账号、社群或好友	
	6. 参与网上的公共事务活动，例如点赞疫情期间戴口罩的倡议	

---

[1] BUCY E P, D'ANGELO P, NEWHAGEN J E. The engaged electorate: new media use as political participation［M］//KAID L L, BYSTROM D G. The electronic election: perspectives on the 1996 campaign communication. Mahwah, New Jersey: Lawrence Erlbaum Associates，1999：335–347.

[2] EKMAN J, AMNA E. Political participation and civic engagement: towards a new typology［J］. Human affairs，2012，22（3）：283–300.

[3] BUCY E P, GREGSON K S. Media participation: a legitimizing mechanism of mass democracy［J］. New media & society，2001，3（3）：357–380.

[4] PINKLETON B E, AUTSIN E W, FORTMAN K K J. Relationship of media use and political disaffection to political efficacy and voting behavior［J］. Journal of broadcasting & electronic media，1998，42：34–49.

续表

变量	题目	来源
媒介意见表达	7. 在网上发表（制作、评论）与公共事务有关的新闻、信息、视频	Pinkleton、Autsin、Fortman（1998）[1]
	8. 通过网络反映民生问题或寻求政府帮助	

（二）政治功效意识

政治功效意识是预测政治参与行为的重要指标（Steven E. Finkel，1985），[2]其又分为内在政治功效意识和外在政治功效意识。内在政治功效意识是指注重民众本身的政治能力，自己可以参与政治并且影响政治；外在政治功效意识是指民众个人是否相信政府当局能够及时响应人民需求，是政治信任感的一种表现（Pinkleton、Autsin，2001）。[3]

该研究中的政治功效意识既包含内在政治功效意识，又包含外在政治功效意识，变量测量依据 Pinkleton、Autsin（2001）[3]和张卿卿（2002）[4]的研究内容设计问卷，依据受访者倾向程度使用五分语义差异量表来测量，1 代表非常不同意，5 代表非常同意（见附录 2）。具体问题如表 6–3 所示。

表 6–3　政治功效意识部分语义差异量表问题

题目	来源
9. 我觉得获取自己需要的政策信息是方便的	Pinkleton、Autsin（2001）[3]
10. 假如亲身参与民生政策制定过程，我会得到重视	
11. 我觉得市民有必要参与民生政策制定	
12. 我觉得市民参与对民生政策制定工作有作用	张卿卿（2002）[4]
13. 我觉得市民参与改善了民生政策制定的公开程度	

（三）社会化媒体使用

社会化媒体呈现出复杂化和立体化的趋势，其对文字、图片、数据、音频、视频进行立体综合运用。该研究中的“社会化媒体使用”是指在社

❶ PINKLETON B E, AUTSIN E W, FORTMAN K K J. Relationship of media use and political disaffection to political efficacy and voting behavior[J]. Journal of broadcasting & electronic media，1998，42：34–49.

❷ FINKEL S E. Reciprocal effects of participation and political efficacy: a panel analysis[J]. American journal of political science，1985，29（4）：891–913.

❸ PINKLETON B E, AUSTIN E W. Individual motivations, perceived media importance, and political disaffection[J]. Political communication，2001，18（3）：321–334.

❹ 张卿卿 . 竞选新闻框架与广告诉求对选民政治效能与信赖感的影响 [J]. 新闻学研究，2002（70）：135–165.

会化媒体环境下，公众通过电脑端和移动端获取、编辑和发布政治资讯、政治观点和政治新闻的行为。变量测量依据 Norris（1996）[1] 的研究内容设计问卷，依据受访者倾向程度使用五分语义差异量表来测量，1 代表非常不同意、5 代表非常同意（见附录 2）。具体问题如表 6–4 所示。

表 6–4　社会化媒体使用部分语义差异量表问题

题目	来源
14. 我主要通过社交媒体获取与公共事务有关的新闻、信息、视频	Norris（1996）[1]
15. 我主要通过社交媒体了解社会动向和民生最新消息	
16. 我主要通过社交媒体获取民生资讯，使用过的社交媒体的种类个数	

（四）公民参与

结合中国国情，该研究对公民参与的界定为非选举期，仅考量社会化媒体使用行为对公民社区参与和政治参与的影响，因此，该研究将公民参与界定为城市公民参与的有关政治或民生的政治活动，并根据 Ekman 和 Amna（2012）的研究将其细分为集体参与行为、个体参与行为和意见表达[2]。变量测量依据 Leshner 和 Thorson（2000）[3]，Johnson、Braima 和 Sothirajah（1999）[4]、Wilkins（2000）[5] 的研究内容设计问卷，依据受访者倾向程度使用五分语义差异量表来测量，1 代表非常不同意，5 代表非常同意（见附录 2）。具体问题如表 6–5 所示。

表 6–5　公民政治（民生）参与部分语义差异量表问题

变量	题目	来源
集体参与行为	17. 我会参加造势活动	Leshner、Thorson（2000）[3]
	18. 我会参加倡议活动	

[1] NORRIS P. Does television erode social capital? A reply to Putnam[J]. Political science and politics，1996，29（3）：474–480.

[2] EKMAN J, AMNA E. Political participation and civic engagement: towards a new typology[J]. Human affairs，2012，22（3）：283–300.

[3] LESHNER G, THORSON E. Overreporting voting: campaign media, public mood, and the vote[J]. Political communication，2000，17（3）：263–278.

[4] JOHNSON T J, BRAIMA M A M, SOTHIRAJAH J. Doing the traditional media sidestep: comparing the effects of the internet and other nontraditional media with traditional media in the 1996 presidential campaign[J]. Journalism & mass communication quarterly，1999，76（1）：99–123.

[5] WILKINS K G. The role of media in public disengagement from political life[J]. Journal of broadcasting & electronic media，2000，44（4）：569–580.

续表

变量	题目	来源
个体参与行为	19. 我会因为政府倡议、伦理（道德）或是环保的理由拒绝购买或特意购买某些产品	Johnson、Braima、Sothirajah（1999）[1]
	20. 我会捐钱给某些公益活动或者帮相关机构募款	
意见表达	21. 我会通过大众媒体表达想法	Wilkins（2000）[2]
	22. 我会通过政府公开方式（如市民热线、市长信箱等）表达想法	

（五）政治犬儒主义

政治犬儒主义反映的是因为对政治领域的负面印象，而进一步形成不信赖的观点。作秀、政治攻击与党争等属于较为多见的情形，此类现象容易造成公众对执政机构的质疑，进而衍生出政治犬儒主义的有关思想（Pinkleton、Austin，2001）。[3] 变量测量借用 Pinkleton、Austin（2002）[4] 的研究内容设计问卷，依据受访者倾向程度使用五分语义差异量表来测量，1 代表非常不同意，5 代表非常同意（见附录 2）。具体问题如表 6–6 所示。

表 6–6　政治犬儒主义部分语义差异量表问题

题目	来源
23. 大部分社交媒体上的意见领袖是不值得信任的	Pinkleton、Austin（2002）[4]
24. 为了获取支持，意见领袖会在社交媒体上说一些民众想听的话	
25. 通过社交媒体也很难了解意见领袖的真实状态	
26. 意见领袖只在乎自己的利益，不在乎像我这样的人在想什么	

[1] JOHNSON T J, BRAIMA M A M, SOTHIRAJAH J. Doing the traditional media sidestep: comparing the effects of the internet and other nontraditional media with traditional media in the 1996 presidential campaign[J]. Journalism & mass communication quarterly, 1999，76（1）：99–123.

[2] WILKINS K G. The role of media in public disengagement from political life[J]. Journal of broadcasting & electronic media，2000，44（4）：569–580.

[3] PINKLETON B E, AUSTIN E W. Individual motivations, perceived media importance, and political disaffection[J]. Political communication，2001，18（3）：321–334.

[4] PINKLETON B E, AUSTIN E W. Exploring relationships among media use frequency, perceived media importance, and media satisfaction in political disaffection and efficacy[J]. Mass communication & society，2002，5（2）：141–163.

四、结果分析

（一）变项测量

1. 政治媒介参与量表的信度和效度测量

KMO 和 Bartlett 的检验结果显示，KMO 值为 0.767，高于 0.7，Bartlett 的球形度检验 $p < 0.001$，政治媒介参与量表适合通过因素分析来检验效度。如表 6–7 所示，累计提取出 3 个公因子，总的方差解释率为 80.281%。Q1.1~Q1.3 属于公因子 1，特征值为 2.387，方差解释率为 29.842%。因子载荷在 0.816~0.911 之间，为媒介集体公民参与因素；Q1.4~Q1.6 属于公因子 2，特征值为 2.338，方差解释率为 29.225%，因子载荷在 0.830~0.888 之间，为媒介个体公民参与因素；Q1.7~Q1.8 属于公因子 3，特征值为 1.697，方差解释率为 21.214%，因子载荷在 0.898~0.899 之间，为媒介意见表达因素。因素分析符合理论设计，同时各测量题项在公因子上的因子载荷均在 0.6 以上，解释能力较强，故政治媒介参与量表效度较好；政治媒介参与量表总的克隆巴赫系数为 0.818，各因素的克隆巴赫系数在 0.804~0.876 之间，信度高于 0.8，信度理想。

表 6–7　政治媒介参与量表的信度与效度检验结果

因素命名	测量题项	成分			特征值	方差解释率（%）	克隆巴赫系数
		1	2	3			
媒介集体政治参与	Q1.1	0.816	0.266	0.188	2.387	29.842	0.876
	Q1.2	0.879	0.160	0.120			
	Q1.3	0.911	0.123	0.046			
媒介个体政治参与	Q1.4	0.193	0.830	0.125	2.338	29.225	0.850
	Q1.5	0.166	0.851	0.078			
	Q1.6	0.152	0.888	0.098			
媒介意见表达	Q1.7	0.119	0.123	0.898	1.697	21.214	0.804
	Q1.8	0.129	0.104	0.899			

注：KMO 和 Bartlett 的检验中，KMO 值为 0.767，Bartlett 的球形度检验中，χ^2=1303.705，df=28，$p < 0.001$；总的方差解释率为 80.281%；总的克隆巴赫系数为 0.818。

2. 政治参与量表的信度和效度测量

KMO 和 Bartlett 的检验结果显示，KMO 值为 0.643，高于 0.6，Bartlett 的球形度检验 $p < 0.001$，政治参与量表尚且可以通过因素分析来检验效

度。如表 6-8 所示，累计提取出 3 个公因子，总的方差解释率为 84.890%。Q2.1~Q2.2 属于公因子 3，特征值为 1.659，方差解释率为 27.648%，因子载荷分别为 0.904、0.898，因素为个体参与；Q2.3~Q2.4 属于公因子 1，特征值为 1.766，方差解释率为 29.430%，因素载荷分别为 0.939、0.936，因素为集体参与；Q2.5~Q2.6 属于公因子 2，特征值为 1.669，方差解释率为 27.812%，因子载荷分别为 0.899、0.909，因素为意见表达。因素分析显示效度较好。政治参与量表总的克隆巴赫系数为 0.701，各因素的克隆巴赫系数在 0.793~0.867 之间，信度可靠。

表 6-8　政治参与量表的信度与效度检验结果

因素命名	测量题项	成分			特征值	方差解释率（%）	克隆巴赫系数
		1	2	3			
个体参与	Q2.1	0.047	0.107	0.904	1.659	27.648	0.793
	Q2.2	0.031	0.139	0.898			
集体参与	Q2.3	0.939	0.044	0.026	1.766	29.430	0.867
	Q2.4	0.936	0.051	0.054			
意见表达	Q2.5	0.057	0.899	0.146	1.669	27.812	0.801
	Q2.6	0.038	0.909	0.102			

注：KMO 和 Bartlett 的检验中，KMO 值为 0.643，Bartlett 的球形度检验中，χ^2=720.050，df=28，$p < 0.001$；总的方差解释率为 84.890%；总的克隆巴赫系数为 0.701。

3. 政治功效意识量表的信度和效度测量

KMO 和 Bartlett 的检验结果显示，KMO 值为 0.896，高于 0.7，Bartlett 的球形度检验 $p < 0.001$，政治功效意识量表非常适合通过因素分析来检验效度。如表 6-9 所示，共提取出一个公因子，特征值为 3.668，方差解释率为 73.36%，因子载荷在 0.831~0.877 之间，克隆巴赫系数为 0.908，政治功效意识因素具有较好的信度与效度。

表 6-9　政治功效意识量表的信度与效度检验结果

因素命名	测量题项	成分	特征值	方差解释率（%）	克隆巴赫系数
		1			
政治功效意识	Q3.1	0.868	3.668	73.36	0.908
	Q3.2	0.877			
	Q3.3	0.850			
	Q3.4	0.831			
	Q3.5	0.856			

注：KMO 和 Bartlett 的检验中，KMO 值为 0.896，Bartlett 的球形度检验中，χ^2=1050.545，df=10，$p < 0.001$；总的方差解释率为 73.36%；总的克隆巴赫系数为 0.908。

4. 社会化媒体使用量表的信度和效度测量

KMO 和 Bartlett 的检验结果显示，KMO 值为 0.736，高于 0.7，Bartlett 的球形度检验 $p < 0.001$，社会化媒体使用量表可以通过因素分析来检验效度。如表 6–10 所示，共提取出一个公因子，特征值为 2.387，方差解释率为 79.577%，因子载荷在 0.875~0.905 之间，克隆巴赫系数为 0.86，社会化媒体使用因素具有较好的信度与效度。

表 6–10　社会化媒体使用量表的信度与效度检验结果

因素命名	测量题项	成分	特征值	方差解释率（%）	克隆巴赫系数
		1			
社会化媒体使用	Q4.1	0.896	2.387	79.577	0.86
	Q4.2	0.905			
	Q4.3	0.875			

注：KMO 和 Bartlett 的检验中，KMO 值为 0.736，Bartlett 的球形度检验中，χ^2=508.875，df=3，$p < 0.001$；总的方差解释率为 79.577%；总的克隆巴赫系数为 0.86。

5. 犬儒主义量表的信度和效度测量

KMO 和 Bartlett 的检验结果显示，KMO 值为 0.821，高于 0.7，Bartlett 的球形度检验 $p < 0.001$，犬儒主义量表可以通过因素通过来检验效度。如表 6–11 所示，共提取出一个公因子，特征值为 3.509，方差解释率为 70.182%，因子载荷在 0.826~0.854 之间，克隆巴赫系数为 0.879，犬儒主义因素具有较好的信度与效度。

表 6–11　犬儒主义量表的信度与效度检验结果

因素命名	测量题项	成分	特征值	方差解释率（%）	克隆巴赫系数
		1			
犬儒主义	Q5.1	0.831	3.509	70.182	0.879
	Q5.2	0.844			
	Q5.3	0.834			
	Q5.4	0.826			
	Q5.5	0.854			

注：KMO 和 Bartlett 的检验中，KMO 值为 0.821，Bartlett 的球形度检验中，χ^2=1012.434，df=10，$p < 0.001$；总的方差解释率为 70.182%；总的克隆巴赫系数为 0.879。

（二）验证性因素分析与相关性分析

通过 AMOS25.0 软件建立一阶验证性因素分析模型，从收敛效度与判别效度两方面对各因素的效度做进一步分析。验证性因素分析模型拟合均符合相关标准，数据和模型相适配，可以进行结果的分析。如表 6–12 所示，各潜在因素的测量题项标准化载荷均在 0.6 以上，$p < 0.001$，平均提取方差 AVE 均在 0.6 以上，组合信度 CR 均在 0.7 以上，各因素均具有较好的收敛效度。

表 6–12　各因素验证性因素分析结果

潜在因素	测量题项	标准化载荷	t 值	AVE	CR
媒介集体公民参与	Q1.3	0.853		0.706	0.878
	Q1.2	0.847	17.8***		
	Q1.1	0.821	17.226***		
媒介个体公民参与	Q1.6	0.872		0.664	0.855
	Q1.5	0.791	15.962***		
	Q1.4	0.778	15.678***		
媒介意见表达	Q1.7	0.829	9.776***	0.673	0.805
	Q1.8	0.812			
政治功效意识	Q3.2	0.843		0.668	0.909
	Q3.3	0.795	17.582***		
	Q3.4	0.779	17.057***		
	Q3.1	0.846	19.413***		
	Q3.5	0.82	18.478***		
社会化媒体使用	Q4.3	0.788		0.695	0.872
	Q4.2	0.871	16.292***		
	Q4.1	0.84	15.95***		
个体参与	Q2.2	0.812	13.252***	0.658	0.794
	Q2.1	0.81			
集体参与	Q2.4	0.935	4.118***	0.773	0.871
	Q2.3	0.819			
意见表达	Q2.6	0.834	12.754***	0.669	0.802
	Q2.5	0.802			

续表

潜在因素	测量题项	标准化载荷	t 值	AVE	CR
犬儒主义	Q5.4	0.765		0.627	0.894
	Q5.3	0.781	14.599***		
	Q5.2	0.807	15.136***		
	Q5.5	0.815	15.309***		
	Q5.1	0.791	14.8***		

注：*** 表示 $p < 0.001$；验证性因素分析模型拟合优度，χ^2=420.096，df=288，χ^2/df=1.459，RMSEA=0.037，GFI=0.917，AGFI=0.901，NFI=0.924，IFI=0.975，CFI=0.974。

如表 6-13 所示，从判别效度检验结果来看，各因素的 AVE 平方根均大于该因素与其他因素的相关系数，故各因素均具有较好的判别效度，综合来看，各因素均具有较好的测量有效性。

表 6-13　各因素相关性分析与判别效度检验

潜在因素	1	2	3	4	5	6	7	8	9
1. 媒介集体公民参与	**0.840**								
2. 媒介个体公民参与	0.446***	**0.815**							
3. 媒介意见表达	0.333***	0.309***	**0.820**						
4. 政治功效意识	0.593***	0.634***	0.523***	**0.817**					
5. 社会化媒体使用	0.194**	0.285***	0.215**	0.460***	**0.834**				
6. 个体参与	0.374***	0.423***	0.372***	0.727***	0.301***	**0.811**			
7. 集体参与	0.014	0.002	0.091	0.060	0.077	0.115	**0.879**		
8. 意见表达	0.434***	0.414***	0.347***	0.684***	0.270***	0.335***	0.127	**0.818**	
9. 犬儒主义	–0.007	0.000	0.163*	0.028	–0.015	0.203**	0.051	0.135*	**0.792**

注：对角线黑体数值为各因素 AVE 平方根；*** 表示 $p < 0.001$，** 表示 $p < 0.01$，* 表示 $p < 0.05$。

从各因素之间的相关性来看，政治功效意识与媒介集体公民参与、媒介个体公民参与、媒介意见表达、社会化媒体使用具有显著的正相关关系，相关系数在 0.460~0.634 之间，$p < 0.001$；政治功效意识与个体参与、意见表达具有显著的正相关关系，相关系数在 0.684~0.727 之间，$p < 0.001$，政治功效意识与集体参与的相关关系不显著。上述关系证明研究的模型之间存在成立的可能性，下面进行假设的研究证明。

（三）结构方程模型与假设研究

1. 模型研究结果

通过 AMOS25.0 软件建立结构方程模型，代入数据进行拟合，并对模型进行适当修正，得到最终的模型研究结果，结构方程模型拟合结果如图 6-2 所示。

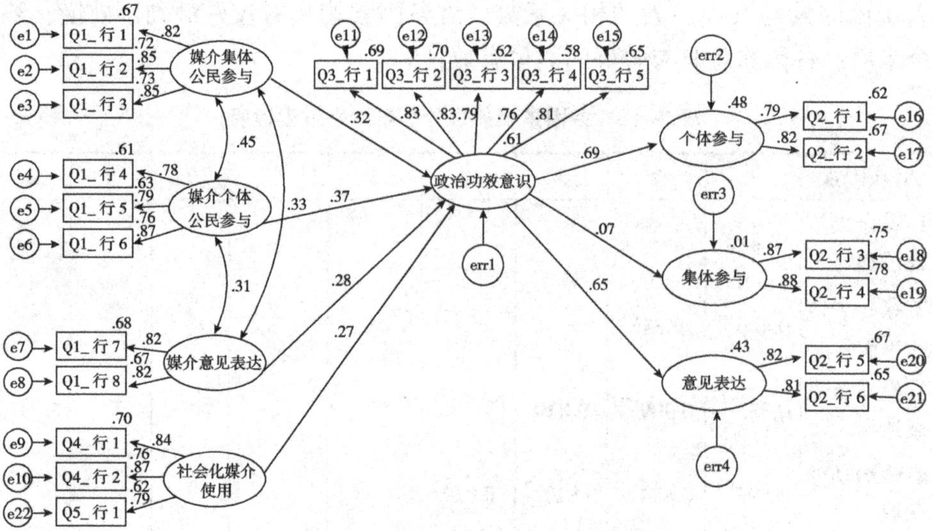

图 6-2　结构方程模型拟合结果

注：χ^2=258.166，df=199，χ^2/df=1.297，RMSEA=0.030，GFI=0.935，AGFI=0.918，NFI=0.941，IFI=0.986，CFI=0.986。

模型的拟合优度 χ^2=258.166，df=199，χ^2/df=1.297，RMSEA=0.030，GFI=0.935，AGFI=0.918，NFI=0.941，IFI=0.986，CFI=0.986，各拟合指标均符合相关标准，数据和模型相适配，可以进行结果分析。

结构方程模型假设研究结果整理如表 6-14 所示。媒介集体公民参与正向影响政治功效意识（β=0.316，$p < 0.001$），媒介个体公民参与正向影响政治功效意识（β=0.365，$p < 0.001$），媒介意见表达正向影响政治功效意识（β=0.277，$p < 0.001$）。政治媒介参与的三个因素均对政治功效意识有显著

的促进作用，媒介集体公民参与、媒介个体公民参与、媒介意见表达水平越高，政治功效意识水平越高，假设 H1、H2、H3 成立。社会化媒体使用正向影响政治功效意识（β=0.273，$p < 0.001$），社会化媒体使用水平越高，政治功效意识水平越高，假设 H7 成立。四个因素对政治功效意识共同解释率为 60.9%，解释程度较高。

政治功效意识正向影响个体参与（β=0.692，$p < 0.001$），政治功效意识水平越高，个体参与水平越高，政治功效意识对个体参与的解释率为 47.9%，假设 H4 成立；政治功效意识对集体参与的影响不显著（β=0.071，$p > 0.05$），政治功效意识不能对集体参与产生显著的促进作用，假设 H5 不成立；政治功效意识正向影响意见表达（β=0.655，$p < 0.001$），政治功效意识水平越高，意见表达水平越高，政治功效意识对意见表达的解释率为 42.9%，假设 H6 成立。

表 6–14　结构方程模型假设研究结果

假设	影响路径	标准化路径系数 β	标准误	T 值	R^2
H1	媒介集体公民参与→政治功效意识	0.316	0.056	5.921***	0.609
H2	媒介个体公民参与→政治功效意识	0.365	0.054	6.751***	
H3	媒介意见表达→政治功效意识	0.277	0.055	5.227***	
H7	社会化媒体使用→政治功效意识	0.273	0.043	6.022***	
H4	政治功效意识→个体参与	0.692	0.06	10.487***	0.479
H5	政治功效意识→集体参与	0.071	0.068	1.089	—
H6	政治功效意识→意见表达	0.655	0.064	10.232***	0.429

注：*** 表示 $p < 0.001$，R^2 为被解释潜在变量的信息解释量。

2. 政治功效意识中介作用研究结果

通过 AMOS 的 bootstrap 分析对模型中的中介作用进行分析，设定抽取样本量为 300，抽样次数为 5000，分析结果整理如表 6–15 所示。媒介集体公民参与→政治功效意识→集体参与，中介作用为 0.022，$p > 0.05$，中介作用不显著，假设 H8a 不成立；媒介集体公民参与→政治功效意识→个体参与，中介作用为 0.219，95%CI 为［0.151，0.297］，假设 H8b 成立；媒介集体公民参与→政治功效意识→意见表达，中介作用为 0.207，95%CI 为

[0.145，0.289]，假设 H8c 成立。

媒介个体公民参与→政治功效意识→集体参与，中介作用为0.026，$p > 0.05$，假设 H9a 不成立；媒介个体公民参与→政治功效意识→个体参与，中介作用为 0.253，95%CI 为 [0.19，0.33]，假设 H9b 成立；媒介个体公民参与→政治功效意识→意见表达，中介作用为 0.239，95%CI 为 [0.181，0.31]，假设 H9c 成立。

媒介意见表达→政治功效意识→集体参与，中介作用为 0.02，$p > 0.05$，假设 H10a 不成立；媒介意见表达→政治功效意识→个体参与，中介作用为 0.192，95%CI 为 [0.13，0.259]，假设 H10b 成立；媒介意见表达→政治功效意识→意见表达，中介作用为 0.182，95%CI 为 [0.123，0.248]，假设 H10c 成立。

社会化媒体使用→政治功效意识→集体参与，中介作用为 0.019，$p > 0.05$，假设 H11a 不成立；社会化媒体使用→政治功效意识→个体参与，中介作用为 0.189，95%CI 为 [0.124，0.255]，假设 H11b 成立；社会化媒体使用→政治功效意识→意见表达，中介作用为 0.179，95%CI 为 [0.118，0.244]，假设 H11c 成立。

表 6-15　模型中中介作用分析结果

假设	中介作用路径	β	p	95%CI
H8a	媒介集体公民参与→政治功效意识→集体参与	0.022	0.118	[-0.016，0.07]
H8b	媒介集体公民参与→政治功效意识→个体参与	0.219	0.007	[0.151，0.297]
H8c	媒介集体公民参与→政治功效意识→意见表达	0.207	0.007	[0.145，0.289]
H9a	媒介个体公民参与→政治功效意识→集体参与	0.026	0.118	[-0.023，0.075]
H9b	媒介个体公民参与→政治功效意识→个体参与	0.253	0.007	[0.19，0.33]
H9c	媒介个体公民参与→政治功效意识→意见表达	0.239	0.007	[0.181，0.31]
H10a	媒介意见表达→政治功效意识→集体参与	0.02	0.118	[-0.014，0.063]
H10b	媒介意见表达→政治功效意识→个体参与	0.192	0.007	[0.13，0.259]
H10c	媒介意见表达→政治功效意识→意见表达	0.182	0.007	[0.123，0.248]
H11a	社会化媒体使用→政治功效意识→集体参与	0.019	0.118	[-0.016，0.057]
H11b	社会化媒体使用→政治功效意识→个体参与	0.189	0.007	[0.124，0.255]
H11c	社会化媒体使用→政治功效意识→意见表达	0.179	0.007	[0.118，0.244]

3. 犬儒主义的调节作用研究结果

通过 AMOS25.0 软件构建调节作用模型进行研究，整理结果如表 6–16 所示。政治功效意识和犬儒主义对个体参与的影响显著（β=–0.261，$p < 0.001$），95%CI 为 [–0.342，–0.173]，犬儒主义在政治功效意识对个体参与中的调节作用显著，假设 H11b 成立；政治功效意识和犬儒主义对集体参与的影响不显著（$p > 0.05$），犬儒主义在政治功效意识对集体参与中的调节作用不显著，假设 H11a 不成立；政治功效意识和犬儒主义对意见表达的影响显著（β=–0.216，$p < 0.001$），95%CI 为 [–0.322，–0.128]，假设 H11c 成立。

表 6–16　犬儒主义的调节作用研究结果

影响路径	标准化路径系数 β	t 值	p	95%CI
政治功效意识→个体参与	0.593	14.705	***	[0.515，0.674]
犬儒主义→集体参与	0.037	0.686	0.493	[–0.079，0.159]
犬儒主义→意见表达	0.11	2.58	0.01	[0.01，0.196]
政治功效意识→集体参与	0.044	0.811	0.417	[–0.066，0.149]
政治功效意识→意见表达	0.567	13.237	***	[0.507，0.627]
犬儒主义→个体参与	0.171	4.248	***	[0.064，0.269]
政治功效意识和犬儒主义→个体参与	–0.261	–6.462	***	[–0.342，–0.173]
政治功效意识和犬儒主义→集体参与	–0.08	–1.472	0.141	[–0.188，0.035]
政治功效意识和犬儒主义→意见表达	–0.216	–5.037	***	[–0.322，–0.128]

注：*** 表示 $p < 0.001$。

为进一步了解犬儒主义在政治功效意识与个体参与和意见表达关系中的调节方向，进行简单斜率检验。结果显示，当犬儒主义处于低水平时（负一个标准差），政治功效意识对个体参与的影响大小为 0.979，$p < 0.001$；当犬儒主义处于高水平时（高一个标准差），政治功效意识对个体参与的影响大小为 0.355，$p < 0.001$。随着犬儒主义的提升，政治功效意识对个体参与的影响逐渐减少，为减弱性调节作用。调节作用如图 6–3 所示。

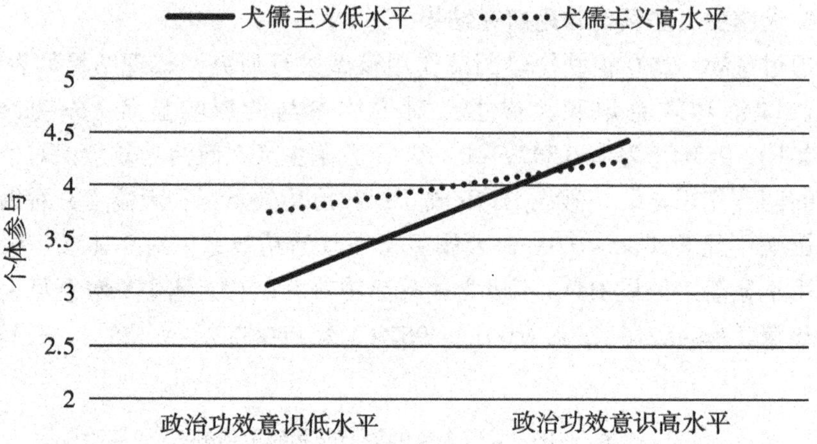

图 6–3　犬儒主义在政治功效意识与个体参与关系中的调节作用

当犬儒主义处于低水平时（负一个标准差），政治功效意识对意见表达的影响大小为 0.932，$p < 0.001$；当犬儒主义处于高水平时（高一个标准差），政治功效意识对意见表达的影响大小为 0.395，$p < 0.001$。随着犬儒主义的提升，政治功效意识对意见表达的影响逐渐减少，为减弱性调节作用。调节作用如图 6–4 所示。

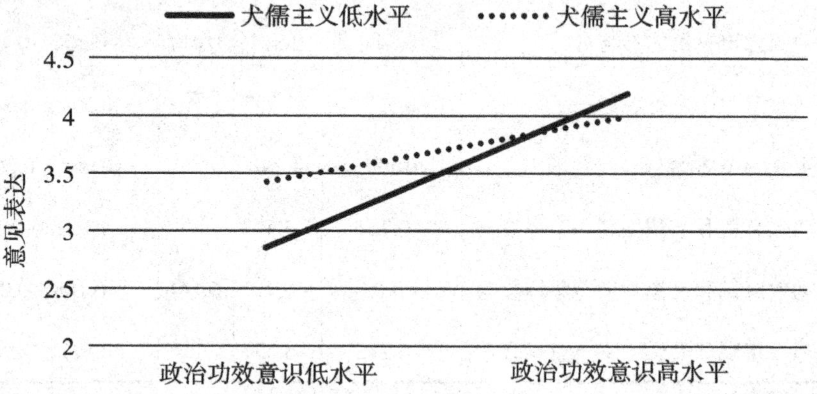

图 6–4　犬儒主义在政治功效意识与意见表达关系中的调节作用

（四）研究结论汇总

结构方程模型研究结果显示，由于假设 H5 政治功效意识正向影响集体参与行为不成立，导致与此路径不成立，所以相关的中介变量假设 H8a 政治功效意识是媒介个体公民参与和集体参与行为的中介变量、H9a 政治功效意识是媒介个体公民参与和集体参与行为的中介变量、H10a 政治功效意识是媒介意见表达和集体参与行为的中介变量、H11a 政治功效意识是社会化媒体使用和集体参与行为的中介变量不成立，此路径的调节作用假设 H12a 政治犬儒主义在政治功效意识与集体参与行为关系中为负向调节作用也不成立。故理论分析所提出的假设中，有 6 个研究假设不成立，假设验证结果汇总如表 6–17 所示。

表 6–17　假设验证结果汇总

假设列表	假设内容	结论
H1	媒介集体公民参与正向影响政治功效意识	成立
H2	媒介个体公民参与正向影响政治功效意识	成立
H3	媒介意见表达正向影响政治功效意识	成立
H4	政治功效意识正向影响个体参与行为	成立
H5	政治功效意识正向影响集体参与行为	不成立
H6	政治功效意识正向影响意见表达	成立
H7	社会化媒体使用行为正向影响政治功效意识	成立
H8a	政治功效意识是媒介集体公民参与和集体参与行为的中介变量	不成立
H8b	政治功效意识是媒介集体公民参与和个体参与行为的中介变量	成立
H8c	政治功效意识是媒介集体公民参与和意见表达的中介变量	成立
H9a	政治功效意识是媒介个体公民参与和集体参与行为的中介变量	不成立
H9b	政治功效意识是媒介个体公民参与和个体参与行为的中介变量	成立
H9c	政治功效意识是媒介个体公民参与和意见表达的中介变量	成立
H10a	政治功效意识是媒介意见表达和集体参与行为的中介变量	不成立
H10b	政治功效意识是媒介意见表达和个体参与行为的中介变量	成立
H10c	政治功效意识是媒介意见表达和意见表达的中介变量	成立
H11a	政治功效意识是社会化媒体使用和集体参与行为的中介变量	不成立
H11b	政治功效意识是社会化媒体使用和个体参与行为的中介变量	成立
H11c	政治功效意识是社会化媒体使用和意见表达的中介变量	成立
H12a	政治犬儒主义在政治功效意识与集体参与行为关系中为负向调节作用	不成立
H12b	政治犬儒主义在政治功效意识与个体参与行为关系中为负向调节作用	成立
H12c	政治犬儒主义在政治功效意识与意见表达关系中为负向调节作用	成立

第四节　研究结论与讨论

本书探讨了社会化媒体的使用、政治功效意识、公民参与三者之间的关系，通过实证检验得出以下结论。

一、社会化媒体使用对公民参与的正向影响

1. 社会化媒体的使用可以增强公民的政治功效意识

传播学中的使用与满足理论指出，使用不同形式的媒介可以满足受众的不同需求，大众媒介能在信息的获得、社会的互动、娱乐与个人的认同等方面使受众得以满足。长期的媒介使用能够让媒介与受众的使用心理达成某种良性互动关系，产生满足效益。社会化媒体具有便捷性、及时性、互动性、超时空性、去中心化等特性，社会大众随时都会与社会化媒体发生关联，这就决定了社会化媒体即便是政治化的应用，依旧可以让使用者产生较为积极的媒介参与行为。在该研究中，实证检验结果显示社会化媒体可以为人们提供充分的政治及民生信息，大量且频繁地接触各类信息，可以加深受众对信息的了解，激发受众对参与社会管理的兴趣，实现积极的公民参与。进一步而言，人们通过社会化媒体的互动性，可以有效推动社会实现更为多元的言论环境，带动更多的民众个体参与线上、线下的社会活动。在这一过程中，人们可以更好地感受到民主政治的内涵和意义，进而提升政治功效意识，在我国形成良性的政治生态循环。

2. 社会化媒体的使用强化公民参与对公民认知改变和意见的激发

社会化媒体依托网络构建起传统媒体所无法达成的沟通形式，通过去中心化，实现了一对多或多对多的自主沟通形式，人们在交互讨论公共事务的过程中，形成了多元论述的公共领域。社会化媒体互动性、平等性、开放性与多元性的特性，也可以更好地践行公共领域精神，有助于强化公民参与对公民认知的改变和意见的激发。

3. 社会化媒体的使用可以促进公民参与公共事务

该研究结果显示社会化媒体环境下，公民会积极响应政治或公共事务相关的活动，对现实生活中公民个人的参与行为具有正面效果。在社会化媒体使用中，不同类型的政治性使用行为会产生不同形式的公民参与。社

会化媒体的资讯提供功能可以促使公民个体从不同网站结交志同道合的好友，而相关的社团或组织也可以通过诸如新闻、文章和影片等多元信息连接在一起，这些资讯会影响使用者在线下的个体行为，如为响应号召去购买某类产品、捐款或募款。社会化媒体的分享、发布等功能可以推动公民进行意见表达。在社会化媒体中的评论、发文或制作相关视频就是一种发表意见的行为。该研究的实证检验结果表明，使用者越常在社会化媒体上发布言论，也就越会通过传统媒体和网络表达意见，甚至会直接向公众人物表达个人对社会管理的想法。目前许多新闻、政务平台都开通了让使用者直接针对时事发表评论的功能，这种方式降低了参与评论的门槛，有助于民众参与讨论公共事务，体现了社会治理中的公共领域的精神。

4. 社会化媒体的使用提升民众对社区活动的参与程度

大部分对公民参与的研究侧重于政治参与层面，事实上，与人们息息相关的是社区参与行为。该研究侧重于公民利用社会化媒体实现的社区参与行为，实证检验结果显示，社会化媒体的使用会通过政治功效意识对人们的个体参与行为和意见表达产生积极的影响，这说明社会化媒体作为政治或民生资讯传递的辅助工具，可以提升民众对于社区活动的参与程度。

5. 社会化媒体的使用并不必然直接影响集体行为参与

社会化媒体除了可以提供资讯交换和公共讨论功能外，还有情感支持、认同建立及集体行动等功能。公民的社交媒体参与行为属于新形态的公民参与，其通过横向的联结，可以针对事件或议题发挥集体力量，促成分散式的公民参与，甚至可以通过社会化媒体在短时间内动员数十万群众，这种新形式集体民众参与行为被称为“快闪政治”。该研究发现，假设 H1 媒介集体公民参与正向影响政治功效意识的成立，说明社会化媒体强大的互动性可以让人们快速获得关于社会运动的相关资讯，对社会运动的动员具有一定的促进作用。但假设 H5 政治功效意识正向影响集体参与行为不成立，说明即便是较强的政治功效意识下，要形成线下的集体参与行为也具有较大难度，其可能的解释是，学术意义上的集体参与行为更偏向政治性，在一般情境下很难形成大规模的造势或倡议等集体行为，但社会化媒体的使用者会运用媒介功能去表达对公共信息的想法，会通过参与抵制、捐献等个人的行为来践行政治功效意识。

此研究结果表明，一方面，社会化媒体形成的网络社群可以强化人们的个体参与和意见表达，呼应了社会化媒体在资讯、意见表达方面的强大功能；另一方面，虽然社会化媒体的使用并不必然直接影响线下集体行为参与，但也不能忽视其通过资讯的传播影响公民的政治功效意识，从而间接助推公民集体参与行为的产生。

二、政治犬儒主义对公民参与的负向调节

人们处于一个高度信息化的社会，社会化媒体的传播性、交互性及超时空的特性可以将不同群体的价值取向、利益诉求聚焦在某个特定时空内，这不仅提供了一个让市民广泛参与、积极发表言论的平台，也使得政治犬儒主义在政治参与过程中的作用更为复杂化。政治犬儒主义包括三种表现形式：其一，表现为较低的政治参与，对政治议题、政治人物和政治主体都持质疑态度，这是最常见的一种政治犬儒主义思想；其二，为达成某种目的，特殊的群体表示出伪政治信仰；其三，对和自己没有关系的“恶”能够欣然接受和谅解，甚至能为它进行激烈辩护（唐平秋，庞明牌，2017）。[1]社会化媒体为人们提供了一个思想交融、信息传播的平台，政府与市民的互动越来越频繁，政府与市民之间信任关系的建立有着非常重要的意义，而社会格局、生活情趣等各种方面影响着政府与市民信任关系的建立。

在该研究中，假设 H12b、H12c 的提出是为了验证社会化媒体环境下政治犬儒主义对公民参与过程中的调节作用。通过实证检验发现，假设 H12b 和 H12c 成立，也就是说在政治功效意识与公民参与关系中，人们的政治犬儒主义是一种负向的调节变量，即人们的政治犬儒主义越强，其公民的个体参与行为和意见表达行为越低。H12a 政治犬儒主义在政治功效意识与集体参与行为关系中存在负向调节作用不成立，可以反映出在社会化媒体环境下，降低人们公民参与行为的原因主要与第一种政治犬儒主义的表现形式有关。社会化媒体中同质化的舆论环境、碎片化的表达、核心论述的缺乏、社交关系的维护也会影响公民的媒介参与，而这些也很可能是媒介使用习惯带来的，而非政治功效意识产生的影响。

三、新型冠状病毒肺炎期间的公共信息传播

城市的疫情传播往往波及面广、扩散快、防控难度大，每个市民的防

---

[1] 唐平秋，庞明牌．微时代政治犬儒主义对政府与公众信任关系的影响 [J]. 中学政治教学参考（下旬），2017（12）：24-26.

疫行为都会对疫情的控制产生影响，此时是公共信息的传播效果的集中检验。在新型冠状病毒肺炎防控期间，信息空间里引发了诸多社会话题，乡村、社区的“大喇叭”重出江湖，电视受众也有所回流，但依靠社会化媒体获取信息依旧是大多数城市居民的首选（彭兰，2020）。以下将引用两篇文章佐证本书的研究发现。

调查对象获取疫情相关知识、动态和防控政策与措施的主要渠道为网络社交工具（QQ、微博、微信等）（93.5%，1858 名）。

——胡友坤等《疫情严重地区居民对 COVID-19 的知识、态度、行为调查》

社会化媒体在此次疫情中起到了积极的公共信息传播作用，人民获取防控信息的主要渠道来自社会化媒体，甚至达到了九成以上。

社交媒体使用显著提高个人行动，……这可能因为社交媒体的使用具有虚拟社会参与的特点，较强的虚拟社会参与直接指向现实行动规约。

更强的社会危机意识和更准确的疫情知识使得人们更加注意规约个体行为，减少社会活动。

——闫岩等《新型冠状肺炎早期的媒介使用、风险感知与个体行为》

社会化媒体的公民参与行为可以通过政治功效意识对生活中的参与行为产生正向影响，也就是线上的行为可以通过对意识形态的影响，转化为线下身体力行的行为。在针对疫情期间社交媒体的研究中，可以发现社交媒体的虚拟社区的参与可以强化人们在现实社会的行为，按照公共信息发布的指向实现行动规约，而这一过程中危机意识是一个重要的干预变量，这从某种层面上佐证了意识是建立线上、线下行为的中介变量。

各种渠道的媒介使用、各种信道的可信度感知都会提高人们的疫情知识。

对疫情社会风险的评估则直接影响人们对疫情知识的掌握；那些越认为社会处于风险中的个体，越会从方方面面获取和掌握正确的信息。

——闫岩等《新型冠状肺炎早期的媒介使用、风险感知与个体行为》

较大比例的调查对象（82.3%，1636 名）愿意主动向亲朋好友宣传关于 COVID-19 的科学知识。

——胡友坤等《疫情严重地区居民对 COVID-19 的知识、态度、行为调查》

在本书中，社会化媒体的使用对政治功效意识的提升得到了论证，疫情期间，人们通过社会化媒体得知了疫情对社会的影响，提高了人们对社会风险的评估，增强了获取疫情知识和积极将防疫知识宣传给亲友的个人参与行为。

1987名研究对象COVID-19防护行为平均得分为7.52±0.02，其中得分为6分及以上的对象占96.9%（1926名）。因为疫情取消了原有的春节假期旅游计划或推迟复工/复学的对象达95.9%（1906名）；绝大多数对象（99.5%，1977名）表示如果怀疑自己感染了新型冠状病毒，会选择到定点医疗机构检查；对咳嗽或打喷嚏时遮掩口鼻，按照规范正确使用口罩，按照规范正确进行手部卫生，减少亲友聚会，减少前往公共场所这5种防护行为，执行率分别为92.4%（1836名）、95.9%（1905名）、93.5%（1858名）、88.8%（1765名）和93.1%（1850名）。

——胡友坤等《疫情严重地区居民对COVID-19的知识、态度、行为调查》

在社会化媒体环境下，九成以上的城市居民了解并执行政府的号召，对个人防护、避免接触、监控健康等行为有普遍的认知，媒介使用行为对公共信息从意识到行为均产生了非常强的传播效果。

当疫情防护用品（口罩、75%酒精、84消毒液等）缺乏时，做好防护自行去超市采购，在网络平台下单后由专门人员递送，基层社区相关管理人员发放所占比例分别为46.5%（924名）、22.8%（453名）和13.5%（269名），有24.7%（490名）的对象表示暂无渠道购买防疫用品。

——胡友坤等《疫情严重地区居民对COVID-19的知识、态度、行为调查》

及时的公共信息传递，让城市居民了解了生活必需品的购置渠道，避免了群体性事件，也为本书中假设H5“政治功效意识正向影响集体参与行为”路径不成立提供了一种解释思路，即社会化媒体的使用解决了群体性的需求，有效避免了集体行为的产生。

积极的公共参与依赖于日常习惯。因为社交媒体使用不是被动的信息接收，而是主动的信息搜索、评论、转发或原创行为。这类虚拟公共参与更有可能转化为现实的人际传播活动，日常公共参与的活跃者更有可能成为非常时期的意见领袖。

——闫岩等《新型冠状肺炎早期的媒介使用、风险感知与个体行为》

对于政治犬儒主义的体现，或许与人们的日常习惯有更多联系，尤其是在社会化媒体中，依赖人们的主动获取信息行为，以此为基础的媒介使用习惯，使得社会化媒体的使用者对信息发布者有一定的刻板印象，这会影响他们是否实现意识到行为的转化，间接论证了犬儒主义在政治功效意识与公民参与行为间的负向作用。

第七章　总结与反思：城市传播的工具理性与价值理性

第一节　研究内容总结

本书基于我国城市化急速扩张的发展背景和城市传播对于城市发展的重要价值，聚焦社会化媒体这一媒介角色，以“建立可对话、可沟通的智慧城市”的核心理念为指引，创新性地提出城市传播“一体两翼”的内在架构，即以对内的城市公共信息传播和对外的城市形象传播为工具性两翼，二者相互融合，彼此协同，为城市这一本体性组织服务，力图说明“形象信息”和“公共信息”的本质在于它是一种传播活动，是为城市发展服务的手段，从而实现城市社会治理的实践改进，以及“可沟通的城市”理念的理论完善。本书通过文献回顾和实践追踪，重新梳理了社会化媒体下城市传播的政府组织、非政府组织、企业、市民和传媒五大主体及其差异化特征，厘清了实体符号（城市建筑、城市交通和生态环境）、软性符号（组织行为、市民行为和文化符号）和公共信息（政务信息、城市预警信息与城市舆情、公益信息）等客体及其子类型，进而提出主客体依存交融的双重性关系与主体角色定位的重叠性特质。

在梳理城市传播的范畴和社会化媒体的内涵等相关问题的基础上，本书讨论了社会化媒体在城市传播中的实际作用和影响机制。一方面，本书选取近年来五个“城市事件”案例，作为探究社会化媒体在城市传播中的作用的视角，结合社会化媒体可见性赋予、公私领域破界、空间定义和社会关系重构等角色的作用，对社会化媒体在城市（事件）传播中的角色和功能进行定性分析，缕析社会化媒体参与城市传播的“里程碑——初露锋芒——深度参与——展示形象——多重身份”的历时性演变和其所扮演的公众议题的设置者、公众动员与集结者、公众舆论场、事件进程推动者、舆论引导者五大类型角色的形成机制和现实表现。同时，出于对社会现代性和媒介技术性的警惕和反思，本书整合马克思主义和西方马克思主义的“异化观”，对社会化媒体角色异化的原因、机制和表征等进行了剖析，提出社会化媒体角色盲目娱乐化、站队、话语霸权、群体特性弱化、交流行为暴力化、真相判断与寻求的惰化、伪民意化、存在假性对话机制等观点。

另一方面，本书采用文本分析、问卷调查等研究方法分别对社会化媒体如何影响城市形象，以及社会化媒体如何通过公共信息传播影响市民的参与政务信息传播行为进行定量分析，以验证文中定性分析的合理性，对社会化媒体影响城市传播的具体变量进行监测和系统分析。在考证社会化媒体如何影响城市形象方面，定量研究得出三点结论：其一，认知形象、情感形象和意动形象之间有显著正向影响；其二，社会化媒体互动对认知形象有直接影响，对情感形象、意动形象有间接影响；其三，社会化媒体好处对认知形象有直接影响，对情感形象、意动形象既有直接影响，也有间接影响；其四，社会化媒体奖励对认知形象、情感形象没有影响，对意动形象有负面影响。在考证社会化媒体如何通过公共信息传播影响市民的参与政务信息传播行为方面，研究表明社会化媒体使用对公民参与产生正向影响，而政治犬儒主义会对公民参与产生负向调节作用。具体而言，社会化媒体的使用可以增强公民的政治功效意识，改变公民认知和激发意见，促进公民参与公共事务，提升公民参与社区活动的程度，但社会化媒体的使用并不必然直接影响集体行为参与。为了更好地解释社会化媒体的使用对公共信息传播的影响，本书引入了政治犬儒主义的理论，研究也表明在政治功效意识与公民参与关系中，人们的政治犬儒主义是一种负向的调节变量，即人们的政治犬儒主义越强，其公民的个体参与行为和意见表达行为越低。

第二节　城市传播工具理性与价值理性的反思

通过对社会化媒体下城市传播的结构厘清、表现审视、效果评价、作用机制梳理和异化风险考证，可以发现社会化媒体作为一种文化技术的媒介化展现，其工具理性的一面已有显著表现，并产生了巨大效能，不断印证着“话语想要变得有效，必须经过技术的调和”。社会化媒体履行了文化技术的使命，并通过技术革新和产品优化不断地丰富着自身的“传播机制”。城市传播在一定程度上实现了，甚至在少部分领域超越了信息传播的理性追求和基础目标，而且突破了信息传播的范围、时间、形式和主体等方面的限制。高效、精准、开放、智能的社会化媒体拓展了城市传播的动力和能力，实现了传播行为预期的结果。就社会化媒体自身的发展诉求来看，它也实现了数量从少到多，效率从低到高，普及面从窄到宽，技术从低级到高级等方面的跨越式发展，城市传播也从原本的单向化走向了互动化、网络化。从这个角度看，城市传播的有效性在一定程度上得到了充分的验证，社会化媒体和城市传播的工具理性得到了彰显。

然而，社会化媒体在城市传播中的巨大作用和异化风险也反映着社会化媒体乃至城市传播活动的工具理性逐渐极化，并逐渐转向技术极端化、价值绝对化的一面，人们愈加有技术崇拜和工具理性崇拜的取向，逐渐倾向于将社会化媒体及其用户、城市传播本身当作实现个人表达的工具或障碍，陷入盲目情绪宣泄和单纯功利计算的泥淖，片面追求手段导向的“形式合理性”。城市社会受此影响也面临着愈加突出的媒介依赖、主体性丧失、民粹主义、犬儒主义、道德滑坡、数字鸿沟、社会断裂等深层次问题。与此同时，城市传播价值理性的沉降与失语也愈发严重，社会化媒体越来越缺乏对人文精神世界和现实生活的关怀，从内容到形式都缺乏对人的生存意义的解读。社会化媒体在城市传播中被流量、资本和技术所裹挟，专注于对不稳定的个体趣味的数据分析和信息定制，很大程度上忽视甚至放弃了对城市和市民的道德价值、理性价值的关注和判断，忽略了加强人际交往共鸣和改善精神环境的必要性，许多人文价值突出的传播规范被普遍背离甚至瓦解，这对城市和城市传播的公共性是一种巨大的伤害。与之相对应的是，社会化媒体中的用户也认为“真正有价值的内容并不取决于内容本身的绝对知识量或是新闻性等，而取决于接受者是否喜欢和愿意接受”。更危险的是，广大用户常常受到一时一地的事件、态度、情绪及认识的触发而发表观点。“内容在生产过程中不再进行谨慎和广泛的社会价值思考，而是更多地表现为展现个人在特定时空里的价值取向”[1]，此时呈现并传播信息的社会化媒体乃至受此影响的城市传播更加无法对价值进行追问和关怀。

工具理性和价值理性的重新整合既是人类理性与人类社会健康发展的

❶ 郝雨，田栋．媒介内容生产取向性偏差及“合理性”调适——基于工具理性、价值理性的辩证视角［J］. 国际新闻界，2019，41（6）：66-85.

内在需要，也是解决人们现实生活中所面对的各种危机的内在需要。[1]因此，要想解决社会化媒体的异化风险和城市传播的负面倾向，就必须让社会化媒体在城市传播中实现工具理性与价值理性的统一和平衡，城市传播工具理性的扩张、发展和效用就必须受到其价值理性的引导。在传播领域，公平、公正是最基本的价值追求[2]，进一步而言，城市传播中的价值理性涉及人与城市环境、本土居民与外来居民、政府与民众、经济发展与社会公平、传统文化与现代文化、原子化个体与集体、城市现实与理想社会、社会秩序与道德水平等多方面的公平性问题，这些问题关乎每一位居民的切身利益。价值理性的引导需要社会化媒体承担一定的社会责任，传承公民社会的文化，其传播机制设计必须关注以上城市社会问题，对涉及人文视野的关键信息和紧急信息优先推送，保障城市公共信息资源的共享，凝聚市民公共意识，实现公共精神的回归和重建。同时，价值理性的践行也需要城市传播的传播伦理规范和道德边界得到进一步界定和遵守，以实现道德伦理对技术实现的规范和约束，尤其要将价值判断的标准和行为主导权交还给用户，引导用户发挥人的主体性，人机协作的同时以人为本，从而保证信息内容和讨论有人的态度和温度，而非算法偏见和数据至上的资料编排或对商业利润的效忠。此外，公共部门的监管、社会主义核心价值观的引领、社会化媒体生态“自净机制”的建立和维护、主流媒体的适当融入途径等也是促进价值理性矫正工具理性偏差的重要方式。

无论是工具理性的发挥，还是价值理性的伸张，都是为了使社会化媒体在城市传播中发挥出正面的作用，都是为了突破城市“就传播论传播”的工具理性局限，扩大社会化媒体和城市传播活动的社会治理功能，借助社会化媒体的特性，平等地连接城市内的各类主体，交流观念，融通价值，共享文化，协商政策，实现城市治理的“善治”与“良政”，指向“建立可对话、可沟通的智慧城市”这一传播理念和城市实践，顺应当今社会生活日益全球化、媒介化、网络化的总体趋势，以传播观念来重新思考并定义城市。[3]

---

❶ 张永青，李允华.浅析工具理性和价值理性的分野与整合 [J].东南大学学报（哲学社会科学版），2008，10（S2）：39-41.

❷ 李凌凌.从工具理性到价值理性：全民传播时代舆论管理的转型 [J].当代传播，2017（2）：42-44，83.

❸ 复旦大学信息与传播研究中心课题组，谢静.可沟通城市：网络社会的新城市主张 [J].新闻与传播研究，2015，22（7）：16-24，126.

第三节　研究的实践指向

从研究内容和理性反思的实践指向来看，本书研究内容中隐含的规范性思考和价值理性导向也指引了更丰富地实现城市传播的路径，路径的关键词可被递进地凝练为传播、沟通、调节和融合，即城市传播需要超越信息传播的工具性本身，实现更深层次、更本质的沟通，触及公平性和公正性方面的社会调节，终极意义上的多元文化的融合，从而实现价值意义上的超越。

第一，传播是城市传播的逻辑起点和实现基础。社会化媒体下的传播应当更加重视城市传播中政府组织、非政府组织、企业、市民和传媒五大主体的有效互动。社会化媒体参与城市传播的重要作用之一就是为不同类型、通常缺乏固定沟通机制或渠道的多种主体提供超越空间的交流平台。要充分利用社会化媒体在城市传播中的作用，就要因势利导，为五大主体的互动扫除障碍，将五大主体的定位予以明确。特别需要说明的是，基于我国“国家中心式”的治理模式，政府组织“元治理”作用的发挥至关重要，要推动政府组织深度融入社会化媒体体系，提升驾驭社会化媒体的能力，直接进行媒体实践和场域内的规范引导，开设地方政府和职能部门的专门账号、专栏、论坛和公众号，吸纳转化民意，并注重以文化感染和情绪疏导的方式进行舆论引导。社会化媒体也可增设基于城市定位的“城市紧急信息”“城市动态”等使用场景，为引导、汇集用户言论，促进主体互动提供契机。

第二，沟通是城市传播的本质性过程。在信息广泛传播的基础上，各方理念、思想和情感等更多元化的要素得到了交换、理解和反馈，实现了沟通。面对社会化媒体下沟通的技术垄断问题和个体异化危机，尤其要尽可能实现“沟通理性”。在主体间的相互理解中，达到对情境的共同界定、话题人文价值的约束和双向的理解，避免单向解释和技术解释的倾向，引导各方进行以真理声称、真诚声称和正当声称[1]为表达言辞的沟通。可由政府引导，社会多主体参与，完善社会化媒体传播的科学性机制和人文性机

[1] 张德胜，金耀基，陈海文，等．论中庸理性：工具理性、价值理性和沟通理性之外［J］．社会学研究，2001（2）：33-48.

制，共同设立算法推荐的规范规则，以人为本，加强人为影响力度，转变单纯的技术逻辑，融入社会价值判断和专业价值判断，完善人工审核和人工复审等机制，预留话题空间来关注百姓民生、公共利益、慈善公益等普适性的人文议题。同时基于社会化媒体场景的宣传渠道和监管机制、公共文化服务的文化活动、法律系统的警示教育、工作单位的培训教育等方式，提升公众的媒介素养，推动新闻专业主义理念的普及与广泛践行。

第三，调节是调适城市治理活动、弥合社会鸿沟的手段。在社会化媒体的赋能和价值理性的引导下，城市传播具有通过意识凝聚、力量动员和资源整合来缓和社会矛盾、提供社会服务、建构健康社会秩序[❶]的内涵。应当加强城市传播尤其是社会化媒体的社会调节作用，使之成为参与城市治理的有生力量，成为规范市民行为的重要载体，成为连接城市社会各个阶层、各个区域的纽带，成为立体塑造城市认知形象、情感形象和意动形象的有效中介。尤其要借助社会化媒体，推动城市传播成为城市社会体制障碍的监控者、社会群体尤其是边缘群体和弱势群体的发声者、政府部门的政策解读者，尽可能为实现公平公正提供信息平台和监控机制，发挥弥合制度鸿沟、收入鸿沟、阶层鸿沟、数字鸿沟、区域发展鸿沟[❷]等社会鸿沟的现实功能。当城市传播成为一种社会调节工具的时候，人们就对城市传播和社会化媒体的自律性和他律性有了更高的期待。一方面，要引导城市传播的各类媒体尤其是社会化媒体中的意见领袖、社区组织者共同成立相关协会，实现传播活动和隐含的调节行为的自我监督、自我规范、自我促进；另一方面，目前我国还缺乏针对城市传播和社会化媒体的专门性法律法规和部门规章，亟须加强“把关人”的制度规范和法律约束。

第四，融合是城市传播最终需要实现的目的。城市传播应追求包括人与城市自然环境的融合、人与城市物质环境的融合、本土文化与外来文化的融合、市民身份与农民身份的融合、传统与现代的融合、城市与乡村的融合、虚拟空间与实体空间的融合等在内的多元化宽容、跨文化理解，追求理念的共鸣和交融。既要在形式、行为层面上实现融合，也要在价值观、生活方式上实现融合。融合的关键和前提是借助城市传播实现广泛的共鸣。社区结构是新自由主义影响下的城市的典型特征，融合的起点可以从城市线上、线下的社区间的融通开始。可通过渠道的广泛建立和内容的精准推

❶ 朱力，刘玢．社会调节在社会治理中的作用 [J]. 社会科学研究，2019（1）：99-104.

❷ 唐任伍．四大社会鸿沟加剧民生之忧 [J]. 人民论坛，2012（24）：62-63.

送，以及不同社会化媒体平台用户的跨界，加强异质人群的沟通，基于数据库提供或鼓励双方用独特话语和符号（包括词汇、结构、禁区、判断系统等）进行解释，借助线上、线下活动和场景打造，突破“圈层化”的局限，编织对话性更强、理解成本更低的传播网络和共处空间，创建一种无隔阂的环境和完全投入的交流氛围，以及市民完全接受且自觉践行的传播约束标准，表现各主体本身的应有价值和共同属性，在主体之间建立相互的承认、肯定和回应的互动关系。通过这些措施，谋求将原本相对性突出的碎片化的利益群体、圈层化的社区群体和歧义化的言说内容整合起来，形成城市传播下的城市社会聚合体，促进观念和价值观的融通。

附录 1

社交媒体对武汉城市形象影响的调查研究

亲爱的参与者：

在填写调查表之前，请阅读以下信息。

该问卷调查旨在调查社交媒体对武汉城市形象的影响。该调查包括五个部分，包括对您个人基本信息的询问、社交媒体使用习惯，以及您对社交媒体影响城市形象的看法。完成此调查问卷大约需要 15 分钟。

您参与此项研究是自愿的。如果您同意参与该研究，请根据您的实际情况和感受如实回答问题。我们将严格遵守法律和研究道德准则，确保您个人信息的保密性。如果您不希望参与这项研究，您不必回答该问卷。您也可以选择随时终止答题。

谢谢您的合作！

1. 您是否在社交媒体上关注过有关武汉的社交媒体账号？［单选题］

○是

○否（请跳至问卷末尾，提交答卷）

第 1 部分　个人基本信息

2. 您的年龄段：［单选题］

○ 18 岁以下

○ 18~25 岁

○ 26~30 岁

○ 31~40 岁

○ 41~50 岁

○ 51~60 岁

○ 60 岁以上

3. 您的性别：[单选题]

○男

○女

○不愿意透露

4. 您受的最高教育程度是什么？如果目前是在校学生，请选择您已经完成的最高学位。[单选题]

○小学及以下

○初中

○高中 / 中专 / 技校

○大学专科

○大学本科

○研究生及研究生以上

5. 您目前从事的职业：[单选题]

○学生

○党政机关事业单位领导干部

○党政机关事业单位一般人员

○企业 / 公司高层管理人员

○企业 / 公司中层管理人员

○企业 / 公司一般人员

○专业技术人员

○商业服务业人员

○制造生产型企业人员

○个体户 / 自由职业者

○农村外出务工人员

○农林牧渔劳动人员

○退休人员

○无业 / 下岗 / 失业人员

6. 您平均每月的收入（税前）有多少？ [单选题]

○无收入

○ 500 元及以下

○ 501~1000 元

○ 1001~1500 元

○ 1501~2000 元

○ 2001~3000 元

○ 3001~5000 元

○ 5001~8000 元

○ 8000 元以上

第 2 部分　社交媒体使用习惯

7. 您平时常用的有关武汉的社交媒体账号有哪些？［多选题］

□武汉发布

□文明武汉

□武汉微邻里

□武汉市市级政府部门的官方账号

比如武汉市发改委、武汉市文化和旅游局、武汉文惠通、武汉交管、武汉车管所、平安武汉、武汉税务等

□武汉市各区、各管委会的官方账号

比如汉阳知音、武昌微邻里、江岸微邻里、江汉微邻里、洪山微邻里、硚口发布等

□武汉市各传媒的官方账号

比如武汉广播电视台、武汉晚报、武汉晨报、长江日报、楚天都市报、大楚网、武汉城市留言板等

□武汉市交通的官方账号

比如武汉公交集团、武汉地铁等

□其他________________

8. 您愿意在哪些社交媒体平台上关注有关武汉的社交媒体账号？［多选题］

□微信

□微博

□抖音

□快手

□小红书

□知乎

□其他____________________

9. 您最常用的有关武汉的社交媒体账号使用多长时间了？［单选题］

○ 6 个月以下

○ 6~12 个月

○ 1 年以上至 2 年

○ 2 年以上至 3 年

○ 3 年以上

10. 您最常用的有关武汉的社交媒体账号的使用频率是多高？［单选题］

○每天 3 次以上

○每天 2~3 次

○每天 1 次

○每周 2~3 次

○每周 1 次

○每月 2~3 次

○每月 1 次

○其他

第 3 部分　社交媒体账号上有关武汉的信息质量

11. 固有质量：我关注的社交媒体账号所发布的有关武汉的信息［矩阵量表题］

选项	非常不同意	不同意	有点不同意	不确定	有点同意	同意	非常同意
可信度							
是可信的	○	○	○	○	○	○	○
是值得信赖的	○	○	○	○	○	○	○
是确实的	○	○	○	○	○	○	○
精准性							
是正确的	○	○	○	○	○	○	○
是准确的	○	○	○	○	○	○	○

续表

选项	非常不同意	不同意	有点不同意	不确定	有点同意	同意	非常同意
是可靠的	○	○	○	○	○	○	○
客观性							
是客观收集的	○	○	○	○	○	○	○
是基于事实的	○	○	○	○	○	○	○
是客观的	○	○	○	○	○	○	○
观点是公正的	○	○	○	○	○	○	○
声誉							
有好的声誉	○	○	○	○	○	○	○
以质量著称	○	○	○	○	○	○	○
来源很好	○	○	○	○	○	○	○

12. 语境质量：我关注的社交媒体账号所发布的有关武汉的信息［矩阵量表题］

选项	非常不同意	不同意	有点不同意	不确定	有点同意	同意	非常同意
增值性							
对我来说是有效的	○	○	○	○	○	○	○
对我来说是有用的	○	○	○	○	○	○	○
对我来说是有帮助的	○	○	○	○	○	○	○
趣味性							
对我来说是有趣的	○	○	○	○	○	○	○
对我来说是吸引人的	○	○	○	○	○	○	○

续表

选项	非常不同意	不同意	有点不同意	不确定	有点同意	同意	非常同意
对我来说是有意思的	○	○	○	○	○	○	○
相关性							
对我来说是有关的	○	○	○	○	○	○	○
对我来说是合适的	○	○	○	○	○	○	○
对我来说是适用的	○	○	○	○	○	○	○
及时性							
对我来说是最新的	○	○	○	○	○	○	○
对我来说是及时的	○	○	○	○	○	○	○
对我来说是及时更新的	○	○	○	○	○	○	○
完整性							
包含所有必要的信息	○	○	○	○	○	○	○
对我来说是完整的	○	○	○	○	○	○	○
涵盖了我的需求	○	○	○	○	○	○	○
对我来说有足够的广度和深度	○	○	○	○	○	○	○
信息量							
足以满足我的需求	○	○	○	○	○	○	○

续表

选项	非常不同意	不同意	有点不同意	不确定	有点同意	同意	非常同意
对我来说既不是太多也不是太少	○	○	○	○	○	○	○

第 4 部分　社交媒体上有关武汉的活动

13. 基于您最常用的武汉社交媒体账号，您在多大程度上认同以下说法：[矩阵量表题]

选项	非常不同意	不同意	有点不同意	不确定	有点同意	同意	非常同意
社交媒体互动							
进行的信息交换对我了解武汉是有用的	○	○	○	○	○	○	○
我有机会与其他人交流有关武汉的信息	○	○	○	○	○	○	○
查询和回复有关武汉的信息的速度是很快的	○	○	○	○	○	○	○
社交媒体好处							
使用过程是令人愉快和有趣的	○	○	○	○	○	○	○
当我分享有关武汉的信息时，我感到很高兴	○	○	○	○	○	○	○
当我分享有关武汉的信息时，我感到很自豪	○	○	○	○	○	○	○

续表

选项	非常不同意	不同意	有点不同意	不确定	有点同意	同意	非常同意
社交媒体奖励							
获得过金钱奖励	○	○	○	○	○	○	○
获得过心理慰藉	○	○	○	○	○	○	○
获得会员特权（例如升级）	○	○	○	○	○	○	○

第 5 部分　武汉城市形象

14. 武汉能为您提供：[矩阵量表题]

选项	非常不同意	不同意	有点不同意	不确定	有点同意	同意	非常同意
市政服务							
良好的空气质量	○	○	○	○	○	○	○
良好的夜间光线	○	○	○	○	○	○	○
良好的公共交通	○	○	○	○	○	○	○
保养良好的街道和人行道	○	○	○	○	○	○	○
清洁的城市	○	○	○	○	○	○	○
城市性与多样性							
广泛的文化活动（剧院、夜间活动等）	○	○	○	○	○	○	○
各种购物机会多	○	○	○	○	○	○	○
丰富多彩的本地文化	○	○	○	○	○	○	○
充满活力的城市氛围	○	○	○	○	○	○	○

续表

选项	非常不同意	不同意	有点不同意	不确定	有点同意	同意	非常同意
容易获得各种服务	○	○	○	○	○	○	○
城市既开放又包容	○	○	○	○	○	○	○
积极的公民行为	○	○	○	○	○	○	○
自然与休闲							
有许多自然空间和公共绿地	○	○	○	○	○	○	○
有多个公园和休憩用地	○	○	○	○	○	○	○
有广泛的户外活动	○	○	○	○	○	○	○
是亲水性城市	○	○	○	○	○	○	○

15. 武汉给您带来的情感是：［矩阵量表题］

选项	1	2	3	4	5	6	7	
不愉快的	○	○	○	○	○	○	○	愉快的
沮丧的	○	○	○	○	○	○	○	兴奋的
苦恼的	○	○	○	○	○	○	○	放松的
昏昏欲睡的	○	○	○	○	○	○	○	唤醒的

16. 您愿意：［矩阵量表题］

选项	非常不同意	不同意	有点不同意	不确定	有点同意	同意	非常同意
正面评价武汉	○	○	○	○	○	○	○
向别人推荐武汉	○	○	○	○	○	○	○

附录 2

社会化媒体公共信息获取与市民参与行为研究

这是一项关于社会化媒体使用的学术研究，目的在于了解民众在社会化媒体使用过程中对公关信息的传播态度及参与行为的倾向。问卷共分五大部分，请您花一些时间认真填写问卷，帮助我们完成这项研究。您所填写的问卷资料只会用于整体资料的分析，绝不会向任何人透露；我们不会收集您的具体个人信息如工作单位等，请您放心。如果您同意，请继续填答下列问卷；如果您已经填过相同的问卷，请勿重复填答。

媒介参与［矩阵量表题］

选项	很不同意	不同意	一般	同意	很同意
1. 在网上筹款或者在网上捐钱支持一些公共活动	○	○	○	○	○
2. 在网上呼吁其他人参与公共活动，例如倡议垃圾分类	○	○	○	○	○
3. 在网上建立有关公共事务的公众账号或群组	○	○	○	○	○
4. 在网上分享（转帖、发邮件）和公共事务有关的新闻、信息、视频	○	○	○	○	○
5. 添加与公共事务有关的网络公共账号、社群或好友	○	○	○	○	○
6. 参与网上的公共事务活动，例如点赞疫情期间戴口罩的倡议	○	○	○	○	○

续表

选项	很不同意	不同意	一般	同意	很同意
7. 在网上发表（制作、评论）与公共事务有关的新闻、信息、视频	○	○	○	○	○
8. 通过网络反映民生问题或寻求政府帮助	○	○	○	○	○

参与意识［矩阵量表题］

选项	很不同意	不同意	一般	同意	很同意
9. 我觉得获取自己需要的政策信息是方便的	○	○	○	○	○
10. 假如亲身参与民生政策制定过程，我会得到重视	○	○	○	○	○
11. 我觉得市民有必要参与民生政策制定	○	○	○	○	○
12. 我觉得市民参与对民生政策的制定工作有作用	○	○	○	○	○
13. 我觉得市民参与改善了民生政策制定的公开程度	○	○	○	○	○

社会化媒体使用［矩阵量表题］

选项	很不同意	不同意	一般	同意	很同意
14. 我主要通过社交媒体获取与公共事务有关的新闻、信息、视频	○	○	○	○	○
15. 我主要通过社交媒体了解社会动向和民生最新消息	○	○	○	○	○

社会化媒体使用［矩阵量表题］

选项	1 种	2 种	3 种	4 种	5 种及以上
16. 我主要通过社交媒体获取民生资讯，使用过的社交媒体的种类个数	○	○	○	○	○

生活参与［矩阵量表题］

选项	很不同意	不同意	一般	同意	很同意
17. 我会参加造势活动	○	○	○	○	○
18. 我会参加倡议活动	○	○	○	○	○
19. 我会因为政府倡议、伦理（道德）或环保的理由拒绝购买或特意购买某些产品	○	○	○	○	○
20. 我会捐钱给某些公益活动或者帮相关机构募款	○	○	○	○	○
21. 我会通过大众媒体表达想法	○	○	○	○	○
22. 我会通过政府公开方式（如市民热线、市长信箱等）表达想法	○	○	○	○	○

犬儒主义［矩阵量表题］

选项	很不同意	不同意	一般	同意	很同意
23. 大部分社交媒体上的意见领袖是不值得信任的	○	○	○	○	○
24. 为了获取支持，意见领袖会在社交媒体上说一些民众想听的话	○	○	○	○	○
25. 通过社交媒体也很难了解意见领袖的真实状态	○	○	○	○	○
26. 意见领袖只在乎自己的利益，不在乎像我这样的人在想什么	○	○	○	○	○

27. 您的性别：［单选题］

○男　　　　　○女

28. 您现在居住在：［问答题］

____

29. 您的年龄（周岁）：［问答题］

____

30. 您的受教育程度：［单选题］

○初中或以下

○高中或中专
○大学专科
○大学本科
○硕士研究生
○博士研究生

31. 您的婚姻状况：[单选题]

○未婚
○已婚
○离婚
○其他 ________________

32. 您的平均月收入水平（过去一年个人总收入除以 12）：[单选题]

○ 2000 元及以下
○ 2001~5000 元
○ 5001~8000 元
○ 8001~12000 元
○ 12001~16000 元
○ 16001~20000 元
○ 20001 元及以上

后 记

时光飞逝，岁月弹指间。从我主持的课题“社会化媒体视阈下的城市传播研究”获得国家社会科学基金项目立项至今，不觉已有六七载春秋。从立项之初的欣喜到推进课题中遭遇的种种困难，似乎都在书稿尘埃落定的这一刻化作人生下一个路口的基石，静待风雨的洗礼。

对于城市传播的研究，王安中、夏一波两位学者可谓是国内研究的开先河者，他们的城市传播学学科专著《C时代：城市传播方略》的问世奠定了城市传播研究的学理基础；以孙玮教授为代表的复旦大学信息与传播研究中心课题组在解读刘易斯·芒福德城市观的基础上，从空间进路入手展开的一系列研究则打开了城市传播研究的另外一扇窗户；崔波、邓庄等学者的后续研究不断地为城市传播添砖加瓦。在确立“社会化媒体视阈下的城市传播研究”选题后，我曾一度以为自己也将会是城市传播研究领域的一点微光。随着课题的推进，我不觉有了“知之愈多，知之愈少”的困顿，每当迷茫、焦虑时，是这些学者的智慧启迪我遵从内心，铿锵前行。

回顾课题的研究，有收获也有遗憾，将城市传播置于社会化媒体视阈下进行深入探讨，提出的“一体两翼”的研究思路具有现实意义和时代价值，通过典型案例的历时性研究剖析社会化媒体在城市传播中的角色演变，也清理出了一条机理明晰的研究线索，而量化研究的展开则为城市传播路径的提出提供了实证依据。遗憾的是，因为新冠肺炎疫情的突如其来，受限于研究条件和结题时间迫近，预设的控制实验未能如期完成，导致对社会化媒体是如何在城市传播中进行舆情引导的研究有所缺失，而新冠肺炎疫情中社会化媒体在城市传播中的现实表现也是我想重点深入研究的典型案例，书中虽已有涉及，但研究尚浅。当然，这些遗憾也为我后续的研究留下了空间，为下一个路口相见铺垫了最好的理由。

课题和书稿的完成还要感谢课题组的其他成员。华中师范大学文化产业发展研究中心的博士研究生陈鹤、硕士研究生司光冉参与了第四章。华中师范大学文化产业发展研究中心的博士龙婷参与了第五章。我是龙婷博士本科阶段的老师，见证了她从本科到硕士再到海外留学的一路成长，也收获了她温暖相随、不计得失大力支持课题研究的珍贵回馈。山东财经大学的张瑞瑶博士参与了第六章。此外，我的学生，华中师范大学文化产业发展研究中心硕士研究生邹智钰、江汉大学硕士研究生贾瑞，在全书文献资料的梳理和格式修订中贡献了力量。感谢知识产权出版社的蔡虹编辑和杨易编辑，是她们的严格把关才使得书稿更为规范和完备。

最后还要感谢多年来默默支持我，时常在我陷入困顿时抽出时间与我展开学术对话的同门挚友，因为有你们，学术道路上孤单但不孤独。

道路且长，下一个路口见。

李　明

2022 年 4 月 24 日于武汉凯乐花园